조선왕실의 외교의례

조선왕실의 의례와 문화 2

조선왕실의 외교의례

초판 1쇄 발행 2017년 2월 10일

초판 2쇄 발행 2017년 12월 15일

지은이 김문식

펴낸이 이방원

편 집 강윤경 · 김명희 · 이윤석 · 안효희 · 윤원진 · 홍순용

디자인 손경화 · 전계숙

마케팅 최성수

펴낸곳 세창출판사

출판신고 1990년 10월 8일 제300-1990-63호

주소 03735 서울시 서대문구 경기대로 88 냉천빌딩 4층

전화 723-8660

팩스 720-4579

이메일 edit@sechangpub.co.kr

홈페이지 http://www.sechangpub.co.kr

ISBN 978-89-8411-661-0 04900

       978-89-8411-639-9(세트)

_ 이 도서의 국립중앙도서관 출판시도서목록(CIP)은 서지정보유통지원시스템 홈페이지(http://seoji.nl.go.kr)와

  국가자료공동목록시스템(http://www.nl.go.kr/kolisnet)에서 이용하실 수 있습니다. (CIP제어번호: CIP2017001413)

_ 이 도서는 2011년도 정부재원(교육과학기술부 학술연구지원사업비)의 지원에 의하여 연구되었음(AKS-2011-ABB-3101)

조선왕실의
의례와 문화

2

조선왕실의
외교의례

김문식

지음

세창출판사

머리말

조선시대의 국제관계는 중국과는 사대(事大) 관계를 맺고, 일본과는 교린 (交隣) 관계를 맺었다.[1]

조선은 명 황제나 청 황제에게 정기적으로 사신을 파견하여 조공(朝貢)이 라 불리는 방물(方物)을 보냈고, 황제는 이에 대한 보답으로 회사(回賜)라 불 리는 답례품을 주었다. 조선에서 새 국왕이 결정되면 황제는 그를 조선의 국왕으로 책봉하면서 국왕의 임명장이라 할 수 있는 고명(誥命)과 조선 국왕 이 사용할 인신(印信)을 주었다.[2] 조선 국왕은 황제에게 보내는 외교문서에 서 자신을 '신(臣)'이라 칭하였다. 명·청의 황제와 조선 국왕은 의례로 볼 때 군신(君臣) 관계에 있었기 때문이다.

조선은 일본에게 조공이라 불리는 방물을 보내거나 새 국왕이 즉위한 이 후 일본으로부터 책봉을 받는 절차가 없었다. 조선 국왕과 일본의 국왕으로 간주되는 관백(關伯, 간바꾸) 혹은 장군(將軍, 쇼군)은 서로 사신을 파견하여 국 서(國書)라 불리는 외교문서를 교환하면서 우호 관계를 지속할 뿐이었다. 조 선 국왕은 관백에게 보낸 외교문서에서 '조선국왕(朝鮮國王)' 다음에 자신의 이름을 기록하였고, 상대방인 일본 관백을 '일본국대군(日本國大君)'이라 지 칭하였다. 조선 국왕과 일본의 관백은 대등한 관계에 있었다.[3]

---

1 동아시아 국가의 朝貢·册封 관계에 대해서는 다음의 성과를 참조.
   全海宗, 『韓中關係史研究』, 一潮閣, 1970, 26~112면; 김한규, 「전통시대 중국 중심의 동아시아 세계 질서」, 『역사비평』 봄호, 2000, 282~298면.
2 필자는 청 황제가 英祖를 조선의 王世弟와 國王으로 책봉하는 절차를 검토한 바 있다(「英祖의 國王册 封에 나타나는 韓中 관계」, 『韓國實學研究』 23, 2012).
3 조선과 일본의 외교의례에 대해서는 하우봉, 「조선시대의 통신사외교와 의례문제」, 『朝鮮時代史學報』 58, 2011을 참조.

필자는 조선왕실에서 거행하였던 외교의례(外交儀禮)를 정밀하게 검토하면, 조선이 주변국들과 가졌던 사대 및 교린 관계의 실상과 한·중·일 삼국의 국가적 위상이 잘 나타난다고 생각한다. 조선을 중심에 두고 조선과 중국, 조선과 일본이 외교문서를 발급하고 접수하는 과정이나 자국을 방문한 사신을 접대하는 의례를 비교하면 삼국 사이에 존재하는 국가적 위상의 차이가 분명하게 나타나기 때문이다.

필자는 이 책에서 조선왕실에서 거행한 외교의례를 통해 한·중·일 삼국의 국가적 위상을 검토하고자 한다. 먼저 제1장에서는 '조선시대 이전의 외교의례'라 하여 삼국시대부터 고려시대에 이르기까지의 외교 및 외교의례를 검토해 보았다. 삼국시대에는 외교의례에 대한 자료가 부족하여 외교 관계를 살펴보았고, 통일신라, 발해, 고려시대는 주변국과의 외교 및 외교의례를 검토해 보았다. 이들 시기는 조선왕실의 외교의례가 성립되는 배경에 해당하며, 특히 고려시대의 외교의례는 조선시대의 의례에 직접적인 영향을 주었던 것으로 파악된다.

다음으로 조선왕실의 외교의례는 제2장에서 '조선과 중국의 외교의례', 제3장에서 '조선과 일본의 외교의례'로 구분하여 검토하였다. 각 장에서는 두 나라가 교환하였던 외교문서의 발급자와 접수자, 외교문서를 전달하는 의례를 살펴보고, 조선 사신이 중국과 일본을 방문하였을 때 현지에서 접대받는 의례와 중국과 일본의 사신이 조선에 도착하였을 때 조선에서 이들을 접대하는 의례를 정리하였다. 그리고 제4장 '조선왕실 외교의례의 특징'에서는 2장과 3장에서 검토한 내용을 묶어서 비교하는 방식으로 외교의례에 나타나는 한·중·일 세 나라의 국가적 위상을 살펴보았다.

마지막으로 제5장에서는 '대한제국의 외교의례'를 정리해 보았다. 이는 조선왕실의 외교의례가 다음 시기에는 어떻게 변화하는가를 보여 주기 위한 것으로, 대한제국은 개항 후 수교국인 서양 국가는 물론이고 주변국인 중국, 일본과도 완전히 대등한 위치에서 외교의례를 거행했다. 대한제국의 외교의례는 실제로 시행된 기간은 짧지만, 대한제국이 동서양 국가들과 대등한 외교 관계를 맺은 독립국이었음을 상징적으로 보여 주는 의례라는 점을 주목하였다.

필자는 지난 2000년부터 조선왕실의 외교의례에 관심을 갖기 시작하였다. 당시 필자는 조선 지식인의 대외인식을 연구하기 위해 연행사와 통신사가 남긴 기록을 검토하였고, 한·중·일 삼국의 외교관들이 만나 외교의례 때문에 치열한 논쟁을 벌이는 모습을 여러 번 발견하였다. 조선 측과 중국 측의 논쟁은 『대명집례』와 같이 동일한 전례서를 바탕으로 하였기에 확실한 근거만 찾으면 쉽게 결론이 내려졌다. 그러나 조선 측과 일본 측은 양측이 가진 과거 기록을 가지고 일일이 대조하면서 합의를 하였기에, 사소한 절차에 대해서도 오랫동안 논쟁하는 경우가 많았다. 시간이 지나면서 필자는 이런 논쟁이 결국은 자국과 상대국의 국가적 위상을 따지는 것이며, 자국을 대표하는 외교관으로서는 조금도 양보할 수 없는 첨예한 문제였음을 이해하게 되었다.

이 책은 2011년 4월부터 2014년 3월까지 진행된 "조선왕실의 의례와 문화연구"의 일환으로 작성되었다. 필자는 이 책에서 조선왕실의 외교의례에 해당하는 의주(儀註)들을 집중적으로 분석하였고, 조선과 조선 국왕을 기준으로 하여 중국과 일본 및 그들의 지도자가 가지는 위상을 비교해 보았다. 조선시대의 외교의례에 대한 연구는 이제 시작되는 단계라, 본문에서는 개설적인 설명이 많고 깊이 있는 분석이 이뤄지지 못한 점도 있다. 필자는 이 책이 조선시대 외교의례의 실상을 전반적으로 이해하는 데 일조하기를 기대한다.

이 책이 출간되기까지 필자에게 도움을 주신 분들이 있다. 연구팀의 책임자였던 안장리 선생님을 비롯하여 10명의 공동연구원 선생님께 감사의 인사를 드린다. 본 연구가 진행되는 3년 동안 매년 세미나를 통해 원고의 집필 방향에 대한 조언을 주셨다. 외교의례와 관련되는 자료와 연구 성과를 조사하는 데에는 박사과정을 수료한 김우진 양이 많은 도움을 주었다. 출판 시장이 얼어붙은 시기에 선뜻 출판을 맡아 주신 세창출판사 사장님과 원고를 꼼꼼하게 검토해 준 강윤경 씨에게도 감사 드린다.

2017년 1월

죽전동 연구실에서 김문식 씀

차례

제 1 장

조선시대 이전의 외교의례

1 삼국시대의 외교

중국사에서 책봉(冊封)을 수반한 조공(朝貢)이 시작된 것은 서주(西周)시대부터였다. 조공의 '조(朝)'는 제후가 천자를 일정한 기간 동안 직접 배알(拜謁)한 것을 말하고, '공(貢)'은 제후가 천자에게 입조(入朝)할 때 가져간 공물을 말한다. 제후의 공물은 주 왕실의 제사에 사용되었다. 서주에서 천자와 제후는 혈통상 한 가계였으므로, 제후가 천자에게 조공을 바치는 것은 군신(君臣) 간의 친목을 도모하고 천자와 제후 간의 혈연적 연계를 증명하는 행사였다. 다만 서주시대에는 '조공' 대신 '내조(來朝)'와 '내빈(來賓)'이란 용어가 사용되었다. 혈연공동체 내에서의 입조는 '내조'라 하고, 천자의 책봉을 받지 않는 비혈연 국가의 방문은 '내빈'이라고 구분한 것이다. 이 시기의 조공은 주나라 천자로부터 책봉을 받은 경우에만 해당되었다.[1]

한(漢) 제국이 등장하면서 조공과 책봉은 제국 내에서 황제와 제후 사이의 권력질서를 표현하는 수단으로 사용되었다. 그러나 감로(甘露) 3년(B.C. 51)에 호한야선우(呼韓邪單于)가 입조하였을 때 선제(宣帝)가 그를 선우(單于)로 책봉하고 '흉노선우새(匈奴單于璽)'를 주면서부터 한은 이민족 군주를 책봉하기 시작하였다. 이후 한은 남월(南越), 선비(鮮卑), 오환(烏桓)과 같은 이민족과 우월한 입장에서 조공—책봉 관계를 맺었다. 그러나 이민족의 군장(君長)이 직접 입조하는 것이 아니라 사자(使者)를 파견하여 조근(朝覲)하는 일

1 　방향숙, 「古代 동아시아 冊封朝貢體制의 원형과 변용 — 韓中관계를 중심으로」, 『한중 외교관계와 조공책봉』, 고구려연구재단, 2005, 21~23면; 金翰奎, 『古代中國的世界秩序研究』, 一潮閣, 1982, 117~121면.

이 많았고, '신속(臣屬)'이나 '칭신(稱臣)'이란 표현도 실질적이 아니라 상투적이었다.

위진남북조(魏晋南北朝)시대에 황제의 지배 체제에 변화가 생겼다. 한 대와 달리 다수의 황제가 공존함으로써 책봉의 주체가 다원화되었고, 책봉되는 국가도 여러 황제로부터 책봉을 받았다. 위진 이후 책봉 칭호는 점차 고정화되며 기본적 형태는 '지절(持節), 도독(都督), 장군(將軍), 공(公), 왕(王)'이었다. 이 중에서 '지절'은 책봉된 사람의 사법 기능을 의미하는 것으로 '사지절(使持節)', '지절', '가절(假節)' 세 단계로 사법적 권리가 구분되었다. '도독'은 특정 지역에 대한 군사권을 부여하는 것으로, 역시 '도독', '감(監)', '독(督)'이라는 세 단계가 있었다. '장군'은 가장 강력한 위계질서를 반영하는 것이며, '왕'은 그대로 작위의 의미를 가졌다.[2]

이 시기 책봉 칭호에서 도독, 제군사(諸軍事), 장군 같은 것은 국가 간 항쟁에서 승리하기 위해 군사적 명분이 필요한 시대적 특징을 보여 준다. 또한 도독모지제군사(都督某地諸軍事)와 같이 특정한 행정구역을 언급하는데, 이는 중국의 권력이 사실상 그 지역에까지 미친 것이 아니라 본래 그곳이 중국의 영토라는 점을 표명한 것이다. 가령 고구려왕의 경우 영주(營州) 또는 평주(平州)라는 지역의 도독으로 임명된 경우가 많은데, 남조(南朝) 국가들이 이런 지명을 사용한 것은 관념적으로 화북 지역을 지배하였음을 반영한 것으로 해석할 수 있다.[3]

우리나라의 삼국 가운데 중국과 최초로 조공–책봉 관계를 맺은 국가는 고구려이며, 시기적으로는 후한(後漢) 대였다.[4] 후한의 광무제(光武帝)는 고구려의 왕을 '고구려왕(高句麗王)'으로 책봉하였다. 그러나 중국과 본격적인 외

---

2 방향숙, 위 논문, 32~39, 54~56면.
3 이성규, 「中國의 분열체제모식과 동아시아 제국」, 『한국고대사논총』 8, 1996, 269~272면.
4 3세기에 夫餘 창고에 '濊王之印'이 있었다는 것은 前漢에서 준 것으로 추정된다(임기환, 「낙랑 인장」, 『역주 한국고대금석문』 I, 한국고대사회연구소, 1992, 304면).

제1장 조선시대 이전의 외교의례

그림1 당염립본왕회도(唐閻立本王會圖)에 보이는 삼국의 사신. 대만 국립고궁박물관 소장.

교 관계를 맺은 것은 위진(魏晉)시대 이후부터이다. 북조(北朝)의 전연(前燕)은 고국원왕(故國原王, ?~371)을 '정동대장군(征東大將軍) 영주자사(營州刺史) 낙랑공(樂浪公) 고구려왕(高句麗王)'으로 책봉하였고, 후연(後燕)의 모용보(慕容寶)는 광개토왕(廣開土王, 374~413)을 '평주목(平州牧) 요동대방이국왕(遼東帶方二國王)'으로 책봉하였다.[5] 이때까지는 전형적인 칭호가 정해지지 않았다.

북위(北魏) 대에 장수왕(長壽王, 394~491)은 '도독요해제군사(都督遼海諸軍事) 정동장군(征東將軍) 영호동이중랑장(領護東夷中郎長) 요동군개국공(遼東郡開國公) 고구려왕(高句麗王)'으로 책봉되었다. 이때부터 '사지절, 도독, 장군, 왕'이라는 칭호가 정형화되었다. 또한 남조의 동진(東晉)이나 송(宋)도 고구려왕에게 '사지절, 도독, 장군, 왕'이라는 칭호를 주어, 남북조시대에도 이러한 틀은 유지되었다.

남북조시대의 황제가 책봉한 칭호에는 책봉국과 피책봉국의 긴밀도가 나

---

5 여호규, 「5세기 초 고구려 천하의 범위와 주변 인식」, 『타자 인식과 상호 소통의 역사』, 신서원, 2011, 19~20면.

타난다. 남조의 양(梁) 무제(武帝)는 520년에 고구려 안장왕(安藏王, ?~531)을 '지절(持節) 영동장군(寧東將軍) 도독(都督) 영평이주제군사(營平二州諸軍事) 고구려왕(高句麗王)'으로 책봉하였고, 521년에는 백제 무녕왕(武寧王, 462~523)을 '사지절 도독백제제군사(都督百濟諸軍事) 영동대장군(寧東大將軍) 백제왕(百濟王)'으로 책봉하였다. 여기서 안장왕은 영동장군, 무녕왕은 영동대장군이라 하여 백제가 상대적으로 우위를 보였다. 이는 백제와 양(梁)이 지리적으로 가까울 뿐만 아니라 고구려가 이미 북위의 책봉국이란 점을 고려한 것으로 이해된다.[6]

삼국의 조공–책봉 관계는 중국의 통일왕조를 수립한 수(隋)와 당(唐)에 이르러 확립되었다. 618년 진양(晉陽)에서 거병한 이연(李淵)이 수를 무너뜨리고 당을 건국하자, 삼국에서는 앞다투어 사신을 보내 당과 외교 관계를 맺었다. 수의 대대적인 침략을 세 차례나 받았던 고구려가 당에 가장 먼저 사신을 보냈고, 신라와 백제가 차례로 사신을 보냈다. 당은 삼국이 조공하는 순서에 따라 왕을 책봉하지 않고, 624년에 삼국의 왕을 동시에 책봉함으로써 삼국의 세력 균형과 상호 견제를 꾀하였다.[7]

삼국은 국제적으로 자국의 위상을 높이기 위해 당에 적극적으로 접근하였다. 고구려는 이미 622년에 당 고조(高祖)의 제안을 받아들여 1만 명에 이르는 중국인 포로를 당으로 돌려보냈고, 책봉된 이후에는 불교 승려와 도교 승려를 당으로 파견하여 태종의 즉위를 축하하였다. 그러나 631년에 당 사신이 고구려의 대수(對隋) 전승기념물인 경관(京觀)을 허문 사건을 계기로 양국 사이는 소원해졌으며, 천리장성의 완공을 서둘러 당의 침입에 대비하였다. 당은 645년에 고구려를 대대적으로 침략함으로써 양국은 전쟁 국면으로 돌입하였다.

6　방향숙, 위 논문, 56~61면.
7　申瀅植,「三國의 對中外交」,『韓國古代史의 新研究』, 일조각, 1984, 314면.

백제는 621년에 처음으로 당에 사신을 파견한 이후 660년 멸망할 때까지 25차례나 견당사(遣唐使)를 파견하였다. 특히 무왕(武王, ?~641)은 17차례나 견당사를 파견하였는데, 당 태종이 "무왕은 처음과 끝이 한결같다"고 평가할 정도로 양국의 신뢰 관계가 구축되었다. 그러나 의자왕(義慈王, ?~660) 대에 당은 신라의 모함으로 백제를 의심하였으며, 645년에 당이 고구려를 침공하였을 때 백제는 군사 원조 약속을 어기고 오히려 신라를 공격함으로써 당과 백제의 관계는 악화되었다.

신라는 당과 고구려, 백제의 관계가 악화되는 시기에 당과의 관계를 돈독하게 다졌다. 621년에 처음으로 당에 사신을 파견하였으며, 정기적인 사신 이외에 새 국왕이 즉위하면 이를 당에 알려 황제의 책봉을 받았다. 642년 백제가 대야성(大耶城)을 함락시키자 신라는 국가적 위기를 맞았다. 고구려와 백제가 우호 관계를 유지하면서 신라에 큰 위협이 되었기 때문이다. 645년에 당이 고구려를 침공하였을 때, 신라는 백제와 달리 3만 명의 군대를 파견하여 신뢰 관계를 확고히 하였다. 그리고 647년에 김춘추(金春秋, 604~661)는 당 태종을 방문하여 당에서 고구려와 백제를 공격할 군대를 지원하면 신라는 장복(章服) 제도를 고쳐 중국의 제도를 따르겠다고 맹세하였다.[8] 649년 정월에 신라는 관복을 당나라 식으로 개정하였고, 650년에 독자적 연호를 폐지하고 중국의 '영휘(永徽)' 연호를 사용하였다.[9] 이때부터 신라는 당나라에 조공 예식을 충실하게 이행하면서 당 중심의 국제질서에 편입되었다. 이후 신라의 견당사는 증가한 반면 고구려와 백제의 견당사는 격감하였으며, 신라는 당의 군사력을 빌려 백제와 고구려를 정복하였다.[10]

8 『三國史記』新羅本紀 5, 眞德王 2년 겨울.
9 『三國史記』新羅本紀 5, 眞德王 3년 春正月; 4년 6월. "始服中國衣冠. … 遣使大唐, 告破百濟之衆. … 是歲, 始行中國永徽年號."
10 권덕영, 「나당교섭사에서의 조공과 책봉」, 『한국 고대국가와 중국왕조의 조공·책봉관계』, 고구려연구재단, 2006, 235~239면.

다음의 〈표 1〉은 『이십오사(二十五史)』에 나타나는 삼국의 책봉 기사를 정리한 것이다.

표1 『이십오사』에 나타난 삼국의 책봉 기사[11]

연도	고구려	백제	신라	비고
355	征東大將軍 營州刺史 樂浪公 高句麗王			前燕, 故國原王
372		鎭東將軍 領樂浪太守 百濟王		東晉, 近肖古王
386		使持節都督 鎭東將軍 百濟王		東晉, 枕流王
396	平州牧 遼東帶方二國王			後燕, 廣開土王 『梁書』
413	使持節 都督營州諸軍事 征東將軍 高麗王 樂浪公			東晉, 長壽王 『南史』
416		使持節 都督百濟諸軍事 鎭東將軍 百濟王		東晉, 腆支王 『南史』
420	征東大將軍 使持節都督 高句麗王 樂浪郡公	鎭東大將軍		宋, 長壽王 宋, 腆支王
422	散騎常侍都督 平州諸軍事			宋, 長壽王
430		使持節 都督百濟諸軍事 鎭東大將軍 百濟王		宋, 毗有王
435	都督遼海諸軍事 征東將軍 領護東夷中郎長 遼東郡開國公 高句麗王			北魏, 長壽王 『魏書』
457		鎭東大將軍		宋, 蓋鹵王
463	車騎大將軍 開府儀同三司 使持節散騎常侍 都督平營州諸軍事 高句麗王			宋, 長壽王 『南史』
480	驃騎大將軍	使持節 都督百濟諸軍事 鎭東大將軍		南齊, 長壽王 南齊, 東城王
490		使持節 都督百濟諸軍事 鎭東大將軍 百濟王		南齊, 東城王 『南史』

---

11 임기환, 「南北朝期 韓中 冊封·朝貢 관계의 성격 ─ 고구려·백제의 冊封·朝貢에 대한 인식을 중심으로」, 『한국고대사연구』 32, 2002.

제1장 조선시대 이전의 외교의례

연도	고구려	백제	신라	비고
491	(贈) 車騎大將軍 太傅 遼東郡 開國公 高句麗王			北魏, 長壽王 『魏書』『北史』
492	使持節 都督遼海諸軍事 征東 將軍 領護東夷中郎長 遼東郡 開國公 高句麗王			北魏, 文咨王 『魏書』『北史』
494	使持節 驃騎常侍 都督營平二 州 征東大將軍 高麗王 樂浪公			梁, 文咨王 『南史』
496	車騎將軍			梁, 文咨王
502	驃騎大將軍	征東大將軍?		梁, 文咨王 梁, 武寧王
508	撫東大將軍 開府儀同三司			梁, 文咨王 『南史』
519	(贈) 車騎大將軍 領護東夷校 尉 遼東郡開國公 高句麗王			北魏, 文咨王 『魏書』『北史』
520	安東將軍 領護東夷校尉 遼東 郡開國公 高句麗王 持節 寧東將軍 都督 營平二州 諸軍事 高句麗王			北魏, 安藏王 『魏書』『北史』 梁, 安藏王 『南史』
521		使持節 都督百濟諸軍事 寧東大將軍 百濟王		梁, 武寧王 『南史』
524		持節 督百濟諸軍事 綏 東將軍 百濟王		梁, 聖王 『南史』
532	使持節 散騎常侍 車騎大將軍 領護東夷校尉 遼東郡開國公 高句麗王			北魏, 安原王 『魏書』『北史』
534	侍中 散騎大將軍			東魏, 安原王 『魏書』
546	使持節 侍中 驃騎大將軍			北齊, 陽原王 『北史』
548	寧東將軍 高句麗王 樂浪公			梁, 陽原王 『北史』
550	使持節 侍中 驃騎大將軍 領護 東夷校尉 遼東郡開國公 高句 麗王			北齊, 陽原王
559	使持節 領東夷校尉 遼東郡公 高麗王			北齊, 平原王 『北史』
562	寧東將軍 高句麗王	撫東大將軍 百濟王		陳, 平原王 陳, 威德王
565			使持節 東夷校尉 樂浪郡公 新羅王	北齊, 眞興王

연도	고구려	백제	신라	비고
570		使持節 侍中 車騎大將軍 帶方郡公 百濟王		北齊, 威德王 『北史』
571		持節 都督東靑州諸軍事 東靑州刺史		北齊, 威德王 『北史』
577	上開府 儀同大將軍 遼東郡公 遼東王			北周, 平原王 『周書』『北史』
581	上開府 儀同大將軍 遼東郡公 高麗王	上開府 帶方郡公 百濟王		隋, 威德王 『北史』『隋書』
590	遼東郡公			隋, 嬰陽王 『隋書』
594			上開府 樂浪郡公 新羅王	隋, 眞平王 『北史』『隋書』
624	上柱國 遼東郡王 高麗王(營留王)	帶方郡王 百濟王(武王)	柱國 樂浪郡王 新羅王(眞平王)	唐 高祖
635			柱國 樂浪郡王 新羅王(善德女王)	唐 太宗
641		柱國 帶方郡王 百濟王 (義慈王)		唐 太宗
643	遼東郡王 高麗王(寶藏王)			唐 太宗
647			柱國 樂浪郡王(眞德女王)	唐 太宗
652 654			開府儀同三司 樂浪郡王(武烈王)	唐 高宗
661			開府儀同三司 上柱國 樂浪郡王(文武王)	唐 高宗
677	開府儀同三司 遼東都督 朝鮮王(寶藏王)	光祿大夫 太常員外卿 兼熊津都督 帶方郡王(融)		唐 高宗
686	朝鮮郡王(寶元)			
692			輔國大將軍 行豹韜衛大將軍 雞林州都督 新羅王(孝昭王)	唐 中宗
698	左鷹揚衛大將軍 忠誠國王(寶元)			唐 中宗
699	安東都督(德武)			

2 통일신라와 발해의 외교의례

1) 통일신라와 당의 외교

668년 나당 연합군이 고구려를 멸망시킨 이후 신라와 당은 전쟁에 돌입하였다. 680년대에 갈등의 주인공이었던 문무왕(文武王, 626~681)과 당 고종이 사망하고, 신문왕(神文王, ?~692)과 측천무후(則天武后, 624~705)가 등장하면서 양국 간의 불화는 점차 사라졌다. 692년 신문왕이 사망하고 효소왕(孝昭王, ?~702)이 즉위하자 측천무후는 신라로 사신을 보내 신문왕의 죽음을 조문하고, 효소왕을 신라왕으로 책봉하였다. 694년에 당에 머물렀던 김인문(金仁問, 629~694)이 사망하자 그 유해를 신라로 송환해 주었고, 효소왕은 699년 2월에 견당사를 파견하여 방물(方物)을 바쳤다. 이로 인해 신라와 당의 관계는 완전히 회복되었다.

701년에 즉위한 성덕왕(聖德王, ?~737)은 재위 36년 동안 46회나 견당사를 파견하였고, 당은 신라에 사신을 3차례 파견하였다. 성덕왕은 당이 발해를 공격할 때 군대를 파견하였으며, 그 대가로 패강(浿江) 이남의 땅을 신라 영토로 인정받았다. 혜공왕(惠恭王, 758~780) 이후 신라는 하대(下代)로 들어갔지만 당과의 외교 관계에는 큰 변화가 없었다. 신라는 정기적으로 하정사(賀正使)를 보냈고, 사은(謝恩), 고주(告奏), 경조사(慶弔使)를 보냈으며, 당에서는 신라 국왕이 교체될 때마다 사신을 파견하여 국왕과 왕비를 책봉하였다.

성덕왕에서 흥덕왕(興德王, ?~836) 때까지 신라가 견당사를 파견한 횟수는 당이 사신을 파견한 횟수에 비해 압도적으로 많았다. 그러나 양국의 교류는 매우 규칙적이었다. 신라는 대략 1~2년에 한 번씩 견당사를 파견하였고, 당

은 국왕마다 한 번 이상의 사신을 보내 국왕을 책봉하였다.[12]

　홍덕왕이 사망한 후 신라에서는 격심한 왕위쟁탈전이 벌어졌고, 당과의 교류도 소홀해졌다. 그러나 신라는 사신을 꾸준히 파견하였으며, 당도 사신을 보내 신라 국왕을 책봉하였다. 이 시기에는 민간 교류도 활발해져서 구법승, 유학생, 민간 상인의 왕래가 잦았다.[13]

　신라에서 자국을 방문한 당의 사신을 맞이하는 절차는 다음과 같았다.[14]

당 사신(使臣), 바다를 통해 당항진(黨項津)에 도착함.

당은군(唐恩郡) 태수, 그들이 작성한 문서와 입국 사실을 신라 국왕에게 보고함.

신라 국왕, 사신의 입국 목적과 진여 위부를 판별한 뒤 사신단을 인솔할 사자(使者)를 파견함.

사자, 당은군의 치소(治所)에 도착함.

사자, 대기하고 있던 사신단을 인솔하여 당은포로(唐恩浦路)를 따라 입경(入京)함.

당 사신, 입경의 교(郊)에 다다름.

신라 국왕, 사신을 파견하여 교영(郊迎) 의식을 행함.

당 사신, 왕경 내에 위치한 객관에 들어감.

신라 국왕, 황제의 조서를 전달받을 날짜를 정하여 사신들에게 통보함.

신라 국왕, 약속된 날짜에 맞춰 왕경의 정전(正殿)에서 조서를 받는 의식을 거행함.

12　통일신라는 발해가 존속하였던 기간인 698년부터 926년 사이에 견당사를 127회나 파견하였다. 사신을 파견한 이유는 朝貢, 賀正이 대부분이었으며, 宿衛, 賀正, 방물 진헌, 유학생 입학, 告哀, 謝恩, 探候도 있었다. 당이 신라에 사신을 파견한 횟수는 23회에 이른다(송기호, 「대외관계에서 본 발해 정권의 속성」, 『한국 고대국가와 중국왕조의 조공·책봉관계』, 고구려연구재단, 2006, 179~192면).

13　권덕영, 「나당교섭사에서의 조공과 책봉」, 위의 책, 240~247면.

14　최희준, 「新羅 中·下代의 外國 使臣 迎接과 對外認識」, 고려대학교 석사학위논문, 2008, 56~57면.

당 사신, 출발 전에 준비해 온 국신(國信)을 신라 국왕에게 함께 전달함.

신라 국왕, 임해전(臨海殿) 등에서 당의 사신에게 연회 의식을 베풂.

신라 국왕, 당 사신의 귀국에 맞춰 답서(答書)와 답례품(答禮品)을 전달함.

당 사신, 입경의 역순을 따라 귀국길에 오름.

2) 통일신라와 일본의 외교

신라와 일본은 663년 백강(白江)전투 이후로 국교가 단절되었다. 그러나 668년에 고구려가 멸망한 이후 신라는 당의 위협에 대비해 배후에 있는 일본과의 관계를 개선하려 하였다.

『일본서기(日本書紀)』에 의하면 신라는 668년부터 697년까지 일본에 23차례나 사신을 파견하였고, 그중에서 세 번은 왕자(王子)를 파견하였다. 일본은 신라에서 온 사신이 조공의 예를 갖추면 사신에게 작위와 봉록을 하사하는 것으로 답례하였다. 이는 신라를 일본의 번국(蕃國)으로 인식한 것이다.

신라와 일본의 외교적 갈등은 735년 신라 사신 김상정(金相貞) 등이 신라를 '왕성국(王城國)'이라 일컬음으로써 시작되었다.[15] 이후 신라와 일본의 교섭은 갈등의 연속이었던 것으로 전해진다. 이러한 사태의 이면에는 성덕왕 30년(731) 4월에 일본에서 신라의 동변을 습격한 사건과 친일본 정책을 주도한 것으로 알려진 김순정(金順貞, ?~725)이 사망한 이후 신라와 일본 사이에 외교 정책의 변화가 있었기 때문으로 추측할 수 있다.[16]

신라와 일본의 외교 형식에 대한 갈등은 760년 김정권(金貞卷)을 일본에

---

15 『續日本記』 卷12, 天平 7년(735) 2월 癸丑.

16 전덕재, 「신라 중대 대일외교의 추이와 진골귀족의 동향」, 『한국사론』 37, 서울대학교 국사학과, 1997, 21~25면; 延敏洙, 「통일기 신라와 일본관계」, 『강좌 한국고대사』 4, 한국고대사회연구소, 2003, 209~285면.

파견하였을 때 일본측이 빈대(賓待)를 하지 않고 신라 측에 요청한 항목에서 잘 드러난다. 일본은 양국 간의 외교 정상화를 위해서는 '전대지인(專對之人)', '충신지례(忠信之禮)', '잉구지조(仍舊之調)', '명험지언(明驗之言)' 네 가지 요건을 갖출 것을 요청하였다.[17] 이는 동아시아의 외교의례상 번국이 갖추어야 할 요건이자, 735년 김상정의 '왕성국' 발언 이후로 지속된 문제를 정리한 것으로, 일본에서 견신라사(遣新羅使)를 정지할 때까지 지속되었다.

먼저 '전대지인'에 대해, 일본은 신라가 사신을 파견할 때 왕자가 아니면 집정대부(執政大夫)를 보낼 것을 요청하였다.[18] 그러나 신라는 지속적으로 '경사(輕使)'로 일관하였다. 신라의 대일 외교는 대부분 6두품 계열이 중요 직분을 맡으면서 주요한 역할을 한 것으로 추측된다.

다음은 '충신지례'와 '잉구지조'이다. 충신지례의 '충(忠)'은 신라를 일본의 번국, 이른바 신속(臣屬)을 의미하며, '신(信)'은 그에 따른 조공사의 파견을 상징한다. 또한 '잉구지조'는 '충신지례'에 따른 신라의 일본에 대한 '상공(常貢)', 곧 조공의 강제와 그에 따른 의례를 요청한 것이라 할 수 있다.

'명험지언'은 국가 간의 외교 관계, 즉 사신이 내왕할 때 반드시 갖추어야 할 국서(國書)를 지칭한다. 일본은 신라 사신의 사주(辭奏)나 구주(口奏)가 아닌 표문(表文)을 가지고 올 것을 요청하였고, 표함(表函)이 있어야만 빈대를 할 것임을 천명하였다.

이에 대해 신라 사신은 신라를 왕성국이라 칭하였고, 가져간 물품은 토모(土毛) 또는 국신물(國信物)이라고 하였으며, 국서가 없이 사주 또는 구주로 사지(使旨)를 밝혔다. 이는 모두 외교의례상 신라가 일본의 우위에 있음을 밝히려는 외교적 표현으로 여겨진다.[19]

---

17 『續日本記』卷23, 天平寶字 4년(760) 9월 癸卯.
18 『續日本記』卷24, 天平寶字 7년(763) 2월 癸未; 卷36, 寶龜 11년(780) 2월 庚戌.
19 박남수, 「8세기 新羅의 동아시아 外交와 迎賓 체계」, 『신라사학보』 21, 2011, 143~147, 194면.

다음은 774년(혜공왕 10)에 일본으로 파견된 신라 사신이 선례를 지키지 않아 본국으로 돌려보냈다는 기록이다.

신라가 원래 '신(臣)'이라 칭하며 조(調)를 바친 것은 고금에 자명한 일이다. 그런데 고례(古例)를 따르지 않고 새로운 의미를 만들어 조를 신물(信物)이라 하고, 조회(朝會)를 수호라 하였다. 이전의 사례를 비춰 보니 특별히 예의가 없다. 도해료(渡海料)를 지급하여 신속히 방환(放還)하도록 하라.[20]

이를 보면 통일신라기에 인국(隣國)과 번국의 사신을 접대하는 형식이 달랐다. 인국에서 파견하는 사신은 국신사(國信使), 번국에서 파견하는 사신은 공조사(貢調使) 또는 조공사(朝貢使)라 하였고, 인국에서 바치는 폐백은 국신(國信), 번국에서 바치는 폐백은 공조(貢調)라 하였다.[21]

신라에서 당 사신과 일본 사신을 맞이하는 절차는 비슷하였지만, 의례상 격식의 차이가 있었다. 신라에서 일본 사신을 영접하는 절차는 다음과 같다.[22]

일본 사신, 뱃길을 통해 신라의 청주(菁州) 부근 포구(浦口)에 도착함.

청주 도독, 일본 사신단이 작성한 장(狀)과 그들의 입국 사실을 국왕에게 보고함.

신라 국왕, 사신의 입국 목적과 진여 위부를 판별한 뒤 사신단을 인솔할 사자를 파견함.

청주 도독, 일본 사신단을 주치(州治)로 옮겨 국왕이 파견한 사자를 기다림.

---

20 『續日本記』권33, 光仁天皇 寶龜 5년 3월 癸卯.
21 전덕재, 「신라의 대외인식과 천하관」, 『역사문화연구』 20, 2004, 76면.
22 최희준, 「新羅 中·下代의 外國 使臣 迎接과 對外認識」, 고려대학교 석사학위논문, 42, 56~57면.

사자, 청주에 도착해서 일본 사신단 중 입경이 허가된 인원만을 인솔하여
　입경.

일본 사신, 입경의 교에 다다름.

신라 국왕, 사신을 파견하여 교영 의식을 거행함.

일본 사신, 왕경 내에 위치한 객관에 들어감.

신라 국왕, 장(狀)을 전달받을 날짜를 정하여 사신들에게 통보함.

신라 국왕, 약속된 날짜에 맞춰 장을 받는 의식을 거행함.

신라 국왕, 사신에게 연회 의식을 베풂.

신라 국왕, 사신의 귀국에 맞춰 답서와 답례품을 전달함.

일본 사신, 입경의 역순을 따라 귀국길에 오름.

한편 일본에서 신라 사신을 영접하는 절차는 752년 김태렴(金泰廉)이 일
본에 파견되었을 때의 상황으로 『속일본기(續日本記)』에 자세히 전해진다. 일
본에서 신라 사신을 접대하는 의례는 다음과 같다.[23]

도착지(到着地)인 태재부(太宰府)에 들어감.

존문사(存問使)를 파견함.

영객사(領客使)에 의한 경상(京上).

난파(難波)에서 환영한 후 난파관(難波館)에 들어감.

입경할 때 교외에서 맞이함.

홍려관(鴻臚館)으로 들어감.

위로사(慰勞使)·노문사(勞問使)를 파견하고 장객사(掌客使)를 임명함.

조정에서 사지(使旨)를 주상(奏上)하고, 공헌물(貢獻物)을 봉정(奉呈)함.

23　李成市,『東アジア王權と交易』, 靑木書店, 1997, 111~113면.

여러 행사(行事)에 참가함.

천황(天皇)이 나와서 향연(饗宴)을 베풀고, 위(位)를 주고 녹(祿)을 하사함.

신하가 주관하는 향연(饗宴)을 베풂.

홍려관(鴻臚館)에서 일본 국서(國書)를 줌.

귀국향객사(歸國鄕客使)가 인도하여 출경(出京)함.

난파관(難波館)에서 연향.

사신단이 귀국함.

3) 발해와 당의 외교

발해가 중국에 사신을 보낸 횟수는 145회에 이른다. 여기에는 후량(後梁) 5회, 거란[契丹] 1회, 후당(後唐) 3회가 있으며, 당은 136회이다. 발해가 사신을 파견한 이유는 조공(朝貢), 내조(來朝), 하정(賀正)이 대부분이고, 교역, 유학생 입학, 사은(謝恩), 고애(告哀), 숙위(宿衛), 방물 헌상도 있다. 이에 비해 당에서 발해에 사신을 파견한 횟수는 16회뿐이다.[24]

당에서 발해 국왕을 책봉한 사례는 총 47회에 이른다. 이때 당은 발해를 홀한주(忽汗州)로 삼고 발해 국왕을 홀한주도독(忽汗州都督)으로 임명하였다. 당이 발해에 설치한 명목상의 행정구역은 홀한주였다.

발해는 고왕(高王, 大祚榮, ?~719) 때부터 당의 인정을 받지 않은 상태에서 국왕의 시호(諡號)를 정하고 독자적 연호를 사용하였다. 다음은 『신당서(新唐書)』에 나오는 대조영이 사망하였을 때의 기록이다.

현종(玄宗) 개원 7년에 조영(祚榮)이 사망하자 그 국가에서 사시(私諡)를 고

---

24 송기호, 「대외관계에서 본 발해 정권의 속성」, 『한국 고대국가와 중국왕조의 조공·책봉관계』, 고구려연구재단, 2006, 179면.

왕(高王)이라 하였다. 아들 무예(武藝)가 서자 … 사사로이 연호를 고쳐 인안
(仁安)이라 하였다. 흠무(欽武)가 사망하자 사시를 문왕(文王)이라 하였다.[25]

이를 보면 당으로부터 홀한주도독으로 임명되었던 고왕부터 문왕, 무왕
에 이르기까지 독자적으로 시호를 정하고 연호를 사용하였다.

다음의 〈표 2〉는 당에서 통일신라와 발해의 국왕을 책봉한 기사를 정리
한 것이다.

표2 통일신라·발해의 책봉 기사[26]

연도	통일신라	발해	비고
702	輔國大將軍 行豹韜衛大將軍 雞林州 都督 新羅王(聖德王)		唐 中宗
713		左驍衛員外大將軍 渤海郡王 忽汗州都 督(大祚榮)	唐 睿宗
719		左驍衛大將軍 渤海郡王 忽汗州都督 (大武藝)	唐 玄宗
733	開府儀同三司 寧海軍使(聖德王)		唐 玄宗
737	開府儀同三司 新羅王(孝成王)	左驍衛大將軍 渤海郡王 忽汗州都督 (大欽茂)	唐 玄宗
743	開府儀同三司 新羅王(景德王)		唐 玄宗
762		渤海國王(大欽茂)	唐 代宗
768	開府儀同三司 新羅王(惠恭王)		唐 代宗
785	檢校太尉 都督雞林州刺史 寧海軍使 新羅王(宣德王)(元聖王)		唐 德宗
795		渤海郡王(大嵩璘)	唐 德宗
798		銀青光祿大夫 檢校司空 渤海國王(大嵩璘)	唐 德宗
800	開府儀同三司 檢校太尉 新羅王(昭聖王)		唐 德宗
805	新羅王(哀莊王)		唐 順宗

25 『新唐書』 권219, 「渤海傳」.
26 『舊唐書』와 『新唐書』의 내용을 정리한 것이다.

연도	통일신라	발해	비고
809		銀青光祿大夫 檢校秘書監 忽汗州都督 渤海國王(大元瑜)	唐 憲宗
812	開府儀同三司 檢校太尉 持節大都督 雞林州諸軍事 兼持節充寧海軍使 上柱國 新羅國王(憲德王)		唐 憲宗
813		銀青光祿大夫 檢校秘書監 都督 渤海國王(大言義)	唐 憲宗
818		銀青光祿大夫 檢校秘書監 都督 渤海國王(大仁秀)	唐 憲宗
820		金紫光祿大夫 檢校司空(大仁秀)	唐 憲宗
831	開府儀同三司 檢校太尉 使持節大都督 雞林州諸軍事 兼持節充寧海軍使 新羅王(興德王)	銀青光祿大夫 檢校秘書監 都督 渤海國王(大彝震)	唐 文宗
841	開府儀同三司 檢校太尉 使持節大都督 雞林州諸軍事 兼持節充寧海軍使 上柱國 新羅王(文聖王)		唐 武宗
865	開府儀同三司 檢校太尉 持節大都督 雞林州諸軍事 上柱國 新羅王(景文王)		唐 懿宗
878	使持節開儀府同三司 檢校太尉 大都督 雞林州諸軍事 新羅王(憲康王)		唐 僖宗
897	太師(雞林州大都督 檢校太尉) 景文王 추증 太傅(持節寧海軍事 檢校太保) 憲康王 추증		唐 昭宗

4) 발해와 일본의 외교

발해와 일본의 외교는 720년 국교를 개시한 이후 발해가 멸망하기까지 꾸준히 이어졌다. 양국의 외교에서 논란이 된 것은 위례(違例)나 무례(無禮)와 같은 외교의례였다. 위례는 전례(前例)를 무시한다는 것이고, 무례는 고구려가 일본과 유지해 왔던 형제 관계, 군신 관계의 예를 취하지 않았다는 것이다.

발해에 대한 고대 일본인의 인식 저변에는 고구려가 패망하기 직전에 일본국의 원조를 요청한 것, 신라의 괴뢰국으로 있던 보덕국(報德國) 사신의 모습, 고구려가 패망한 이후 일본 천황의 질서에 포섭된 고구려 유민의 존재가 있었다. 따라서 일본인은 발해가 고구려를 계승한 나라로 등장하면서 고구려와 발해가 중첩되었고, 발해와 발해사를 번국과 번국사(蕃國史)로 인식하였다.

이에 대해 발해인은 일본을 동등한 구생(舅甥) 관계 혹은 형제 관계로 보면서 자신들의 우월성을 나타냈다. 발해는 천손(天孫)으로서 왕권의 자부심을 과시하며, 일본 측에서 볼 때 무례를 반복하였다. 국서의 표기 문제가 매번 지적되었지만 발해의 입장은 변하지 않았다.

발해와 일본은 이러한 상호 인식의 차이, 외교적 마찰에도 불구하고 교류를 지속하였다. 특히 발해는 교역의 이익을 취하기 위해 일본을 빈번히 내항하였다. 발해의 견일본사(遣日本使)는 727년에서 929년까지 35회이고,[27] 일본의 견발해사(遣渤海使)는 15회였다. 15회의 견발해사 중에는 발해 사신에 대한 송사(送使)가 10회 있었으므로, 이를 제외하면 실제로 일본의 견발해사는 5회에 불과하다.

발해인의 눈에 비친 일본은 거대한 교역시장이었다. 이에 비해 일본은 9세기 이후 신라와의 외교가 단절되고 견당사의 파견이 종료되었으므로, 발해가 유일한 통교국이자 공적인 문물 수입처였다. 양국은 이러한 사정이 있었기에 외교적 마찰이 있었지만 외교 관계를 지속해 나갔다.[28]

---

27 일본의 遣渤海使 파견 횟수는 연구자에 따라 약간의 차이가 있다.
28 延敏洙, 「渤海·日本의 교류와 相互認識: 國書의 형식과 年期問題를 중심으로」, 『한일관계사연구』 41, 2012, 81~82, 113면.

제1장 조선시대 이전의 외교의례

5) 통일신라와 발해의 외교의례

통일신라와 발해의 사신이 당의 수도인 장안(長安)에 도착하면 황제에게 표문과 방물을 올렸다. 이때의 외교의례에 대해서는 『대당개원례(大唐開元禮)』의 빈례(賓禮)에 수록되어 있다. 통일신라와 발해는 '번주(蕃主)'로 표현되는 국왕이 직접 방문한 적은 없고 국왕의 신하를 사신으로 파견하였다. 아래에서는 통일신라와 발해에서 파견한 사신이 당 황제에게 표문과 방물을 올리는 의례인 「수번국사표급폐(受蕃國使表及幣)」를 중심으로 검토한다.[29]

하루 전날
황제가 있는 궁전(宮殿)의 북벽(北壁)에 황제의 어악(御幄)을 남쪽을 향하게
    설치함.

당일
사신의 위(位)를 궁전의 남쪽에 두 줄로 북향하여 설치함. 서쪽이 상위(上
    位)

중엄(中嚴)
사신, 통사사인(通事舍人)의 안내를 받아 본국 복식을 입고 국서(國書)를 받
    들고 황제가 있는 합(閤) 밖의 서상(西廂)에 섬.
황제, 통천관(通天冠) 강사포(絳紗袍)를 입고 여(輿)를 타고 나와 어좌(御座)에
    가서 앉음.
사신, 문을 들어가 궁현(宮懸) 남쪽의 배위(拜位)로 감.

---

29 『大唐開元禮』 권79, 賓禮, 「受蕃國使表及幣」. 『大唐開元禮』 賓禮에 있는 「蕃國往來朝以束帛迎勞」, 「遣
    使戒蕃王見日」, 「蕃王奉見」, 「皇帝燕蕃國王」은 唐 皇帝가 蕃王을 만나는 의례이다. 번국의 사신을 만나
    는 의례는 「受蕃國使表及幣」와 「皇帝燕蕃國使」가 있다. 이에 대해서는 〈부록 1〉을 참조.

(사신이 움직일 때 음악을 연주하다가 자리에 서면 멈춤.)

[대번(大蕃)의 대사(大使)는 음악을 연주함. 차번(次蕃)의 대사나 대번의 중사(中使) 이하는

　음악을 연주하지 않음.]

중서시랑(中書侍郞), 사신 앞으로 가서 국서를 받아 서쪽 계단을 올라감.

중서시랑, 황제에게 국서를 아룀.

유사(有司), 뜰에서 사신이 가져온 폐백과 말을 받음.

사신 이하, 모두 재배(再拜)함.

통사사인, 황제의 제(制)를 받고 내려와 사신에게 국왕의 안부를 물음.

사신, 재배하고 답을 함.

통사사인, 황제에게 돌아가 알리고, 다시 칙(勅)을 받고 돌아와 위로하고

　관사(館舍)로 돌아가게 함.

사신 이하, 재배함.

통사사인, 사신 이하를 인도하여 나옴.

(음악을 연주함.)

황제, 어좌에서 내려와 여(輿)를 타고 돌아감.

이를 보면 통일신라와 발해의 사신은 궁전의 남쪽에 마련된 배위에서 황제에게 절을 하고 표문과 방물을 바쳤으며, 그 자리에서 국왕의 안부에 대해 답변하고 위로를 받은 다음에 숙소로 돌아왔다. 이때 사신의 위치는 절을 하던 자리를 벗어나지 않았다.

만약 번주라 불리는 국왕이 방문하면 외교의례는 달라진다. 번국의 국왕이 직접 당나라를 방문하였다면, 황제는 태극전(太極殿)에서 국왕을 만났고, 국왕을 인도하는 사람은 통사사인이 아니라 전알(展謁)로 바뀌었다. 또한 국왕의 국서를 받아 황제에게 올리거나 황제의 명령을 전달하는 사람은 시랑(侍郞)이 아니라 시중(侍中)이었고, 황제는 국왕이 위로 올라와 좌석에 앉게

하였다. 또한 국왕이 이동할 때 그 신하들은 국왕의 뒤를 따라갔고 이들을 상대하는 사람은 통사사인이었다.[30] 따라서 통일신라와 발해의 사신들은 번 국의 관리를 접대하는 예우를 받았음을 알 수 있다.

다음으로 통일신라와 발해의 사신은 당 황제가 주최하는 연회에 참석하 였다. 황제가 통일신라와 발해의 사신을 접대하는 의례는 다음과 같았다.[31]

하루 전날
황제가 있는 궁전의 북벽에 황제의 어악을 남쪽을 향하게 설치함.

당일
사신의 상좌(牀座)를 황제 어좌의 서남쪽에 늘어놓음.
전(殿)에 오르지 않는 사람의 좌석은 서랑(西廊) 아래에 동쪽을 보게 설치함.
사신의 판위(版位)를 궁현(宮懸) 남쪽에 설치함. 두 줄로 북쪽을 향하게 함.

중엄
사신, 통사사인의 안내를 받아 본국 복식을 입고 황제가 있는 합 밖의 서상
   에 섬.
황제, 통천관 강사포를 입고 여를 나와 어좌에 가서 앉음.
전의(典儀), 사신을 인도하여 궁현 남쪽의 판위로 감.
(사신이 움직일 때 음악을 연주하다가 자리에 서면 멈춤.)
사신 이하, 모두 재배함.
통사사인, 황제의 지(旨)를 받고 내려와 사신에게 올라가 좌석에 앉으라고 함.
사신, 재배하고 답을 함.

---

30 『大唐開元禮』 권79, 賓禮, 「蕃王奉見」.
31 『大唐開元禮』 권80, 賓禮, 「皇帝燕蕃國使」.

통사사인, 전 위에 올라갈 사람을 인도하여 서쪽 계단으로 올라가 좌석 뒤에 세움.

(사신이 움직일 때 음악을 연주하다가 계단에 이르면 멈춤.)

통사사인, 전 위에 올라가지 않는 사람을 인도하여 낭하(廊下)의 좌석 뒤에 세움.

사신, 위(位)에 나아가 면복(俛伏, 머리를 숙이고 엎드림)하였다가 좌석에 앉음.

전상(殿上)의 전의와 계단 아래의 찬자(贊者)가 술을 전달함.

사신, 면복하였다가 일어나 좌석 뒤에 섬.

사신, 재배하고 술잔을 받으며, 좌석에 나아가 면복하고 술을 마심.

사신, 술을 마신 후 면복하고 일어나 서서 빈 술잔을 줌, 다시 재배하고 좌석에 나아가 면복하고 앉음.

사신, 술 석 잔을 마시면 음식이 나옴.

사신, 면복하였다가 일어나 좌석 뒤에 섬.

음식이 설치되면

사신, 좌석에 나아가 면복하고 앉아서 먹음.

음식 먹기를 마치면 다시 술을 돌리고, 서수이무(庶邃二舞)를 공연함.

통사사인, 사신을 인도하여 내려가 궁현 남쪽의 위(位)로 감.

황제가 선물[篚籬]을 내리면

사신 이하, 재배하고 받은 후 다시 재배함.

통사사인, 사신 이하를 인도하여 나옴.

(사신이 움직이면 음악을 연주하다가 문을 나오면 그침.)

황제, 어좌에서 내려와 여를 타고 돌아감.

이상의 의례를 보면 통일신라와 발해의 사신은 궁전의 남쪽에 설치된 배위에서 황제에게 절을 한 후 전 위에 설치된 좌석에 앉아 술과 음식을 대접받았고, 선물이 있을 경우에는 배위에서 받았다. 표문을 바칠 때에는 처음 절을 하던 자리에 머물렀지만, 연회가 있을 때에는 전 안으로 들어가 대접을 받았다.

황제가 베푸는 연회 역시 번주가 방문하면 의례가 달라진다. 황제가 번주에게 연회를 베풀 때에는 상식봉어(尙食奉御)가 찬(饌)을 갖추었고, 태악령(太樂令)이 전 위에 등가(登歌)를 설치하였으며, 황제가 동쪽에 앉아 서쪽에 있는 번주를 마주보면서 함께 술을 마셨다. 이때 번주의 좌석은 서남쪽이라 황제와 정면으로 마주보지는 못하였지만 상당한 예우를 하였다.[32] 이에 비해 황제가 사신에게 연회를 베풀 때에는 황제가 북쪽에 앉았으므로 사신과 마주볼 수 없었고, 황제가 사신과 함께 술을 마시지도 않았다.

당은 신라와 일본의 사신을 접대하는 방식에 차이를 두었다. 신라 사신이 당나라를 방문하면 일본 사신이나 발해 사신보다 상석에 앉았다.[33] 또한 신라 사신을 접대하는 기관은 영객전(領客典)이고, 일본 사신을 접대하는 기관은 내성(內省) 산하의 왜전(倭典)이었으며, 소속 관원의 직급에도 차이가 있었다.[34] 이를 보면 당은 동아시아 국가 가운데 신라를 가장 우위에 두었다.

32 『大唐開元禮』 권80, 賓禮, 「皇帝燕蕃國王」.
33 『三國遺事』 권4, 義解 5, 慈藏定律.
34 전덕재, 「신라의 대외인식과 천하관」, 『타자인식과 상호 소통의 역사』, 신서원, 2011, 62~71면.

3 고려시대의 외교의례

1) 고려와 송(宋)의 외교

송의 국제관계는 당의 국제관계와 비교할 때 큰 차이가 있었다. 요(遼), 금(金), 원(元)과 같은 북방민족이 중국의 일부 또는 전부를 정복하면서 한(漢)민족을 지배하게 되었기 때문이다. 따라서 송 대에는 당을 주축으로 하였던 동아시아의 국제질서가 재편되고, 조공—책봉 관계의 성격과 내용도 변화하였다.

1004년에 송과 요는 전연(澶淵)의 맹약(盟約)을 체결하여 형제 관계를 맺고, 송은 매년 요에 비단 20만 필(匹)과 은(銀) 10만 냥을 세폐(歲幣)로 보냈다. 또한 1044년에 송과 서하(西夏)는 강화 조약을 체결하고, 송은 서하에게 25만 5천의 세사(歲賜)를 제공하였다. 이때의 표현은 비록 '세사'라 하였지만 요에 주었던 세폐와 같았다. 1126년에 북송(北宋)이 멸망한 이후 남송(南宋)은 금과 황통(皇統) 강화(講和)를 체결하여 세공(歲貢)으로 은 25만 냥, 비단 25만 필을 보내고, 자손대대로 신하의 절의를 지키겠다고 서약하였다. 여기서 '황통'이란 금 희종(熙宗)의 연호였다. 또한 남송 말기에 금과 대정(大定)의 강화[講和: 숙질(叔姪)의 맹약]를 체결하였다. 이 시기에 송은 주변국의 조공을 받는 종주국의 위치를 상실하였을 뿐만 아니라, 해마다 막대한 세폐를 요, 금, 서하에까지 바치는 조공 국가로 전락하였다.[35]

고려는 이러한 국제정세의 변화에 민감하게 대처하면서 여러 국가와 외

---

35 신채식, 「高麗와 宋의 外交關係 — 朝貢과 冊封關係를 중심으로」, 『한중 외교관계와 조공책봉』, 고구려연구재단, 2005, 78~90면.

교 관계를 맺었다. 초기에는 후당(後唐), 후진(後晉), 후주(後周), 송과 외교를 맺었고, 이후에는 요, 요가 멸망한 후에는 금, 금이 멸망한 후에는 원과 외교 관계를 맺었다.

933년(태조 16)에 고려는 중국 대륙에 있는 국가들과 외교를 맺기 시작하였다. 후당은 왕경(王瓊)과 양소업(楊昭業) 등을 고려로 보내 태조를 고려 국왕으로 책봉하였고, 고려는 '천수(天授)'라는 연호 대신에 후당의 연호를 사용하였다.[36] 천수는 태조가 고려를 건국하였던 918년부터 사용한 연호였다. 후당을 이은 후진(後晉)은 태조와 혜종을, 후주는 광종을 책봉하였다. 고려는 963년부터 송의 연호를 사용하기 시작하였고, 976년에 경종이 송으로부터 책봉을 받았다.

고려와 송의 외교는 대략 세 개의 시기로 구분해 볼 수 있다. 제1기는 962~994년으로, 고려 광종이 송에 사신을 보내 건국을 축하한 것에서 시작하여 요의 침입으로 고려와 송의 외교가 단절된 시기이다. 985년에 송 태종은 오대(五代) 때 거란에게 넘겨준 연운(燕雲) 16주(州)를 수복하려고 고려에 군대 파견을 요청하였다. 그러나 고려는 송의 요구에 적극적으로 대응하지 않고 지연시키는 정책을 썼다. 993년에 거란이 고려를 침략하자, 고려는 994년에 송에 사신을 파견하여 군대를 보내줄 것을 요청하였다. 그러자 송은 이를 거절하였고, 고려는 송과의 외교를 단절하였다.

제2기는 1071~1126년으로, 송 신종(神宗)의 요구로 외교 관계가 시작되어 북송이 멸망할 때까지이다. 이 시기에 고려는 36회의 사신을 파견하였고, 송에서는 17회의 사신을 파견하였다. 이때 송은 고려와 연합하여 요에 대항하려 하였다. 1116년에 송은 금과 연합하여 요를 공격할 계획으로 고려의 도움을 요청하였다. 이에 고려 이자량(李資諒, ?~1123)은 "여진은 인면수

---

36 『高麗史』권1, 太祖 13년 3월 辛巳. "又賜曆日, 自是, 除天授年號, 行後唐年號."

표3 송에 파견된 고려의 사신

가 문	인 물
慶源李氏	李資仁, 李資義, 李資諒, 李資德, 李之美, 李之氐, 李軾
海州崔氏	崔思諒, 崔思齊
慶州金氏	金覿, 金富佾, 金富轍, 金富軾
利川徐氏	徐熙, 徐訥
坡平尹氏	尹瓘, 尹彦頤
沃溝林氏	林巨, 林有文
江陵金氏	金上琦, 金緣
기타	崔元信, 金良鑑, 柳洪, 朴仁亮, 任懿, 文公美, 鄭沆, 崔惟淸, 韓惟忠

심(人面獸心)이라 탐추(貪醜)하므로 그들과 결맹통교(結盟通交)는 불가하다"고 반대하였지만, 송은 이를 듣지 않았다. 송은 금과 합세하여 요를 멸망시켰지만 이후 금의 공격을 받아 위기에 처했다.

제3기는 1127~1164년으로, 요가 멸망하고 송이 금의 침입을 받아 남쪽으로 이동한 시기이다. 1128년에 송은 형부상서(刑部尙書) 양응성(楊應誠)을 고려로 파견하여 길을 빌려줄 것을 요청하였다. 명분은 정강(靖康)의 난 때 금으로 잡혀간 송 휘종(徽宗)과 흠종(欽宗)의 반환을 요청하기 위해서였다. 그러나 실제로는 송과 금의 분쟁에 고려를 끌어들이기 위함이었다. 고려는 어려운 이유를 들어 완곡하게 거절하였고, 이후 양국의 관계는 회복되지 않았다.[37]

고려에서는 왕이 즉위하면 오대(五代)와 송에 사신을 파견하여 책봉을 요청하였다. 이에 오대와 송은 일정한 격식에 따라 책봉사(冊封使)를 파견하여 고려의 왕을 책봉하였다. 이때 책봉사가 참석하는 책봉 의례가 거행되었고, 황제 명의의 책봉조문(冊封詔文)이 전달되었다. 후당(後唐)이 고려 태조에

---

37 신채식, 위 논문, 2005, 90~95면.

게 준 칭호는 '현토주도독(玄菟州都督) 충대의군사(充大義軍使) 고려국왕(高麗國王)'이었다. 여기서 현토주(玄菟州)는 한사군 시대의 지명으로, 후당은 고려가 그 지역을 차지하고 있는 것으로 파악하였음을 보여 준다. 송으로부터 책봉을 받은 고려 국왕은 광종, 경종, 성종뿐이었다.

2) 고려와 요(遼)·금(金)의 외교

고려와 거란의 외교 관계는 건국 초부터 시작되었다. 태조가 거란에 사신을 보내 보검을 전달했다는 기사가 있기 때문이다. 고려는 922년(태조 5) 거란에 내공(來貢)하였으며, 933년(태조 16)에 후진(後晉)으로부터 책봉을 받자 거란에 사신을 파견하여 이 사실을 알려 주었다.[38] 그러나 942년 거란이 사신과 낙타 50마리를 보내오자 낙타를 만부교(萬夫橋) 아래에 묶어 굶겨 죽이면서 양국의 외교 관계는 단절되었다. 고려가 거란과의 외교를 단절한 이유는 거란이 아무런 통지도 없이 발해를 멸망시킨 것을 부당하다고 여겼기 때문이라는 해석과 거란이 후백제와 극비리에 교섭을 벌이는 것에 대한 보복이었다는 해석이 있다.[39] 이후 고려는 송과의 외교에 전념하였고, 거란은 중원에 있는 국가들과 대치하느라 고려에 관심을 보이지 않았다.[40]

993년에 거란은 고려를 공격하였다. 거란이 송과 대치한 상황에서 고려의 북진정책을 저지하기 위해서였다. 이때 고려는 서희(徐熙, 942~998)의 활약으로 거란의 정삭(正朔)을 받드는 대신 고구려의 계승권을 승인받았고, 압록강 동안(東岸)의 280리에 대한 영유권을 확보하였다.[41] 거란이 고려를 침

---

38 『遼史』 권115, 「高麗傳」.
39 한규철, 「후삼국시대 고려와 契丹관계」, 『부산사총』 1, 부산산업대학교 사학회, 1985, 43면.
40 이석현, 「고려와 요금의 외교관계」, 『한중 외교관계와 조공책봉』, 고구려연구재단, 2005, 119~121면.
41 『高麗史節要』 권2, 成宗 12년 10월.

공하였을 때, 고려는 송에 사신을 파견하여 거란을 함께 공격할 것을 요청하였고, 송은 이를 거절하였다. 고려는 994년부터 거란의 통화(統和) 연호를 사용하였고, 거란은 996년 3월에 사신을 보내어 성종(成宗, 960~997)을 고려 국왕으로 책봉하였다. 고려는 동자 10여 명을 거란에 파견하여 그들의 언어를 학습하게 하고, 거란은 동경유수(東京留守) 소항덕(蕭恒德, 蕭遜寧)의 딸을 고려에 출가시켰다. 997년에 고려 성종이 사망하자 거란에서는 사신을 파견하여 문상하였고, 성종의 조카인 왕송(王誦, 穆宗, 980~1009)을 권지국사(權知國事)로 삼았다가 이듬해에 고려 국왕으로 책봉하였다.[42]

　1009년에 거란은 다시 고려를 침략하였다. 고려에서 정변을 일으켜 목종(穆宗)을 시해한 강조(康兆)를 응징한다는 명분이었지만, 고려가 압록강 동안의 군사력을 강화하고 송과 비밀리에 내왕하는 것을 막기 위해서였다. 고려는 거란에 대해 화전(和戰) 양면 정책을 썼다. 1014년에 거란은 다시 고려를 침략하였고, 1016년에 고려는 거란의 연호를 중지하고 송의 대중상부(大中祥符) 연호를 사용하기 시작하였다. 거란과의 관계를 중지하고 송과의 관계를 회복하겠다는 외교적 시위와 압력이었다.[43] 1022년에 고려는 거란의 책봉을 받고 다시 거란의 연호를 사용하였다. 고려가 마지막으로 거란의 책봉을 받은 것은 1108년이었다. 이를 보면 고려는 송과 요가 대치하는 동안 어느 한쪽으로 기울지 않는 외교노선을 유지하였다.[44]

　여진(女眞)은 고려와 거란 사이에 거주하면서 양국에 신속(臣屬)을 하다가 완안부(完顔部)를 중심으로 세력이 통일되었다. 이에 고려 숙종(肅宗, 1054~1105)은 윤관(尹瓘, ?~1111)의 건의에 따라 별무반(別武班)을 편성하고,

42　『遼史』 권115, 「高麗傳」.
43　박종기, 「고려 중기 대외정책의 변화에 대하여」, 『한국학논총』 16, 국민대학교 한국학연구소, 1993, 53면.
44　이석현, 「고려와 요금의 외교관계」, 132~137면.

1108년(예종 3)에 여진 정벌에 나서 9성을 구축하였다.[45] 여진은 1115년에 아골타(阿骨打, 1068~1123)가 스스로를 황제라 부르고 회령(會寧)에 도읍을 정하였으며, 국호를 금(金), 연호를 수국(收國)이라 하였다.

고려는 1116년에 요의 연호를 버리고 간지(干支)만 사용하였다. 아골타가 고려로 아기(阿只)를 파견하여 금이 융성하고 요가 쇠퇴하는 실정을 알려 주었기 때문이다. 다음은 1116년 4월에 중서문하성(中書門下省)에서 예종에게 올린 건의이다.

요가 금의 침략을 받아 멸망 위기에 있으므로 정삭을 받들 수가 없습니다. 지금부터 공사(公私)의 문서에는 마땅히 요의 연호인 천경(天慶)을 쓰지 말고 간지만 쓰도록 하십시오.[46]

1117년에 금은 사신을 파견하여 형제의 의리를 맺자고 제의하였다. "형(兄)인 대여진금국(大女眞金國)의 황제(皇帝)가 제(弟)인 고려국왕(高麗國王)에게 서(書)를 보낸다"고 하여 금을 상위에 두는 형식이었다.[47] 당시 금은 요를 물리치고 요하(遼河)의 동서 지역을 차지하였기 때문에 이런 자신감을 보였다. 고려는 오랫동안 여진에게 부모의 나라로 자부해 왔는데, 금이 이런 요청을 해 오자 모든 대신들은 반대하였다. 다만 감찰어사 김부의(金富儀, 1079~1136)는 금과 화친을 맺을 것을 요청하였다.

제가 보기에 한(漢)이 흉노(凶奴)에 대해, 당(唐)이 돌궐(突厥)에 대해, 그들에

45 『高麗史』권12, 睿宗 3년 3월 庚辰.
46 『高麗史』권14, 睿宗 11년 4월 辛未.
47 『高麗史』권14, 睿宗 12년 3월 癸丑. "癸丑 金主阿骨打遣阿只等五人, 寄書曰, '兄大女眞金國皇帝, 致書于弟高麗國王. 自我祖考, 介在一方, 謂契丹爲大國, 高麗爲父母之邦, 小心事之. 契丹無道, 陵轢我疆域, 奴隸我人民, 屢加無名之師. 我不得已拒之, 蒙天之祐, 獲殄滅之. 惟王許我和親, 結爲兄弟, 以成世世無窮之好.'"

게 신(臣)으로 칭하기도 하고 공주를 시집을 보내는 등 그들과 화친할 만한 길이 있으면 모든 수단을 다 적용하였습니다. 지금 송과 같은 대국도 요와 백숙(伯叔)이니 형제니 하면서 대대로 화친하고 지내 왔습니다. 천자의 존 엄이란 천하에 비교할 바가 없는데도 이처럼 오랑캐 나라에 굴복하여 섬 긴 것은 이른바 '성인이 잠시 원칙을 버리고 권도(權道)로 처사하여 국가를 보전한다'는 좋은 계책입니다. 과거 성종 때에 국경의 방위에 실수한 탓에 요가 쉽게 침입한 것은 참으로 거울삼아야 할 일입니다. 저는 전하께서 장 구한 대책을 세우고 국가를 보전하시어 후회가 없기를 바랍니다.[48]

1119년에 금은 사신을 파견하여 요동을 확보하였음을 알려 오면서 황제 의 호칭으로 '짐(朕)'을 사용하였다. 금과 고려의 관계를 상하 관계로 본 것 이다. 이때 요에서는 계속 출병 요청이 있었지만 고려는 받아들이지 않았다. 1123년에는 송에서 사신을 파견하여 새로 즉위한 인종을 고려 국왕으로 책 봉하겠다고 알려 왔다. 그러나 인종은 완곡하게 송의 제안을 거절하였다. 요 가 망하고 금이 일어나는 상황에서 국제 정세의 변화를 지켜보겠다는 의도 에서였다.

1125년에 금은 송과 합세하여 요를 멸망시킨 후 송을 공격하여 수도를 함락시켰다. 1126년에 고려는 금에 사신을 파견하여 스스로 '신(臣)'이라 칭 하였다. 이런 결정을 내린 데에는 인종의 장인이자 실권자였던 이자겸(李資 謙)의 영향력이 작용하였다.[49] 그러나 고려는 국왕의 책봉을 요청하지는 않 았다. 다음은 1128년에 금에서 보내온 조서(詔書)의 내용이다.

호구(戶口)에 대해서는 이런저런 이유를 말하면서 책봉에 관한 것은 따로

48 『高麗史』 권97, 「金富儀傳」.
49 이석현, 「고려와 요금의 외교관계」, 148~150면.

언급하지 않았다. 매사에 업적을 나타내고 대대로 성의가 변치 않을 것은 믿을 수 있지만 나의 확실한 말이 없다면 당신이 찾은 땅을 무엇으로 증빙하겠는가?[50]

1142년에 고려 국왕은 처음으로 금의 책봉을 받았다. 이때 금은 송과 소흥화약(紹興和約)을 맺어 두 나라가 평화기로 들어갔다. 금의 책봉이 늦어진 것은 고려가 송과 우호 관계를 유지하는 것을 알았기 때문이다.

무인정권기(武人政權期)에 들어가 고려와 금의 외교 문제는 무인의 난으로 즉위한 새 국왕의 책봉 여부였다. 새로 옹립된 고려의 명종과 신종은 금의 책봉을 받아 자신의 지위를 안정시키려 하였다. 당시 금은 이런 문제를 엄격히 추궁하면서도 고려의 해명을 적당히 수용하였다. 금은 대국의 체면이 유지되면 조공—책봉 관계를 통해 외교적 승인만 하고, 고려의 내정에는 간섭하지 않는다는 입장이었다. 요가 멸망한 후 고려는 송과 금 사이에서 등거리 외교를 하였고, 대외관계를 잘 처리하여 더 이상 전쟁의 참화를 겪지는 않았다.

3) 고려와 원(元)의 외교

고려는 13세기 중엽 이후 원 제국의 지배질서에 포함되어 강한 정치적 압박을 받음으로써 독립 국가로서의 자주성에 큰 손상을 입었다. 고려 왕조에 대한 원의 통제는 시대에 따라 압제의 강도와 성격이 달랐다. 원이 중원에서 지배질서를 구축해 감에 따라 간섭의 정도가 강해진 것이다.[51]

원 간섭 초기인 원종 대(1259~1274)와 충렬왕 대(1274~1308)에는 원이 고

---

50 『高麗史』 권15, 仁宗 6년 12월 甲戌.
51 장동익, 「여·원관계의 전개」, 『한국사』 20, 국사편찬위원회, 1994, 263~268면.

려의 독자성을 인정하는 가운데 감독관인 다루가치[達魯花赤]를 파견하고 군대를 주둔시켜 부분적으로 내정 간섭을 하였다. 이 시기에 원은 고려의 북부 지역과 남부의 일부 지역을 빼앗아 영역의 1/3을 차지함으로써 고려의 국력을 크게 약화시켰다.

고려는 원의 복속국이 되면서 국왕의 친조(親朝), 자제의 인질, 호구의 편적(編籍), 역참(驛站)의 설치, 군대 지원, 군량 보조, 조부(租賦)의 수송, 다루가치의 설치와 같은 부담을 강요받았다. 다루가치는 1269년(원종 10)에 임연(林衍, ?~1270)이 국왕을 폐립하는 사건이 일어났을 때 처음 파견되었으며, 이후 1278년(충렬왕 4)까지 계속 파견되었다. 다루가치는 고려를 원의 제후국으로 정착시키기 위해 고려 왕실에서 사용하던 관제, 관명, 작호를 모두 강등시켰다. 고려 국왕은 조(祖)나 종(宗)과 같은 묘호(廟號)를 사용하지 못하였고, 원의 제왕(諸王)이나 재상들처럼 '충(忠)'자를 포함한 묘호를 받았다.[52] 또한 왕이 행차할 때 산호(山呼) 만세(萬歲)를 부르지 못하고, 황제를 의미하는 황포(黃袍)를 착용하지 못하며, 종래 사용하였던 용어도 격하되었다.[53]

고려는 원이 일본을 정벌할 때 여·몽 연합군의 일원으로 동원되기도 하였다. 원의 일본 정벌은 세조 쿠빌라이가 천하를 통일하려는 욕구에서 나왔지만, 고려와 남송(南宋), 일본의 연결을 차단하려는 의도도 있었다. 원은 1279년에 남송을 완전히 정복하였다. 처음에 고려는 원의 사신을 일본으로 안내하는 역할을 맡았다. 그러나 1274년(충렬왕 즉위)에 원의 제1차 일본 원정이 시작되자 고려는 군사 8천 명, 뱃사공 6,700명, 전함 900척을 준비하여 참전하였고, 1281년의 제2차 일본 원정에서는 군사 1만 명, 뱃사공 15,000명, 전함 900척, 군량 11만 석 등을 동원하였다. 이때 충렬왕은 일본

---

52 『高麗史』 권33, 世家 33, 忠宣王 복위년 10월 丙申.
53 『高麗史』 권32, 世家 32, 忠烈王 27년 5월 丙午; 권28, 世家 28, 忠烈王 2년 3월 甲申.

원정을 추진하던 정동행중서성(征東行中書省)의 승상(丞相)으로 임명되어 일본과의 전쟁에 적극적으로 가담하였다.

원은 1287년(충렬왕 13)에 고려에 정동행성(征東行省)이란 지배 기구를 설립하고, 정치적 압력을 더욱 강화하였다. 원래 정동행성은 일본 원정을 위해 설치된 임시기구였지만, 두 차례의 일본 원정이 실패한 이후로는 지방 행정기구로 성격이 바뀌었다. 이로 인해 고려는 형식상 원의 지방 행정구역이 되었다. 정동행성은 평소에는 원에 대한 사대(事大)를 포함한 양국 간의 문제를 주로 담당하였지만, 양국 간에 중대한 일이 있으면 이를 주체적으로 담당하였다.

원은 고려의 국왕이 즉위할 때 국왕으로 책봉함과 동시에 정동행성의 승상(丞相)으로 임명하였기 때문에 고려 국왕은 통상 '국왕승상(國王丞相)'이라 불렸다. 이는 고려 국왕이 원의 번국으로서의 고려와 정동행성을 동시에 대표하는 존재임을 의미하였다. 또한 고려 국왕은 원 왕실과 결혼하여 부마가 됨으로써 원 왕실의 제왕(諸王)과 같은 위상이 되었다. 고려 국왕은 원 제왕의 분봉(分封)이나 폐지, 정동행성의 승상직 교체를 통해 왕위에서 교체될 수 있었고, 실제로 고려 국왕의 퇴위나 소환이 빈번하게 일어났다. 원 간섭기에 고려 왕실에서 왕위쟁탈전이 빈번하게 발생한 것도 이 때문이었다.[54]

고려 국왕이 원 왕실의 공주와 결혼한 사례를 제시하면 다음과 같다.[55]

충렬왕 = 忽都魯揭里迷失(세조의 딸, 齊國大長公主)

충선왕 = 寶塔實憐(세조 長孫인 晋王의 딸, 薊國大長公主)

충숙왕 = 亦憐眞八剌(세조 아들인 營王의 딸, 濮國長公主)

54 장동익, 「여·원관계의 전개」, 282~285면.
55 高柄翊, 「元과의 關係의 變遷」, 『한국사』 7, 국사편찬위원회, 1974, 426~427면.

金童(세조 증손 魏王의 딸, 曹國長公主)

伯顔忽都(不明, 慶華公主)

충혜왕 = 亦憐眞班(鎭西武靖王 焦八의 딸, 德寧公主)

공민왕 = 寶塔失里(魏王 孛羅帖木兒의 딸, 魯國大長公主)

이 시기에 원은 정동행성을 통하거나 사신을 직접 고려에 파견하여 고려
의 국정 전반에 걸쳐 간섭하였다. 원은 정치적으로 고려를 속국(屬國)으로
정착시켰고, 군사적으로 제군만호부(諸軍萬戶府)를 설치하여 고려의 군권(軍
權)을 장악하였으며, 경제적으로 많은 공물을 강요하고, 사회적으로 원의 법
제를 실시하여 고려의 사회체제를 변화시켰다.

원 간섭기에 고려에는 몽고인, 중국인, 아랍인, 인도인을 위시한 많은 이
민족들이 진출하여 개성을 비롯한 주요 지역에 거주하였다. 고려 가요인 쌍
화점(雙花店)에 개성에 회회인(回回人)이 가게를 열고 있었다는 가사가 나오
는 것도 이러한 상황을 잘 보여 준다.

4) 고려와 명(明)의 외교

공민왕은 1354년(공민왕 3)에 원이 강남에서 일어난 한족(漢族)들의 반란
을 정벌하기 위해 남정군(南征軍)을 조직하였을 때 조정군(助征軍)을 파견
하였다. 원의 승상 탈탈(脫脫)의 압력에 굴복하였기 때문이다. 그러나 공민
왕은 전쟁에 참여하였던 고려군으로부터 원이 쇠퇴해 가는 상황을 보고받
았고, 강남 지역에 할거하던 군웅(軍雄)들과 교류를 시작하였다. 공민왕은
1357년(공민왕 6)에 장사성(張士誠)과 교류를 시작하였고, 1358년부터 방국
진(方國珍)과 교류하였으며, 정문빈(丁文彬), 이우승(李右丞), 왕성(王晟), 주평
장(朱平章)과도 교류하였다.

공민왕은 1356년(공민왕 5)에 반원정책을 표명하면서 원의 연호 사용을 중단하였다. 원의 세력이 약화되는 상황에서 정세의 변화를 관망하기 위해서였다. 그러나 고려는 1359년과 1361년 두 차례에 걸쳐 홍건적의 침략을 받게 되자 원과의 관계를 회복하였다.[56]

주원장(朱元璋, 1328~1398)은 1364년에 응천부(應天府: 南京)에서 오왕(吳王)에 올랐고, 1367년에 장사성(張士誠, 1321~1367)과 방국진(方國珍, 1319~1374) 세력을 평정한 이후 1368년 정월에 응천부에서 명(明)의 황제(皇帝)로 즉위하였다. 이 해에 명 태조는 북정군(北征軍)을 조직하여 원의 수도인 연경(燕京)을 함락시키자 이 소식은 이내 고려에 전해졌다. 공민왕은 1369년(공민왕 18)에 명 사신 설사(偰斯)가 고려를 방문하자, 원과의 외교 관계를 단절하였다. 그는 1370년 5월에 명 황제로부터 고려 국왕에 책봉되고, 7월부터 홍무(洪武) 연호를 사용하였다.[57] 고려와 명의 외교가 시작된 시점이다.

고려와 명의 외교는 명이 건국된 지 1년 3개월 만에 정식으로 시작되었다. 당시 원은 북쪽으로 밀려나 북원(北元)이 되었지만 몽고 지방은 물론이고 요서, 요동 지방에 상당한 세력을 구축하고 있었다. 이런 상황에서 명은 북원을 제압하기 위해 고려의 협력이 필요하였고, 고려로서는 원의 압력을 완전히 벗어나기 위해 명의 후원을 필요로 하였다. 이러한 시대적 배경이 고려와 명의 국교 수립으로 나타났다.[58]

56 『高麗史』 권39, 世家 39, 恭愍王 10년 9월 癸酉.
57 『高麗史』 권42, 世家 42, 恭愍王 19년 7월 乙未.
58 金成俊, 「고려 말의 정국과 원·명 관계」, 『한국사』 20, 국사편찬위원회, 1994, 326~356면.

표 4 　고려의 책봉 기사[59]

연도	고려	비고
933(태조 16)	玄菟州都督 充大義軍使 高麗國王	『宋史』(後唐)
951(광종 2)	檢校太保 使持節 玄菟州都督 大義軍使 高麗國王	『宋史』(後周)
955(광종 6)	開府儀同三司 檢校太尉 太師	『宋史』(後周)
963(광종 14)	開府儀同三司 檢校太師 玄菟州都督 充大義軍使 高麗國王	『宋史』
976(경종 1)	光祿大夫 檢校太傅 使持節 玄菟州諸軍事 玄菟州都督 大順軍事 高麗國王	『宋史』
982(성종 1)	檢校太保 玄菟州都督 充大順軍使 高麗國王	『宋史』
988(성종 7)	檢校太尉	『宋史』
995(성종 14)	高麗國王	『遼史』
998(목종 1)	高麗國王	『遼史』
1021(현종 12)	高麗國王	『遼史』
1054(문종 8)	檢校太尉	『遼史』
1085(선종 2)	高麗國王	『遼史』
1100(숙종 5)	三韓國公	『遼史』
1108(예종 3)	三韓國公	『遼史』
1142(인종 20)	開府儀同三司 上柱國	『金史』
1172(명종 2)	開府儀同三司 高麗國王	『金史』
1260(원종 1)	高麗國王	『元史』
1280(충렬 6)	開府儀同三司 中書左丞相 行中書省事	『元史』
1293(충렬 19)	特進 上柱國 開府儀同三司 征東行中書省左丞相 駙馬 高麗王 推忠宣力定遠功臣	『元史』
1313(충선 5)	高麗國王(忠肅王)	『元史』 『新元史』
1330(충숙 17)	高麗國王(忠惠王)	『新元史』
1344(충혜 5)	高麗國王(忠穆王)	『新元史』
1349(충정 1)	高麗國王(忠定王)	『新元史』
1351(충정 3)	高麗國王(恭愍王)	『新元史』
1369(공민 18)	高麗國王 明 태조에게 表文을 올리고 元의 至正 紀元을 정지시킴.	『明史』 『新元史』
1385(우왕 11)	高麗國王	『明史』

59 　『宋史』,『遼史』,『金史』,『元史』,『新元史』,『明史』의 내용을 정리한 것이다.

5) 고려의 외교의례

10세기부터 13세기 말까지 고려는 동아시아 세계에서 자국을 중심으로 하는 소천하(小天下)를 표방하였다. 중국 대륙에서 송·요·금이 남북으로 대치하는 상황이 전개되어 절대 강자가 사라지고 중소 국가들에 대한 견제도 약화되었기 때문이었다. 그러자 남북의 강대국 외에 천자국(天子國)을 칭하는 여러 나라가 대두하였는데, 고려도 그중의 하나였다.

이 시기에 고려가 표방한 외교 질서는 상대국이나 국제 정세에 따라 이중적 양상을 보였다. 고려는 송·요 등과의 관계에서 이들을 천자국으로 하는 제후국으로서의 지위를 대체로 받아들였다. 하지만 고려가 주도하는 국가들과의 관계에서는 스스로가 천자국이 되고, 흑수(黑水)·달고(達姑)·철륵(鐵勒) 등을 번(藩)이라고 칭하였다. 그리고 고려는 스스로 천자나 황제의 호칭, 황제의 복식, 황제국의 관제(官制)와 공문서식(公文書式)을 채택하였다.[60]

고려 군주의 칭제(稱帝)는 대외적으로 공공연하게 표명된 것이었고, 송이나 요도 이런 사실을 암묵적으로 인정하고 있었다. 이러한 현상은 당시 고려를 중심으로 하는 외교의례에서도 잘 나타난다. 고려는 송이나 요의 사신들을 맞이할 때의 의례를 수직적 상하관계인 사대례(事大禮)와 수평적 관계인 국신례(國信禮)를 절충하는 형식으로 진행하였다.[61] 이런 고려에 대해 송은 11세기 중엽 고려 사신을 다른 번과 같은 '조공사(朝貢使)'가 아니라 대등한 국가의 사신인 '국신사(國信使)'라 하였으며, 1115년에 고려 사신을 당대

---

60 『高麗史』「樂志」에 실린 궁중의례용 악곡인 「風入松」에 황제국 제도와 관련된 용어가 등장한다. 예를 들면, 고려의 군주를 해동천자 또는 황제로, 국가의 변경을 四境으로 지칭하였고, 四境 밖에는 南蠻과 北狄 그리고 외국이 존재하였으며, 고려 황제의 盛德에 의해 평화와 번영을 누리는 세계로서 四海라고 표현하였다(노명호, 『고려국가와 집단의식』, 서울대학교출판문화원, 2009, 136~137면).

61 원래는 국가 간의 信書, 國書를 의미하는 단어인 '國信'이 그러한 관계를 나타내는 용례를 갖게 되었다. 그 연장선상에서 朝貢使, 勅使, 詔使 등이 상하 관계를 내포한 사신 명칭인 것과 달리 國信使는 대등한 관계를 전제로 하고 있었다(김성규, 「송대 동아시아에서 賓禮의 성립과 그 성격」, 『동양사학연구』 72, 2000).

의 최고 등급인 대요국(大遼國)의 예에 따라 대접하였다. 또한 요의 경우에도 고려에서 조공으로 받은 물품을 '조공물(朝貢物)'이 아닌 '국신물(國信物)'이라 언급하였으며, 고려 국왕의 생일을 황제의 생신을 뜻하는 절일(節日)로 인식하고 축하 사절을 보냈다.[62]

한편 송나라 사신이 고려에 파견되었을 때의 영송(迎送) 과정은 서긍(徐兢)이 기록한 『선화봉사고려도경(宣和奉使高麗圖經)』을 통해 확인할 수 있다.[63] 송이 고려에 첩(牒)을 보내 사절을 파견할 예정임을 알리면, 고려는 사절이 지나는 해로에 속한 계수관(界首官)이 영접 준비를 하였다. 이어 접반사(接伴使)를 선정하여 사신이 도착하는 군산도에 파견하였으며, 접반사는 사절을 맞이하여 개경까지 동행하며 사행로에 위치한 객관에서의 영접 의례와 접대 업무 등을 통솔하였다. 접반사의 수행 하에 송의 사신단이 예성강에 도착하면, 고려 조정은 관반사(館伴使)를 선정해 객관에서 대기하도록 하였다.

송 사신이 개경의 서교(西郊)에 도착하면 사신을 위로하는 교영(郊迎)을 행한 뒤, 개경 안에 있는 순천관(順天館)에 머물게 하였다. 이후 고려 국왕은 날짜를 택하여 송 황제의 조서를 수령하고 사신들에게 연회를 베풀었다. 사신의 공식 일정이 마무리되면 고려 국왕은 송 황제에게 표문을 올리는 의례를 행하고, 사절을 위한 전별연(餞別宴)을 베풀었다. 개성을 출발한 송 사신은 서교에서 관반사 등과 전별례를 거행하고, 접반사의 호위를 받으며 올 때의 역순으로 이동하여 귀국하였다.[64]

다음은 『선화봉사고려도경』에 나타나는 송 사신을 대접하는 외교의례이다.

---

62 노명호, 『고려국가와 집단의식』, 서울대학교출판문화원, 2009, 134~139면.
63 『宣和奉使高麗圖經』은 1123년(인종 1) 6월에 송의 國信使 守禮部侍郞 路允迪과 中書舍人 傅墨卿이 고려를 방문하였을 때 提轄官 徐兢이 함께 와서 남긴 기록이다.
64 김규록, 『高麗中期의 宋 使節 迎送과 接伴使와 館伴使에 대한 一考察』, 고려대학교 석사학위논문, 2013, 4면.

① 영조(迎詔)

정사 · 부사, 조서를 받들고 순천관(順天館)으로 들어감.

10일 이내에 길일(吉日)을 택함.

기일 하루 전

국왕, 설의관(說儀官)을 보내 정사와 부사를 만남.

기일

굴사(屈使) 한 명, 순천관에 도착함.

도할관(都轄官) · 제할관(提轄官), 조서를 받들고 채색 가마 안으로 들어감.

의장 병갑이 인도하며 앞에서 감.

정사 · 부사 · 관반(館伴) · 굴사, 동시에 말에 오름.

하절(下節), 그 앞에서 걸어서 감.

상절(上節) · 중절(中節), 말을 타고 뒤에서 따라감.

고려 관원, 순천관 문밖에 줄지어 서서 조서가 순천관에서 나오기를 기다림.

고려 관원, 길에서 재배한 후 말을 타고 앞에서 인도하여 왕부(王府)로 감.

광화문(廣化門) → 좌동덕문(左同德門) → 승평문(昇平門) 밖에 도착함.

상절 · 중절, 말에서 내림.

인접(引接) · 지사(指使), 말 앞에서 걸어감.

상절, 뒤에서 따라감.

신봉문(神鳳門) → 창합문(閶闔門) 밖에 도착함.

정사 · 부사, 말에서 내림.

국왕 · 관원, 차례로 조서를 맞이하고 재배함.

채색 가마, 들어가 회경전(會慶殿) 문밖에 멎음.[65]

② 도조(導詔)

도할관·제할관, 가마에서 조서를 받들고 나와 막위(幕位)에 봉안함.

정사·부사, 잠시 휴식함.

국왕, 다시 문 아래로 내려와 서쪽을 향해 섬.

정사·부사, 국왕과 나란히 가면서 중문으로 들어감.

상절(上節), 예물 등을 양편으로 나뉘어 회경전 아래로 들어감.[66]

③ 배조(拜詔)

국왕, 조서를 인도하여 회경전으로 들어감.

궁궐 아래 향안(香案)이 마련됨.

국왕, 서쪽을 향하여 섬.

정사·부사, 북쪽 위에 자리하고 남쪽을 향하여 섬.

상절, 차례로 정사와 부사 뒤에 섬.

고려 관원, 국왕 뒤에 섬.

국왕, 재배하고 성체(聖體)의 안부를 묻고 자리로 돌아가 무도(舞蹈)하고
　　재배함.

고려 관원, 무도하고 재배함.

국신사(國信使), 조칙이 있음을 말함.

국왕, 일어나 홀(笏)을 띠에 꽂고 꿇어앉음.

부사, 조서를 정사에게 줌.

65　『宣和奉使高麗圖經』 권25, 「受詔-迎詔」.
66　『宣和奉使高麗圖經』 권25, 「受詔-導詔」.

정사, 조서를 국왕에게 줌.[67]

④ 기거(起居)

정사·부사, 조서를 인도하여 궁궐에 도착함.

국왕, 재배하고 일어나 자리에서 피해 서서 성체의 안부를 물음.

정사, 자리에서 피해 서서 대답함.

국왕·사신, 각자 자리로 돌아가 재배하고 무도함.[68]

⑤ 사적(私覿)

국왕, 조서를 받음.

국왕·정사·부사, 자리에서 잠시 쉼.

국왕은 동쪽, 정사·부사는 서쪽에 자리 잡음.

찬자(贊者), 정사·부사의 기거 상황을 왕에게 고함.

국왕, 개(介)를 보내어 복명함.

인접관(引接官), 국왕·정사·부사를 인도하여 회경전 마당 가운데로 나가
　　서게 함.

국왕·정사·부사, 마주보고 읍(揖)을 함.

국왕은 동쪽 기둥, 정사·부사는 서쪽 기둥에 섬. 각자의 욕위(褥位)가 있음.

국왕·정사, 서로 향하여 재배하고 몸을 앞으로 내어 문안한 후 다시 재배함.

정사, 자리에서 조금 물러섬.

국왕·부사, 서로 향하여 재배하고 몸을 앞으로 내어 문안한 후 다시 재배함.

국왕·정사·부사, 각자의 자리로 돌아감.

상절관(上節官), 방자(榜子)를 내고 참례함.

67　『宣和奉使高麗圖經』 권25, 「受詔-拜詔」.
68　『宣和奉使高麗圖經』 권25, 「受詔-起居」.

도할관·제할관 이하, 몸을 굽혀 국왕에게 읍함. 물러나 동쪽 행랑에 섬.

국왕, 몸을 굽혀 답함.

중절, 뜰아래에서 네 번 절함. 물러나 서쪽 행랑에 섬.

국왕, 몸을 조금 움직여 읍으로 답함.

국왕·정사·부사, 좌석으로 감.

상절·중절, 좌석으로 감.

하절, 뱃사람과 함께 뜰아래에서 여섯 번 절함. 문의 동서쪽에 차례로 북쪽
  을 향해 앉음.

술이 돌아감.[69]

⑥ 헌수(獻酬)

국왕·정사·부사, 자리에 가서 앉음.

국왕, 개(介)를 보내어 "몸소 일어나 술을 따라 권해 드리고자 합니다"고 함.

정사·부사, 재삼 고사한 후 그 말을 따름.

국왕·정사·부사, 각자의 자리에서 물러나 일어서서 마주 보고 읍함.

집사자(執事者), 정사의 술잔을 가지고 왕 앞으로 옴.

국왕, 꿇어앉아 술병을 잡고 술을 따름.

정사, 무릎걸음으로 앞으로 옴.

정사, 꿇어앉아 술잔을 받아 마신 후 잔을 집사자에게 주고 자리로 돌아감.

국왕·정사, 술을 마신 후 일어나 몸을 굽혀 마주 읍하고 사의(謝意)를 표함.

국왕, 부사에게 술을 따라 줌. 정사의 경우와 같음.

정사·부사, 술을 따라 왕에게 회례하기를 처음의 예와 같이 함.

술이 세 차례 돈 후 통상의 의례와 같이 함.

69 『宣和奉使高麗圖經』 권26, 「燕禮-私覿」.

술이 15차례 돈 후 차(次)에서 중간 휴식을 취하였다가 자리에 앉음.

정사·부사, 아랫사람들에게 습의(襲衣) 금은대(金銀帶)를 차등을 두어 선물함.

술이 10여 차례 돌고 밤중이 되어 파함.

국왕, 정사·부사가 문밖으로 나갈 때까지 전송함.

삼절(三節), 차례로 말을 타고 관사로 돌아감.[70]

⑦ 배표(拜表)

사자, 선명례(宣命禮)가 마치면 "천녕절(天寧節)에 가서 상수(上壽)하려 한다"

　　는 뜻을 서신으로 전함.

국왕, 개(介)를 보내 서신을 전달하며 간곡히 만류함.

사자, 이를 사양함.

국왕, 날을 잡아 서신으로 표장(表章)을 바칠 것을 고함.

그날

정사·부사, 삼절(三節)을 거느리고 왕부(王府)로 들어감.

국왕, 영접하여 읍을 하고 회경전으로 감.

뜰 가운데 안열(案列) 욕위 마련한 것이 조서를 받을 때와 같음.

국왕, 궁궐을 바라보며 재배하고 홀을 띠에 꽂고 꿇어앉음.

집사관, 표(表)를 국왕에게 줌.

국왕, 표를 받아 무릎으로 정사에게 가서 바침.

정사, 꿇어앉아 받은 후 표를 부사에게 줌.

부사, 표를 인접관에게 준 후 좌석으로 감.

표를 담은 갑(匣)을 채색 가마에 놓음.

70 『宣和奉使高麗圖經』권26, 「燕禮-獻酬」.

의장병이 인도하여 앞에서 가는 것을 따라 관사로 돌아감.[71]

⑧ 문전(門餞)

배표연(拜表宴)을 마치면 신봉문(神鳳門)에 장막치고 빈객 주인의 자리를 마
련함.

국왕, 정사·부사에게 술을 따라 주며 작별함.

국왕, 상절에게 직접 거굉(巨觥)에 이별주를 따라 줌.

상절, 하직 인사를 하고 물러남.

중절은 충계에 세우고 하절은 충계 아래에 세우고 술을 권함. 상절과 같음.

삼절, 문밖으로 나가 정사와 부사가 말에 오르기를 기다려 차례로 따라 관
사로 돌아감.[72]

⑨ 서교송행(西郊送行)

정사·부사, 귀로(歸路)에 오르는 날 일찍 순천관을 떠나 서교정(西郊亭)에
도착함.

국왕, 국상(國相)을 보내어 술과 안주를 갖추어 놓게 함.

상절·중절은 동서의 행랑에, 하절은 문밖에 자리 잡음.

술이 15차례 돌고서 파함.

정사·부사, 관반과 문밖에서 말을 세우고 작별 인사를 함.

관반, 말 위에서 직접 술을 따라 사자에게 권한 후 헤어짐.

접반관·송반관(送伴官), 귀로에 오르면서 함께 하여 군산도(群山島)까지 감.[73]

71 『宣和奉使高麗圖經』 권26, 「燕禮-拜表」.
72 『宣和奉使高麗圖經』 권26, 「燕禮-門餞」.
73 『宣和奉使高麗圖經』 권26, 「燕禮-西郊送行」.

한편 『고려사(高麗史)』 「예지(禮志)」의 빈례조(賓禮條)에서는 고려에서 외국 사신을 맞이하는 의주를 ① 영북조조사의(迎北朝詔使儀), ② 영북조기부고칙 사의(迎北朝起復告勅使儀), ③ 영대명조사의(迎大明詔使儀), ④ 영대명사노사의 (迎大明賜勞使儀), ⑤ 영대명무조칙사의(迎大明無詔勅使儀)로 구분하여 수록하 였다. 이를 보면 송·요·금에 대한 기록은 없고 '북조사(北朝使)'라고 통칭하 였으며, 명사(明使)에 대한 의주와 나란히 기록하고 있다.[74] 고려와 명의 교류 는 고려 말기의 짧은 시간에 불과하지만, 빈례의 기록에서는 명나라 사신의 대한 것이 반 이상을 차지한다.

조선의 사가(史家)들은 『고려사』 「예지」를 편찬할 때 고려 전기의 외교접 촉에 관한 기록은 주로 최윤의(崔允儀, 1102~1162)의 『고금상정례(古今詳定禮)』 를 참고하였다고 한다.[75] 따라서 빈례조에 북조사라 부른 것은 『고금상정례』 에서 그렇게 표현한 것에서 연유한 것으로 보인다.[76] 고려에서 송·요·금을 구분하지 않고 북조(北朝)로 묶은 것은 고려가 이들 국가에 차등을 두지 않 았다는 증거로 볼 수 있다.

고려가 북조의 사신들을 접대하는 의례를 살펴보면 다음과 같다.

국왕, 건덕전(乾德殿)에 나와 앉음.

재신(宰臣)·시신(侍臣)·남반(南班), 들어와 절하고 정렬함.

사신(使臣)의 관반(館伴)·집사(執事), 정전에 들어와 대기함.

각문사인(閣門舍人), 문사위(聞辭位)로 가서 "북사(北朝) 사신이 합문 밖에 와
　　서 분부를 기다리고 있습니다"라고 고함.

74　『高麗史』卷65, 志19, 禮7, 賓禮條.

75　『高麗史』卷59, 志13, 禮1, 「序文」. "睿宗, 始立局, 定禮儀, 然載籍無傳. 至毅宗時, 平章事崔允儀, 撰『詳定
　　古今禮』五十卷, 然闕遺尙多. 自餘文籍, 再經兵火, 十存一二. 今據史編, 及『詳定禮』, 旁采『周官六翼』·『式
　　目編錄』·『蕃國禮儀』等書, 分纂吉·凶·軍·賓·嘉五禮, 作禮志."

76　李範稷, 「高麗史 禮志 五禮의 분석」, 『한국중세예사상연구』, 일조각, 1991, 151~159면.

국왕, "들어오너라."

각문원(閣門員), 조서함(詔書函)을 든 사람을 앞세우고 사신(使臣)을 중문(中門)으로 인도하여 들어와 전문(殿門) 서편에 섬.

국왕, 전문 밖 동쪽으로 나가 사신과 읍하고 전정(殿庭)으로 들어옴.

사신, 전명위(傳命位)로 가서 남쪽을 향하여 섬.

국왕, 서쪽을 향하여 재배하고 사신에게 황제 안부를 물음.

사신, 대답함.[77]

이를 보면 북조의 사신이 도착하면, 고려 국왕은 건덕전(乾德殿)에 앉아 있다가 조칙(詔勅)을 가진 사신이 각문원(閣門員)의 안내를 받아 전(殿)의 서문(西門)을 통해 들어오면 왕은 서문보다 격이 높은 동문(東門)을 통해 정전(正殿)으로 나아가 서로 읍을 하였다. 또한 사신이 전명위에 나아가 남향(南向)하면 왕이 서향(西向)하여 두 번 절하였다. 이는 고려 말에 명나라 사신을 영접하는 의식이 명사(明使)가 국경을 넘어왔다는 보고를 받는 것에서부터 시작되고, 왕은 정전에 앉아 있는 것이 아니라 의장(儀裝)을 갖추고 성 밖의 임시 휴게소까지 마중 나가 있다가 사신을 영접한 것이라든지, 또 함께 왕궁에 들어올 때 고려왕은 서편을 이용하고 명사(明使)는 동편으로 들어간 것과는 대조를 이룬다.[78] 고려 국왕은 사신을 맞이할 때 북조의 사신보다 명나라 사신을 더 우대하였던 것이다.

고려에서 표문이나 전문(箋文)을 보낸 것은 1302년(충렬왕 28) 3월부터 시작되었다. 이때 고려에서는 원 성종(成宗)의 성절(聖節)을 축하하는 표문을 영빈관(迎賓館)에서 작성하여 발송하였다. 표문을 보내는 행사에는 문관(文

77 『高麗史』卷65, 志19, 禮7, 「迎北朝詔使儀」.
78 『高麗史』卷65, 志19, 禮7, 賓禮, 「迎大明詔使儀」; 박한남, 『高麗의 對金外交政策 연구』, 성균관대학교 박사학위논문, 1994, 97~98면.

官)들만 참석하였다. 공민왕은 왕위에 오른 직후인 1352년(공민왕 1)에 원 순제(順帝)의 성절(聖節)을 축하하는 표문을 보냈다. 이때 공민왕은 표문을 보내는 행사에 문관과 무관(武官)이 모두 참석하도록 하였다.[79]

고려에서 명나라에 표문을 보낼 때에는 더욱 성대한 예를 갖추었다. 1374년(공민왕 23) 11월에 공민왕은 판밀직사사(判密直司事) 노진(盧稹)을 명나라에 파견하여 약재(藥材)와 약방(藥方)을 보내 준 것에 감사하는 표문을 올렸다.[80] 이날 공민왕은 면복을 갖추고 사은표(謝恩表)에 절을 하였으며, 백관들도 조복(朝服)을 갖춰 입고 표문이 궁궐 문을 나갈 때까지 따라가 전송하였다. 또한 1388년(우왕 14) 우왕(禑王)이 명나라에 표문과 전문을 보낼 때에는 국왕이 백관을 인솔하여 절하고 대문 밖까지 나가서 전송하였다. 이때에 정비된 의주는「진대명표전의(進大明表箋儀)」로 정리되어 있다. 그 내용을 요약하면 다음과 같다.[81]

기일이 되기 전
궁전 중앙에 황제를 상징하는 궐정(闕廷)과 표전안(表箋案)을 설치함.
국왕 배위는 궁궐 뜰의 중앙, 그 남쪽에 관리들의 배위를 설치함.

당일
국왕은 면복을 갖추고 관리들은 조복을 갖춰 입고 인안(印案) 앞에 모임.
표문과 전문에 도장을 찍고 상자에 넣고 보자기로 쌈. 표문은 황색 보자기,
　전문은 홍색 보자기로 쌈.

---

79 『高麗史』 권67, 禮9, 嘉禮,「進大明表箋儀」. "恭愍王元年閏三月甲申, 拜賀聖壽節表. 舊例, 唯文官, 冠帶侍衛. 至是, 王, 命文武八九品, 冠帶分左右侍衛."

80 『高麗史』 권43, 世家43, 恭愍王 23년 11월 辛未.

81 『高麗史』 권67, 禮9, 嘉禮,「進大明表箋儀」. 『고려사』에 수록된「進大明表箋儀」는 『大明集禮』의「蕃國進賀表箋儀注」를 따른 것으로 보인다.

국왕 관리, 배위로 가서 재배함.

국왕, 향안 앞으로 가서 향을 세 번 올린 후 표문과 전문을 사자에게 줌.

사자, 표문과 전문을 받아 안(案)에 놓음.

국왕·관리, 다시 재배하고 표문과 전문을 용정(龍亭) 안에 모심.

용정에 실린 표문과 전문이 이동하면

국왕은 궁문(宮門) 밖, 관리들은 국문(國門) 밖까지 따라가 전송함.

제1장 조선시대 이전의 외교의례

제 2 장

조선과 중국의 외교의례

1 조선과 중국의 외교문서

1) 조선에서 보낸 외교문서

(1) 외교문서의 종류

조선에서 명·청으로 파견된 사신이 휴대한 외교문서에는 표문(表文), 전문(箋文), 장문(狀文), 자문(咨文), 주문(奏文), 계문(啓文), 신문(申文), 정문(呈文), 단자(單子) 등이 있었다.

모든 외교문서에는 발급자와 접수자가 있었다. 19세기 전반에 정약용은 조선에서 청으로 보내는 외교문서를 다음과 같이 정리하였다. 외교문서의 접수자를 중심으로 한 발언이었다.

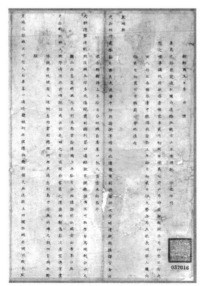

그림 2 1629년 인조가 명나라에 보낸 표문(表文)

그림 3 1871년 고종이 청나라에 보낸 자문(咨文). 국립중앙도서관 소장

황상(皇上)에게 올리는 것을 '표(表)'라 하고[섭정왕(攝政王)에게 올려도 '표'라 한다], 황태자(皇太子)에게 올리는 것을 '전(箋)'이라 하며, 황후(皇后)에게 올리는 것을 '장(狀)'[방물장(方物狀)만 있다]이라 한다. 일이 있어 황상에게 알리는 것을 '주(奏)'라 하고, 일이 있어 예부(禮部)에 보고하여 전달되기를 바라는 것을 '자(咨)'라 한다. 진주(陳奏)할 때에 황태자에게 올리는 것을 '계(啓)'라 하고, 황후에게 올리는 것을 '단(單)'[방물단(方物單)만 있다]이라 한다. 대상(大喪)이 있을 때 정부의 대신이 예부에 보고하는 것을 '신문'이라 하고, 사신(使臣)이 일이 있어 예부에 알리는 것을 '정문'이라 한다. 그 문체가 각각 다르다.[1]

이상에 나타나는 외교문서들의 성격을 정리하면 다음과 같다.[2]

① 표문(表文): 조선 국왕(國王)이 황제(皇帝)에게 올리는 외교문서로 가장 등급이 높다. 사륙병려문(四六騈儷文)을 사용하여 화려한 수식 어구가 많은 것이 특징이며, 문서의 형식 때문에 양국 간에 논쟁이 많았다. 청나라 예부에서는 1706년(숙종 31)에 자문을 보내 경하(敬賀)하는 표문과 전문, 방물표(方物表)의 법식을 보내 주었고, 1736년(영조 12)에는 3대 절기(節氣)의 표문에 대한 법식을 보내 왔다.[3] 정본(正本)과 부본(副本)을 작성하며, 방물표문(方物表文)도 함께 작성하는 경우가 많았다.

---

1   『事大考例』권24, 「表咨考」1. "進於皇上曰'表'[進於攝政王, 亦稱'表'], 進於皇太子曰'箋', 進於皇后曰'狀'[只有方物狀]. 有事而陳於皇上曰'奏', 有事而報於禮部, 冀其轉達曰'咨'. 其陳奏之時, 進於皇太子曰'啓', 進於皇后曰'單'[只有方物單]. 大喪之時, 政府大臣, 報於禮部曰'申文'. 使臣有事, 陳於禮部曰'呈文'. 其體各殊."
2   김경록, 「조선시대 事大文書의 생산과 전달체계」, 『韓國史研究』134, 2006, 41~42면.
3   『通文館志』권3, 事大上, 「表箋狀奏咨」. "康熙乙酉, 禮部移咨. 略曰, '敬賀表箋, 俱須有定式. 惟朝鮮國, 每歲更換文辭, 故字句之間, 有不盡協合者. 今後, 依內閣纂定帝王·大臣·各省督撫表箋成式, 以省繁文云.' 仍謄送一通, 故每以此用之. 而方物表, 亦令以一本定用. … 乾隆丙辰, 禮部咨頒發, 三大節表文, 新式一通, 遵照辦理云云."

② 전문(箋文): 국왕이 황태자와 황후에게 보내는 외교문서로 표문 다음 등급에 해당하는 문서이다. 동지(冬至), 정조(正朝), 사은(謝恩), 진하(陳賀), 진위(陳慰), 고부(告訃) 등에 사용되었다. 명 대에는 황태자와 황후에게 모두 보냈지만, 청 대에는 황태자에게 전문, 황후에게 장문을 사용하였다. 표문처럼 정본과 부본을 함께 작성하였다.

③ 장문(狀文): 국왕이 황태후(皇太后)에게 보내는 외교문서이다. 명 대에는 사용되지 않다가 청 대에 사용되었으며, 상행문(上行文)의 일종으로 개인이 관청에 알릴 내용이 있을 때 사용하였다.

④ 주문(奏文): 국왕이 보내는 외교문서로 모든 외교 사안은 주문의 형식으로 전달되었다. 청 국내에서는 '주규(奏摺)'라 불리는 문서로 사적인 목적으로 황제에게 의견을 제시하는 문서였다.

⑤ 자문(咨文): 국왕이 예부에 보내는 외교문서로, 주요한 외교적 사안을 처리할 때 가장 많이 사용되었다. 주로 국왕이 발급하지만 의주부사가 발급하는 경우도 있었다. 명·청 대에 있었던 평행문(平行文)의 일종으로 2품 이상 고위 관청 사이에 사용하였다. 조선에서 표문, 주문, 장문, 전문을 보낼 때에는 모두 자문을 갖추었다. 조선 사신이 가지고 간 자문을 회동관(會同館)에 바치면, 회동관의 제독은 이를 예부에 바쳤고, 예부에서 당공(堂公)들이 함께 열람한 후에는 의제사(儀制司)로 보내어 제목(題目)을 갖췄다.[4]

⑥ 계문(啓文): 국왕이 황태자에게 보내는 외교문서이다.

⑦ 신문(申文): 조선의 의정부 대신이 보내는 외교문서로 상행문에 해당한다.

⑧ 정문(呈文): 중국에 파견된 사신이 업무처리를 위해 해당 아문(衙門)에

4　『通文館志』권3, 事大上,「表箋狀奏咨」, "咨文. … 凡表奏狀箋, 皆其咨. 會同館提督, 於至館次日, 領使賚至部呈, 堂公同柝閱, 歸儀制司, 其題. 出『大淸會典』."

보내는 문서로 상행문에 해당한다. 신문과 성격이 동일하다.

⑨ 단자(單子, 本): 방물(方物)이나 제물(祭物) 등의 물목(物目)을 기재한 외교 문서로 황후에게 보내는 문서이다.

이상의 외교문서 외에도 조선 사신이 현지를 이동하면서 작성하는 문서 가 있었다. 조선에서 사신이 파견된다는 사실을 요동도사(遼東都司: 盛京)에 알리는 선문(先文)이 있었고, 압록강을 건널 때 요동도사의 관원에게 알리는 도강장(渡江狀)이 있었다. 또한 책문(柵門)을 들어설 때 제출하는 입책보단(入 柵報單)이 있었고, 요동을 비롯한 중국 각지를 지나갈 때 지녀야 하는 표문을 받기 위해 제출하는 자문이 있었다.[5]

이상에서 소개한 외교문서들은 사신의 임무에 따라 가져가는 문서가 구 분되었다. 각 사신이 가져가는 외교문서를 정리하면 다음과 같다.[6]

① 동지사(冬至使)

어전표문(御前表文): 正本, 副本 각 1통

방물표문(方物表文): 正本, 副本 각 1통

예부자문(禮部咨文): 1통

황태후전장문(皇太后前狀文): 1통

예부자문(禮部咨文): 1통

황태자전전문(皇太子前箋文): 正本, 副本 각 1통

방물전문(方物箋文): 正本, 副本 각 1통

예부자문(禮部咨文): 1통

② 정조사(正朝使): 동지사와 동일함.

---

5 김경록, 「朝鮮初期 對明外交와 外交節次」, 『韓國史論』 44, 서울대학교 국사학과, 2000, 35면.
6 『通文館志』 권3, 事大上, 「文書賫去摠數」.

③ 성절사(聖節使)

　　어전표문: 正本, 副本 각 1통

　　방물표문: 正本, 副本 각 1통

　　예부자문: 1통

　　황태후전장문: 1통

　　예부자문: 1통

　　연공주본(年貢奏本): 1통

　　예부자문: 1통

　　예물총단(禮物摠單): 1통

④ 사은사(謝恩使)

　　어전표문: 正本, 副本 각 1통

　　방물표문: 正本, 副本 각 1통

　　예부자문: 1통

　　황태후전장문: 1통

　　예부자문: 1통

　　황태자전전문: 正本, 副本 각 1통

　　방물전문: 正本, 副本 각 1통

　　예부자문: 1통

　　예물총단: 1통

⑤ 진하사(進賀使): 사은사와 동일함.

⑥ 주청사(奏請使)

　　어전표문: 正本, 副本 각 1통

　　예부자문: 1통

　　방물주본: 1통

　　예부자문: 1통

황태후전단본(皇太后前單本): 1통

예부자문: 1통

황태자전계본(皇太子前啓本): 1통

예부자문: 1통

예물총단: 1통

⑦ 진주사(陳奏使): 주청사와 동일함.

⑧ 진위사(陳慰使)

　어전표문: 正本, 副本 각 1통

　예부자문: 1통

　진향제문(進香祭文): 1통

　황태자전전문: 正本, 副本 각 1통

　예부자문: 1통

⑨ 고부사(告訃使)

　어전표문: 正本, 副本 각 1통

　예부자문: 1통

　황태자전전문: 正本, 副本 각 1통

　예부자문: 1통

⑩ 문안사(問安使)

　어전표문: 正本, 副本 각 1통

　방물표문: 正本, 副本 각 1통

　예부자문: 1통

　예물총단: 1통

이상을 표로 정리하면 다음의 〈표 5〉와 같다.

표 5　조선 사신의 외교문서

문서＼사신		多至 正朝	聖節	謝恩 陳賀	奏請 陳奏	陳慰	告訃	問安
表文	御前	2[7]	2	2	2	2	2	2
	方物	2	2	2				2
箋文	皇太子前	2		2		2	2	
	方物	2		2				
狀文	皇太后前	1	1	1				
奏本	年貢		1					
	方物				1			
咨文	禮部	3[8]	3	3	4	2	2	1
單本	皇太后前				1			
啓本	皇太子前				1			
祭文	進香					1		
摠單	禮物		1	1				1

(2) 외교문서의 작성과 수정

조선에서 외교문서를 작성하는 과정은 제술(製述), 선사(繕寫), 독준흑초(讀准黑草), 필사(畢寫), 안보(安寶), 봉리(封裏)의 순서로 진행되었다.

제술은 예문관(藝文館)에서 외교문서를 기안하는 단계를 말한다. 표문이나 전문과 같은 문서는 예조에서 예문관으로 통보하여 작성하였고, 단자(單子)는 통상 호조와 공조에서 작성하였다.[9] 예문관에서 기안할 때에는 문서의 형식을 완성하지 않았고, 문서의 종류에 따라 작성자가 달랐다. 가령 가장 중요한 문서인 표문이나 전문은 예문관의 지제교(知製教)가 작성하였고, 주

7　正本 1통과 副本 1통을 합한 것이다.

8　御前 表文과 方物表文에 대한 禮部咨文 1통, 皇太后前 狀文에 대한 예부자문 1통, 皇太子前 箋文과 方物箋文에 대한 예부자문 1통을 합하여 3통이다. 이때의 예부자문은 해당 문서를 황제, 황태후, 황태자에게 전해 달라고 예부에 요청하는 進呈咨에 해당한다.

9　『經國大典』 권3, 禮典, 「事大」; 『六典條例』 권5, 禮典, 稽制司, 「事大」.

문은 예문관 대제학(大提學)이 담당하였으며 대제학이 유고(有故)일 경우에는 제학(提學)이 대신하여 작성하였다. 외교문서의 처음과 끝은 승문원(承文院)의 제술관(製述官)이 작성하였다.[10]

선사는 예문관에서 기안한 문서를 승문원에서 이문(吏文)에 밝은 사자관(寫字官)들이 초서(草書)로 필사하는 단계이다. 외교문서의 형식을 최종 완성하는 것은 승문원의 제술관이다. 필사가 끝난 외교문서를 '흑초(黑草)'라고 하는데, 이는 정식 문서가 아니라 중간본 내지 검토본이라 할 수 있다. 승문원에 소속된 표문제술관(表文製述官)이나 자문서사관(咨文書寫官)은 단순히 문서를 옮겨 적는 수준이 아니라, 문서의 규식에 맞추고, 적절한 용어를 선택함으로써 문서의 완성도를 높였다. 문서를 필사하는 단계는 사행이 출발하기 이틀 전까지 진행되었다.[11]

독준흑초는 승문원에서 작성한 흑초의 내용을 승문원의 도제조(都提調)와 제조(提調)가 공해(公廨)에 함께 모여서 검토하는 단계이다. 이때에는 주로 글자의 오류와 피휘(避諱) 대상이 있는지를 점검하고, 조선에서 요청하는 내용이 잘 반영되어 있는지를 검토하였다. 문서가 완성된 이후에는 다시 이를 검토하는 사대(査對)의 과정이 있었다.

필사는 검토하기를 마친 흑초를 국왕에게 보고하여 허락을 받은 후 승문원에서 해서(楷書)로 정서(正書)하는 단계이다. 외교문서에 사용되는 종이는 조지서(造紙署)에서 제조하여 4면을 바르게 재단한 도련지(擣鍊紙)를 사용하였다.

안보는 필사가 완료된 외교문서에 어보(御寶)와 어압(御押)을 추가하는 절차를 말한다. 외교문서에 사용되는 어보는 '조선국왕지인(朝鮮國王之印)'이며, 이는 새 국왕이 즉위할 때 전달받는 도장으로 '대보(大寶)', '국보(國寶)',

---

10 『六典條例』 권5, 禮典, 承文院, 「表咨文」.
11 『經國大典』 권3, 禮典, 「事大」.

'옥새(玉璽)'라고도 하였다.[12] 조선 국왕의 어보는 명·청의 황제가 준 것으로 1401년(태종 1), 1403년에는 명 황제가 어보를 주었고, 1637년(인조 15), 1653년(효종 4), 1776년(영조 52)에는 청 황제가 어보를 주었다. 한편 어보를 찍는 위치는 외교문서에 따라 달랐다. 표문과 전문의 정본은 말단에 있는 연월(年月)과 피봉에 찍었고, 부본은 연월과 의면(衣面)에 찍었다. 또한 주본(奏本)은 연월과 의면에, 자문은 연월의 왼쪽 옆과 '자(咨)'자 아래에 찍었고, 어압에도 찍었다. 그리고 모든 외교문서는 장(張)을 연달아 붙이는 부분과 종이를 봉하는 위에도 어보를 찍었다.[13]

봉리는 완성된 외교문서를 보관함에 넣어 이동할 때 안정을 도모하는 단계이다. 먼저 문서를 넣은 통(筒)은 그 크기가 동일하였지만 외장(外裝)하는 그림에는 차이가 있었다. 표문은 황룡(黃龍), 전문은 홍룡(紅龍), 장문은 홍봉(紅鳳)을 그린 통 안에 문서를 넣고 입구를 밀랍(蜜蠟)으로 봉하였으며, 이를 다시 보관함 안에 넣고 유지(油紙), 모피(毛皮), 초석(草席)으로 쌌다. 외교문서를 봉리할 때에는 의정부, 육조, 사헌부, 승정원의 장관(長官)과 사신단의 정사(正使)와 부사(副使)가 함께 감독하였다. 이를 '감봉(監封)'이라 한다.[14]

이상의 과정을 통해 외교문서의 작성은 완료되었지만 문서의 수정 작업은 이후에도 계속되었다. 외교문서를 작성한 후 반복하여 검토하는 것을 '사대(査對)'라고 하며, 이는 사신이 한양을 출발하기 전에 세 차례, 한양을 출발한 후에도 세 차례가 있었다. 먼저 한양에 있을 때 첫 번째는 앞서 보았듯이 승문원에서 흑초를 검토하는 것이고, 두 번째는 방물을 싸는 날 의정부(議政府)에서 검토하였으며, 세 번째는 배표(拜表)하는 날 모화관(慕華館)에서 검토하였다. 사신이 한양을 출발한 후에는 황주(黃州), 평양(平壤), 의주(義

---

12 『世宗實錄』 권134, 五禮儀, 凶禮, 儀式, 「祠位」; 『大典會通』 권3, 禮典, 「璽寶」.
13 『通文館志』 권3, 事大上, 「文書封進」.
14 『經國大典』 권3, 禮典, 「事大」.

州)에서 검토하였다.[15] 이때 세 명의 사신(정사, 부사, 서장관)은 공복(公服)을 갖춰 입고 탁자 옆에 서서 일행 중에 사람을 골라 흑초를 읽게 하고 확인하였다. 만약 문서에서 오자(誤字)가 발견되면 이를 조정에 알린 다음에 수정하였다.[16]

조선 사신은 북경에 도착한 이튿날 예부로 가서 표문과 자문을 제출하였다. 이때 사신들은 공복을 갖춰 입은 상태에서 예부상서(禮部尙書)에게 문서를 전달하였다. 1574년(선조 7)에 하곡(荷谷) 허봉(許篈)이 사신으로 갔을 때에는 명의 예부상서에게 현관례(見官禮)를 한 후 조선의 정사가 무릎을 꿇고 자문을 올렸다. 이후 정사는 통사(通事)를 통해 조선 국왕의 표문을 의제사(儀制司)에 올렸고, 사신들은 주객사(主客司)와 의제사(儀制司)를 방문하여 예(禮)를 거행한 후 숙소로 돌아왔다. 청 대에 들어와서는 문서를 전달하는 절차에 변화가 있었다. 청의 예부상서 혹은 시랑(侍郞)이 낭중(郞中)과 함께 공복을 갖춰 입고 대청에서 남쪽을 향해 서면, 사신을 인도한 대통관(大通官)은 조선의 표문과 자문을 들고 꿇어앉아 낭중에게 바쳤고, 낭중은 이를 받아 탁자 위에 놓았다. 이 절차가 끝나면 조선의 사신들은 통관(通官)의 안내를 받아 밖으로 나왔다.[17]

(3) 영조의 국왕 책봉을 요청한 외교문서

조선에서 국왕이 즉위한 후에는 명·청 황제의 책봉을 받는 공인 절차가 필요하였다. 여기에서는 사례 연구로 영조가 국왕이 된 이후 국왕 책봉을 요청하는 주청사(奏請使)가 파견되었을 때의 외교문서를 검토한다.[18]

---

15 외교문서를 검토하는 장소에 대해 『通文館志』에서는 황주, 평양, 의주 세 곳이지만(권3, 事大上,「查對」), 『六典條例』에서는 황주, 평양, 安州, 의주 네 곳이다(권6, 禮典, 承文院,「事大」).
16 『通文館志』 권3, 事大上,「查對」.
17 『通文館志』 권3, 事大上,「表文咨文呈納」.
18 김문식,「英祖의 國王冊封에 나타나는 韓中 관계」, 『韓國實學硏究』 23, 2012, 172~175면.

1724년 8월 25일 축시(丑時)에 경종이 환취정(環翠亭)에서 사망하였다. 그로부터 5일 후인 8월 30일에 영조는 성복(成服)을 하고 창덕궁 인정문(仁政門)에서 즉위식을 거행하였다. 10월 6일에 청 황제에게 경종의 죽음을 알리고 영조의 승습(承襲)을 요청하는 주청사가 파견되었다. 주청사가 가져간 외교문서에서 가장 중요한 문서는 세 가지였다.

첫 번째 문서는 경종대왕(景宗大王)의 승하(昇遐)를 알리는 주문과 시호(諡號)를 청하는 표문으로, 영조(英祖)가 '조선권지국사(朝鮮權知國事)'란 직함으로 황제에게 보내는 문서였다. 영조는 이미 즉위식을 통해 국왕이 되었지만 아직 청 황제의 인정을 받지 못하였기 때문에 '권지국사'라 표현하였다. 이 주문의 작성자는 밀창군(密昌君) 이직(李樴)으로, 경종이 7월 20일에 우연히 병을 얻었다가 8월 23일에 증세가 심해져 8월 25일 축시에 훙서(薨逝)하였음을 알리는 내용이었다. 표문의 작성자는 부수찬(副修撰) 이거원(李巨源)으로, '역명지전(易名之典)'이라 표현된 경종의 시호(諡號)를 내려 줄 것을 황제에게 요청하였다.[19]

두 번째 문서는 왕세제(王世弟)로 책봉되어 있던 영조에게 국왕의 사위(嗣位)를 요청하는 주문으로, 희순왕비 김씨(僖順王妃 金氏: 인원왕후)가 황제에게 보내는 문서였다. 인원왕후는 경종이 병을 얻어 사망하였음을 알리고, 1722년 5월에 강희제(康熙帝)의 은전(恩典)으로 왕세제에 책봉된 사람, 즉 영조에게 경종의 유언을 따라 국사(國事)를 권서(權署)하게 하였으므로 그의 승습을 인정하고 그 처를 왕비로 책봉해 줄 것을 요청하였다. 다음은 주문의 내용으로 인원왕후는 국왕 즉위식을 주도함과 아울러 청 황제에게 국왕 책봉을 요청할 때도 적극적이었음을 알 수 있다.

---

19 『同文彙考 原篇』 권6, 哀禮2, 甲辰(1724), 「告景宗大王昇遐奏」(1724.10.6); 「請諡表」.

첩(妾)이 이때 부인(婦人)으로 피혐(避嫌)할 수 없는 것이 있습니다. 삼가 전례(典禮)를 따라 주문(奏文)을 갖추어 세제(世弟) 이금(李昑)을 책봉하여 국왕을 승습하게 하고 처 서씨(徐氏)를 왕비로 책봉해 줄 것을 요청합니다.[20]

세 번째 문서는 영의정 이광좌(李光佐) 등이 청 예부(禮部)에 승습하는 일을 알리는 자문으로, 희순왕비 김씨의 지시에 따라 올리는 형식을 취하였다. 그 내용은 국왕이 사망하면서 왕세제에게 국사를 부탁하였고 국인(國人)들도 모두 바라는 일이므로, 왕세제를 국왕으로 책봉하고 처 서씨를 왕비로 책봉해 줄 것을 요청하였다.[21]

이상의 외교문서를 가지고 조선에서 파견된 주청사는 1724년 11월에 북경에 도착하였고, 12월 16일 청 황제로부터 영조의 국왕 책봉을 허락받았다.[22]

2) 중국에서 보낸 외교문서

(1) 외교문서의 종류

명을 건국한 홍무제(洪武帝)의 명령에 의해 작성된 『홍무예제(洪武禮制)』를 보면 명 초기에 사용하였던 공문의 내역이 수록되어 있다. 『홍무예제』의 「주계본격식(奏啓本格式)」에는 주본과 계본(啓本)이 있고, 「서압체식(署押體式)」에는 조회(照會), 자정(咨呈), 평자(平咨), 차부(箚付), 정장(呈狀), 첩정(牒呈), 평관(平關), 첩상(牒上), 고첩(故牒), 하첩(下帖)이 있다.[23] 그러나 이러한 문서들은

---

20 『同文彙考 原篇』권2, 封典2, 甲辰(1724), 「請世弟嗣位奏 互陳奏」(1724.10.6). "妾於斯時, 有不可以婦人嫌避者, 謹遵典禮, 具奏欽請冊世諱, 承襲國王, 妻徐氏爲王妃. 伏惟皇上, 天地父母, 特令該部, 誕降誥命, 使小邦臣民, 獲覩寵光, 不勝幸甚."

21 『同文彙考 原篇』권2, 封典2, 甲辰(1724), 「右奏進呈中文」.

22 『同文彙考 原篇』권2, 封典2, 甲辰(1724), 「禮部准請咨」(1724.12.21).

23 『洪武禮制』 「奏啓本格式」; 「署押體式」.

명의 관리가 황제나 다른 관청에 보냈던 문서이며, 명 황제가 아랫사람에게 내려 주는 하행서(下行書)는 아니었다.

명·청의 문서는 발급 주체에 따라 황제문서(皇帝文書)와 관부문서(官府文書)로 구분할 수 있다. 황제가 내리는 문서에는 조(詔), 고(誥), 제(制), 책문(冊文), 유(諭), 서(書), 부(符), 영(令), 격(檄) 등이 있으며, 이들 문서는 주로 한림학사(翰林學士)가 작성하였다. 다만 이 중에서 부, 영, 격은 황제의 명의를 위임받는 관청에서 발행한 것이므로 발급자가 황제는 아니었다. 이들 문서의 성격을 정리하면 다음과 같다.[24]

① 조(詔, 詔令): 황제문서 가운데 가장 높은 단계의 문서이다. 국가의 대사를 거행할 때 내리는 문서로 황제가 사망하면 유조(遺詔), 새 황제가 등극하면 즉위조서(卽位詔書), 어린 황제가 친정(親政)을 하게 되면 친정조(親政詔), 황후(皇后)나 귀비(貴妃)를 책봉하거나 존호를 올릴 때에는 반조(頒詔)가 있었다.

② 고(誥): 황제가 고위 관리를 임명하거나 작위를 줄 때 내리는 문서로 일반적인 문서 형식은 고명(誥命)이다. 공(公), 후(侯), 백(伯)이나 1품~5품의 관리를 임명할 때에는 고명, 6품~9품의 관리를 임명할 때에는 칙명(勅命)을 사용하였다. 국가의 대사를 선포할 때도 사용하였다. 조가 큰 정치적 의미를 전달하는 문서라면, 고는 구체적인 내용을 밝히는 문서이다.

③ 제(制): 광의의 의미로는 황제가 내리는 모든 말을 제라 할 수 있으며, 협의의 의미로는 국가 전례에서 백관들에게 내리는 문서를 말한다.

④ 책문(冊文): 황실에서 사용하는 존호(尊號), 시호(諡號)를 올리거나 책봉할

---

24 金曉綠, 「明代 公文制度와 行移體系」, 『明清史研究』 26, 2006, 123~168면.

때 사용하는 문서이다.

⑤ 유(諭)·서(書): 황제의 명령을 전달하는 방식으로, 조, 제, 칙(勅)을 구체적으로 표현하는 문서이다. 가령 칙은 칙유(勅諭), 칙명(勅命), 칙서(勅書)로 구분되는데, 칙유는 황제가 특정 문제에 대해 특정 지역의 신민에게 유시(諭示)하는 문서이고, 칙명은 6품 이하의 관리를 임명하는 문서이며, 칙서는 주요 관리의 직책이나 권한, 규정 등을 밝힌 문서이다.

⑥ 유(諭)·지(旨): 유는 특정한 요청 사항에 대해 모든 신민에게 선포하는 것이며, 지는 특정 인물이나 대상을 한정하여 황제의 뜻을 알려 주는 것이다. 성유(聖諭), 성지(聖旨), 유지(諭旨)라 불리기도 한다.

이상에서 언급한 황제문서 가운데 조선 국왕에게 보내는 가장 중요한 외교문서는 조선 국왕을 책봉하는 조칙(詔勅)이었다.[25] 또한 명·청의 관부문서에는 주본(奏本), 계본(啓本), 조회(照會), 자정(咨呈), 차부(箚付), 정장(呈狀), 신장(申狀), 평관(平關), 첩정(牒呈), 평첩(平牒), 첩상(牒上), 고첩(故牒), 하첩(下牒) 등이 있었으며, 이 중에는 조선 정부로 보내는 외교문서도 포함되어 있었다.

(2) 영조를 국왕으로 책봉하는 외교문서

명·청의 황제가 조선 국왕을 책봉할 때 내리는 외교문서를 영조 때의 사례로 살펴보자.[26]

1725년 3월에 영조를 국왕으로 책봉할 칙사가 한양에 도착하였고, 영조

---

25 『大淸會典』 권39, 禮部, 「主客淸吏司」. "○ 凡四裔朝貢之國, 曰朝鮮[朝鮮卽古高麗. 明洪武中, 李成桂自立爲王, 改國號爲朝鮮. 國朝崇德二年(1637), 國王李倧, 擧國內附, 始勅封爲朝鮮國王. 其國, 北界長白山, 西北界鴨綠江, 東北界圖們江, 東南西界濱海.], 曰琉球, 曰越南, 曰南掌, 曰暹羅, 曰蘇祿, 曰緬甸, 餘國則通互市焉. … ○ 凡封外國, 必錫之詔勅[朝鮮奏請襲封, 勅下部議, 應封世子或世弟世孫某爲國王. 妻某氏爲王妃, 題請頒詔勅各一道. 遣使持節往封.]. 初內附, 則錫之印[崇德二年, 朝鮮國王李倧內附, 賜龜鈕金印.]."

26 김문식, 「英祖의 國王冊封에 나타나는 韓中 관계」, 『韓國實學硏究』 23, 2012, 175~177면.

와 왕세자는 모화관에 나가 이들을 맞이하였다.[27] 정사는 산질대신(散秩大臣) 각라서로(覺羅舒魯)였고, 부사는 한림학사(翰林學士) 아극돈(阿克敦)이었다.[28] 3월 17일에 한양에 도착한 칙사는 바로 인정전으로 이동하여 영조를 국왕으로 책봉하는 고명을 전달하였고, 국왕은 칙사와 함께 편전(便殿)으로 가서 황제의 안부를 물었다. 이날 칙사가 전달한 청 황제의 고명, 유서(諭書), 예물단자(禮物單子)의 원본이 현재 장서각에 소장되어 있다.[29] 고명은 오색 비단에 한자와 만주자로 기록하고 '제고지보(制誥之寶)' 방인을 찍었으며, 유서와 예물단자는 황색 종이에 한자와 만주자로 기록하고 '칙명지보(勅命之寶)' 방인을 찍었다. 문서의 작성 일자는 '옹정(雍正) 3년(1724) 정월 22일'로 되어 있었다.

영조를 국왕으로 책봉하는 고명의 내용은 다음과 같다.[30]

표지: 朝鮮國王 李昑

제목: 奉天誥命

奉天承運皇帝制曰,

鴻圖無外, 敷聲敎於海邦, 寵命維新, 溥懷柔於東土. 粤世篤忠貞之義, 職貢勤修, 累朝嘉恭順之誠, 彝章洊錫. 當纘服之伊始, 宜綸綍之重申. 爾朝鮮國王世弟李昑(姓某), 器識淵深, 躬行純茂. 夙擅岐嶷之譽, 克紹家聲, 式遵禮義之風, 丕承前烈. 念此刻符之舊(典), 爰隆賜爵之文. 茲特封爾朝鮮國王, 屛翰東藩, 虔恭正朔. 綏安爾宇, 永夾輔於皇家, 精白乃心, 用對揚於天室. 欽哉,

---

27 『英祖實錄』권4, 英祖 1년 3월 乙卯(17일);『承政院日記』英祖 1년 3월 17일.
28 『淸史稿』, 列傳313, 屬國1,「朝鮮‧琉球」. "(雍正二年)十二月, 李昑䴥, 遣散秩大臣覺羅舒魯‧翰林院學士 阿克敦, 往諭祭, 賜諡'莊恪'. 兼封世弟昑爲朝鮮國王, 妻徐氏爲王妃."
    '莊恪'은 경종의 시호이다.
29 『영조대왕』, 한국학중앙연구원 장서각, 2011, 54~57면.
30 『同文彙考』에도 같은 내용이 나온다(『同文彙考 原篇』권2, 封典2, 甲辰(1724),「賜國王詔」). 괄호 안의 글자는 『同文彙考』의 기록이 원본과 차이가 나는 것을 표시한 것이다.

勿替朕命.

雍正三年正月二十二日.

봉천 승운 황제(奉天承運皇帝)는 제(制)한다.

홍도(鴻圖)가 끝이 없으니 바다 밖 나라까지 성교(聲敎)를 베풀고, 총명(寵命)이 새로워 동토(東土)에 회유(懷柔)를 폈다. 대대로 충정(忠貞)의 아름다운 도리를 독실히 하여 직공(職貢)을 부지런히 닦았고, 누대(累代)의 황제께서 공순(恭順)한 성의를 가상하게 여겨 이장(彝章)을 거듭 내렸다. 이제 찬복(纘服)하는 처음에 윤발(綸綍)을 거듭 펴노라. 그대 조선 국왕의 세제(世弟) 이금(李昑)은 기량과 식견이 깊고, 몸소 실천함이 순수하고 부지런하였다. 일찍이 영특하고 뛰어났다는 칭예(稱譽)를 차지하여 가성(家聲)을 잘 이어받았고, 예의(禮義)의 풍속에 따라 전열(前烈)을 계승하였다. 이 각부(刻符)를 내린 것이 오래임을 생각하여 이에 봉작(封爵)을 내리는 글을 극진히 한다. 특별히 그대를 조선 국왕에 봉하니, 동번(東藩)의 병한(屛翰)을 이루어 삼가 정삭(正朔)을 받들어라. 그대의 나라를 편안히 하여 길이 황가(皇家)를 돕고, 그 마음을 깨끗이 하여 천실(天室)에 대양(對揚)하도록 하라. 삼가 짐의 명을 어기지 말라.

옹정 3년(1724) 정월 22일.

이보다 3년 전인 1721년에 경종을 국왕으로 책봉하는 고명은 다음과 같다.[31]

奉天承運皇帝制曰,

鴻圖無外, 敷聲敎於海邦, 寵命維新, 溥懷柔於東土. 奕世篤忠貞之美, 職貢

---

31 『景宗實錄』 권3, 景宗 1년 2월 壬寅(11일); 『同文彙考 原篇』 권2, 封典2, 庚子(1720), 「賜國王詔」. 괄호 안의 글자는 『同文彙考』의 기록이 실록과 차이가 나는 것을 표시한 것이다.

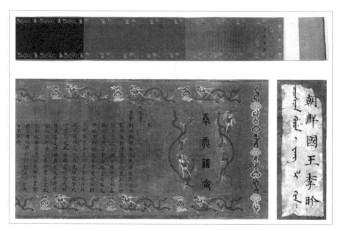

勤修, 累朝嘉恭順之誠, 彝章洊錫. 當纘服之伊始, 宜綸綍之重申. 爾朝鮮國
王嗣子姓諱(某), 器識淵深, 躬行純茂. 夙擅岐嶷之譽, 克紹家聲, 式遵禮義之
風, 丕承前烈. 念此象賢之胤, 爰隆賜爵之文. 玆特封爾(爲)朝鮮國王, 屛翰東
藩, 虔恭正朔. 綏安爾宇, 永夾輔於皇家, 精白乃心, 用對揚於天室. 欽哉, 勿
替朕命.

두 고명을 비교하면 국왕으로 책봉하는 대상이 왕세제와 왕세자(王世子, 嗣
子)란 차이가 있을 뿐 나머지 기록은 동일하다. 청에서 조선 국왕을 책봉하
는 고명에는 일정한 형식이 있었다.

2 조선 사신에 관한 외교의례

1) 중국을 방문한 조선 사신

조선 국왕이 명이나 청으로 파견하는 사신에는 '절행(節行)'과 '별행(別行)'
이 있었다.

'절행'은 계절에 따라 정기적으로 파견하는 사절로 처음에는 동지사(冬至
使), 정조사(正朝使), 성절사(聖節使), 천추사(千秋使) 등 4절행이 있었다. 이 중
에서 천추사는 숭덕(崇德) 연간(1636~1643, 청 태종의 호)에 폐지되고 그 대신
에 세폐사(歲幣使)를 두었으며,[32] 1645년(인조 23)에는 청 황제의 칙유(勅諭)에
의해 원조사(元朝使), 동지사(冬至使), 성절사(聖節使) 등 3절행과 세폐사를 합
하여 하나의 사행으로 만들고 '동지사'라 하였다. 이때의 동지사는 반드시
정사, 부사, 서장관(書狀官) 3원(員)을 갖추어야 하였으며 일 년에 한 번씩 파
견하였다.[33]

'별행'은 양국 사이에 현안이 생길 때마다 파견하는 사절로 사은사(謝恩
使), 주청사(奏請使), 진하사(進賀使), 진위사(陳慰使),[34] 전향사(傳香使) 혹은 진
향사(進香使)[35]가 있었으며, 후에 변무사(辨誣使), 문안사(問安使),[36] 참핵사(參覈

使)[37]가 추가되었다.

중국으로 파견된 조선 사신의 규모는 다음과 같다.[38]

① 동지사(冬至使)

정사: 1원(員), 정2품, 결함(結銜, 임시로 올려 준 품계)은 종1품

부사: 1원, 정3품, 결함은 종2품

서장관: 1원, 정5품, 결함은 정4품, 일행을 살피고 단속함.

당상역관(堂上譯官) 이하: 25인(人)

의원(醫員): 1인

군관(軍官): 7인, 정사는 4원(서장관이 선택한 사람 1원 포함), 부사는 3원

만상군관(灣上軍官, 의주 출신의 군관): 2인, 삼행(三行)의 식량을 정돈함.

일관(日官): 3년에 한 번 감.

* 절사(節使) 원조사, 성절사, 세폐사를 겸함.

② 사은사(謝恩使)

정사: 1원, 대신(大臣) 혹은 정1품 종신(宗臣) 의빈(儀賓)

부사: 1원, 종2품, 결함은 정2품

서장관: 1원, 정4품, 결함은 정3품, 일행을 살피고 단속함.

당상역관 이하: 17인

의원: 1인

사자관(寫字官): 1인

별견어의(別遣御醫): 2인

---

37 參覈使는 罪囚를 모아서 조사할 일이 있을 때 鳳凰城이나 盛京으로 파견된 사신을 말한다(『通文館志』 권3, 事大上, 「赴京使行」. "參覈行.[有罪囚會查事, 則差送鳳凰城, 或盛京.]").
38 『通文館志』 권3, 事大上, 「赴京使行」.

군관: 8인, 정사는 5원(서장관이 선택한 사람 1원 포함), 부사는 3원

만상군관: 2인

* 주청사, 진하사, 변무사도 동일함.

③ 진위사(陳慰使)

정사: 1원, 종2품, 결함은 정2품

부사: 1원, 정3품, 결함은 종2품

서장관: 1원, 정5품, 결함은 5품, 일행을 살피고 단속함.

당상역관 이하: 25인

의원: 1인

군관: 7인, 정사는 4원(서장관이 선택한 사람 1원 포함), 부사는 3원

만상군관: 2인, 삼행의 식량을 정돈함.

일관: 3년에 한 번 감.

* 진향사를 겸하는 경우가 많음.

④ 고부사(告訃使)

정사: 1원, 정3품, 결함은 종2품

서장관: 1원, 종6품, 결함은 5품, 일행을 살피고 단속함.

당상역관 이하: 10원

의원: 1인

사자관: 1인

군관: 4인(서장관이 선택한 사람 1원 포함)

만상군관: 2인

⑤ 문안사(問安使)

정사: 1원, 대신 혹은 정1품 종신 의빈

서장관: 1원, 3~4품

당상역관 이하: 5인

군관: 5원(서장관이 선택한 사람 1원 포함)

별견어의: 1인

만상군관: 2인

⑥ 참핵사(參覈使)

정사: 1원, 정3품 당상관, 형조참의(刑曹參議)를 의례로 겸함.

당상역관 이하: 6인

의원: 1인

군관: 2인

만상군관: 2인

이상의 사신 가운데 동지사는 매년 정기적으로 파견되었다. 동지사에 포함된 인원은 매년 6월에 차출되어, 10월에 배표(拜表)를 하였고, 12월 26일까지 북경(北京)에 도착하였다. 사신단의 품계를 보면 사은사와 문안사의 품계가 가장 높았고, 사은정사(謝恩正使)나 문안정사(問安正使)의 경우에는 특별히 대신이나 종신, 의빈을 파견하는 것이 관례였다. 이에 따라 사은정사나 문안정사를 수행하는 군관의 숫자도 1인이 늘어났고 사신단에 특별히 어의(御醫)가 추가되었다. 또한 죄수를 심문할 일이 있을 때 파견되는 참핵정사(參覈正使)는 형조참의(刑曹參議)의 직함을 가짐으로써 해당 업무를 전문적으로 처리할 수 있도록 배려하였다.

조선에서 명나라에 처음 사신을 보낸 것은 1392년(태조 1) 7월 18일이었다. 태조 이성계(李成桂)가 백관들의 추대를 받아 수창궁(壽昌宮)에서 왕위에 오른 것은 7월 17일이었다. 바로 다음날 조정의 대신들은 지밀직사사(知密直司事) 조반(趙胖)을 명나라 예부가 있던 남경(南京)으로 파견하여 태조의 등극 사실을 알리게 하였다.[39] 태조는 1392년에 9차례, 1393년에는 10차례, 1394년에는 12차례나 사신단을 보내어 황제에게 조선 국왕으로 책봉해 줄 것을 요청하였다. 그러나 조선의 국왕이 명 황제의 책봉 고명(誥命)을 받은 것은 1403년(태종 3) 4월에 가서였다.[40]

명나라로 파견한 최후의 사신은 1636년(인조 14) 6월의 김육(金堉)이었다. 1620년경부터 후금 세력에 의해 육로(陸路)로 가는 길이 막히자, 조선의 사신은 해로(海路)를 이용하여 북경을 방문하였고, 배로 가는 도중에 풍랑을 만나 사망하는 경우가 많았다. 1636년에 해로를 통해 북경을 방문한 김육은 1637년 6월에 귀국하여 인조에게 복명(復命)하였다.[41] 그 사이 조선은 청의 침입으로 명과의 외교를 단절한 이후였다.

1627년(인조 5) 3월에 조선은 후금(後金)과 화약(和約)을 맺었다. 정묘호란이 일어나 후금의 군대는 평산까지 내려왔지만 명나라가 버티고 있는 상황에서 후방의 방어를 염려하여 더 이상 진격하지 않았다. 이로 인해 조선과 후금은 형제(兄弟)의 나라가 되었으며, 조선은 명나라와의 사대관계를 인정해 주는 조건으로 후금과 화약을 맺었다. 조선에서 후금으로 처음 파견한 사신은 죽산부사로 있던 정문익(鄭文翼)이었다. 정문익은 조선으로 들어간 중국인 포로를 쇄환(刷還)하라는 후금의 요청이 오자 그 회답사(回答使)로 파견되었으며, 심양에 들어가 후금의 정세를 살피고 돌아왔다.[42] 이후 조선에서는 춘신사(春信使)와 추신사(秋信使)의 형태로 후금의 수도인 심양(瀋陽)에

39 『太祖實錄』 권1, 太祖 1년 7월 丙申(17일); 丁酉(18일).
40 『太宗實錄』 권5, 太宗 3년 3월 甲午(17일); 4월 戊申(2일); 甲寅(8일).
41 『仁祖實錄』 권35, 仁祖 15년 6월 戊戌(1일).
42 『仁祖實錄』 권18, 仁祖 6년 6월 乙卯(26일); 己未(30일); 권19, 仁祖 6년 9월 癸未(26일); 甲申(27일).

제2장 조선과 중국의 외교의례

사신을 파견하였다.

1636년(인조 14) 12월에 병자호란이 발발하였고, 1637년 1월에 체결한 정축조약(丁丑條約)으로 청과 조선은 군신(君臣) 관계로 변화하였다. 정축조약으로 인해 조선은 명과의 외교 관계를 단절하고, 외교문서에서 청의 연호를 사용하며, 매년 청에 조공을 바쳤다. 조선에서 청나라에 파견한 최초의 사신은 우의정 이성구(李聖求)였다. 그는 1637년 4월에 사은표(謝恩表)를 가지고 심양을 방문하였고, 7월에 청 황제의 칙서를 받아 와서 복명하였다.[43] 이때부터 사신의 이름은 춘신사나 추신사가 아니라 사은사, 진주사 등이 되었다.

청나라에 파견된 최후의 사신은 1894년(고종 31) 6월의 이승순(李承純)이었다. 이승순은 진하겸사은정사로 임명되어 북경을 방문하였다.[44] 1894년에 청과 일본은 청일전쟁을 벌였으며, 1895년 4월 17일에 청일강화조약(淸日講和條約)이라 불리는 시모노세키(下關) 조약을 체결하였다. 이 조약의 제1조는 "청국은 조선국이 완전무결한 독립자주국임을 확인한다. 따라서 이 독립자주를 손상시키는 조선국의 청국에 대한 공헌(貢獻)·전례(典禮) 등을 장래에 완전히 폐지한다"는 내용이었다. 이로 인해 청이 조선에 행사하였던 종주권은 부정되었고, 조선 사신단의 파견도 중단되었다.

2) 외교문서를 보내는 의례

(1) 조선 국왕이 중국 황제에게 표문(表文)을 보내는 의례

조선의 국가전례서에는 중국 황제에게 보내는 표문을 배송(拜送)하는 의례가 나타난다.[45] 표문은 조선 국왕이 보내는 외교문서 가운데 가장 상급의

---

43 『仁祖實錄』 권34, 仁祖 15년 4월 戊子(19일); 권35, 6월 乙卯(18일); 7월 己巳(3일).
44 『高宗實錄』 권31, 高宗 31년 1월 庚寅(12일); 6월 乙卯(10일).
45 『世宗實錄五禮』 권132, 嘉禮儀式, 「拜表儀」; 『國朝五禮儀』 권3, 嘉禮, 「拜表儀」; 『春官通考』 권46, 嘉禮, 「拜表儀」.

문서였다. 이 의례는 『세종실록오례』를 비롯하여 『국조오례의』, 『춘관통고』 등에 나타나며, 관리의 명칭이 조금 변화한 것을 제외하면 의례 절차는 큰 변화 없이 유지되었다. 이를 소개하면 다음과 같다.

3일 전
예조, 관리에게 맡은 바 임무를 봉행할 것을 명함.

1일 전
액정서(掖庭署), 근정전(勤政殿) 중앙에 궐정(闕廷)을 설치하고 그 앞에 표안(表案, 표문을 놓는 탁자), 그 앞에 향안(香案)을 설치함.
전설사(典設司), 왕세자의 막차(幕次)를 근정문 밖 길 동북쪽에 설치함.

당일
액정서, 왕의 배위(拜位)를 전계(殿階) 위 중앙에 북향으로 설치함.
전의(典儀), 왕세자의 자리를 전정 길 동쪽에 북향하여 설치함.
전의, 문무백관·종친의 자리를 전정 길 동쪽과 서쪽에 설치함.

초엄(初嚴)
병조는 황의장(黃儀仗)을 궐정 앞에 진열함.
병조는 노부반장(鹵簿半杖)을 근정문 밖에 진열함.
황옥용정(黃屋龍亭, 箋文이 있으면 靑屋龍亭)을 근정문 밖에 설치하며, 향정(香亭)을 그 남쪽에 설치함.

이엄(二嚴)
승문원(承文院) 관원, 황보(黃袱)로 표문을 싸서 들어와 표안에 놓음.

왕세자, 면복(冕服)을 갖추고 나와 필선(弼善)의 안내를 받아 근정문 밖 막차
　　로 감.

좌통례(左通禮), 꿇어앉아 중엄(中嚴)을 청하면 왕이 면복을 입고 사정전(思
　　政殿)으로 거둥함.

삼엄(三嚴)

종친·문무백관·왕세자, 들어와 각자의 자리로 감.

왕, 여(輿)를 타고 나와 근정전 서쪽에서 배위로 이동함.

왕·왕세자·종친·문무백관, 사배(四拜)함.

왕, 무릎을 꿇으면 왕세자 종친 문무백관이 따라서 함.

사향(司香) 2인, 향안 앞으로 나가 향을 세 번 올림[三上香].

봉표관(捧表官), 표안에 나아가 표문을 들어 승지(承旨) → 왕 → 사자(使者)
　　에게 전달함.

사자, 표문을 받아 중문(中門)으로 들어와 표안에 올려놓음.

[전문(箋文)이 있으면 부사에게 전달함.]

왕, 엎드렸다 일어나 재배(再拜)하고 일어나 바로 섬. 왕세자 종친 문무백관
　　이 따라 함.

좌통례(左通禮), "예필(禮畢)"

왕, 조금 서쪽으로 가서 동쪽을 향함.

사자, 표문을 받들고 중문을 나와 용정(龍亭) 가운데 놓음.

왕, 표문이 지나갈 때 몸을 구부렸다가 지나가면 몸을 바로 하며, 서쪽 계
　　단으로 내려가 사자를 근정문까지 전송함.

사자와 표문을 담은 용정은 모화관(慕華館)으로 향하고, 금고(金鼓)·의장(儀
　　仗)·고악(鼓樂)이 인도함.

왕, 통례(通禮)의 인도를 받아 내전(內殿)으로 들어감.

이를 보면 조선 국왕이 황제에게 표문이나 전문을 보낼 때 국왕은 신하의 입장에서 의례를 거행하였다. 국왕은 식장인 근정전에서 중앙이 아니라 서쪽으로 이동하였으며, 건물 안으로 들어가지 못하고 계단 위 중앙에 있는 배위에서 절을 하였다. 이에 비해 표문이나 전문은 식장의 중문을 통해 이동하였다. 또한 표문이 위치한 곳에는 황제를 상징하는 황의장이 배치되고, 표문은 황보로 싸서 황옥용정에 실려 이동하였으며, 북경을 방문하는 정사가 이 문서를 받아 가지고 나왔다. 한편 전문이 위치한 곳에는 황의장 대신 홍의장(紅儀仗)이 배치되었고,[46] 전문은 청옥용정(靑屋龍亭)에 실려 이동하였으며, 표문과 전문을 함께 전달하는 경우 표문은 정사, 전문은 부사가 받아서 나왔다.

그런데 조선에서 정기적으로 파견하는 성절사, 진하사, 사은사, 진주사를 통해 표문을 보내는 의례를 권정례(權停例)로 하는 경우가 있다. 이는 왕의 건강이나 기후상의 문제, 왕실의 유고 등으로 인해 국왕이 의례에 직접 참석하지 못하고 종친, 문무백관만 참석하여 거행하는 것을 말하며, 진설 품목, 행사의 규모, 세부 절차가 축소되었다. 이 의례를 소개하면 다음과 같다.[47]

당일
액정서, 창덕궁 인정전에 궐정을 설치하고 그 앞에 표안, 그 앞에 향안을
　설치함.
전설사, 종친·문무백관의 위를 전정의 동쪽과 서쪽에 설치함.
병조, 황의장을 궐정 앞에 진열함.
병조, 노부의장(鹵簿儀杖)을 인정문 밖에 진열함.
　황옥용정을 인정문 밖에 설치하며, 향정을 그 남쪽에 설치함.

46　『春官通考』 권46, 嘉禮, 「拜表儀」[拜箋附. 如千秋節別行拜箋, 則設宮庭, 陳紅儀仗如儀.].
47　『春官通考』 권46, 嘉禮, 「聖節陳賀兼謝恩陳奏使拜表權停例行禮儀」.

승문원 관원, 황보로 표문을 싸서 들어와 표안에 놓음.

종친·문무백관, 재배함.

종친·문무백관, 무릎을 꿇음.

사향 2인, 향안 앞으로 나가 향을 세 번 올림[三上香].

봉표관(捧表官), 표안에 나아가 표문을 들어 승지 → 사자에게 전달함.

사자, 표문을 받아 중문으로 들어와 표안에 올려놓음.

종친·문무백관, 재배함.

사자, 표문을 받들고 중문을 나와 용정 가운데 놓음.

표문이 지나갈 때 종친·문무백관은 몸을 구부렸다가 지나가면 몸을 바로
　함.

사자와 표문을 담은 용정은 모화관으로 향하고, 금고 의장 고악이 인도함.

종친·문무백관은 모화관까지 전송함.

　이를 보면 국왕과 왕세자가 의례에 참석하지 않았으므로 표문을 전달하
는 절차가 매우 간략해졌다. 국왕이 의례에 참석할 경우 표문은 승지에서
국왕을 거쳐 사신에게 전달되었지만, 이 경우에는 승지가 바로 사신에게 전
달하였기 때문이다. 그러나 표문을 싣고 가는 황옥용정이나 이를 인도하는
의장 행렬은 국왕이 참석하였을 때와 동일하였다.

　외교문서를 받은 사신은 한양을 출발하여 북경으로 이동하였다. 사신이
북경을 왕래하는 길에는 육로와 해로가 있었다. 조선시대에 중국으로 파견
된 사신은 대부분 육로를 이용하였다. 그러나 후금이 요동지역을 장악하여
육로가 막힌 1621년(광해군 13)부터 명과의 외교가 완전히 단절된 1637년
(인조 15)까지 17년 동안에는 해로를 이용하였다. 고려시대에도 원·명(元明)
교체기인 14세기 말에는 해로를 이용하였다.[48] 그러나 해로는 배가 풍랑에

48　정은주, 『조선시대사행기록화 — 옛 그림으로 읽는 한중관계사』, 사회평론, 2012, 98~99면.

휩쓸릴 위험이 있었으므로 만약의 사태에 대비해 상사(上使)와 부사, 서장관이 각각 1본(本)의 표문이나 자문을 가지고 서로 다른 배를 탔다. 실제로 이런 사례가 있었다. 1372년(공민왕 21)에 명나라에 파견된 상사 홍사범(洪師範)은 물에 빠져 죽었지만, 서장관으로 갔던 정몽주(鄭夢周)는 무사히 남경(南京)에 도착하여 외교문서를 전달할 수 있었다.[49]

(2) 조선 사신이 중국 예부(禮部)에 외교문서를 제출하는 의례

조선의 사신이 북경에 도착한 이후에는 여러 절차를 거쳐 조선에서 가져온 외교문서를 황제에게 전달하였다. 외교문서를 제출하고 황제를 만나는 의례를 살펴보면 다음과 같다.[50]

먼저 조선 사신이 외교문서를 제출하는 곳은 예부였다. 황제의 입장에서 보면 조선 사신은 신하(조선 국왕)의 신하인 배신(陪臣)에 해당하였으므로, 배신이 황제에게 직접 문서를 올리는 것이 아니라 예부를 통해 간접적으로 전달하는 방식을 사용하였다.

조선 사신은 북경에 도착한 이튿날 예부로 가서 외교문서를 제출하였다. 이를 '정납(呈納)'이라고 한다. 표문과 자문을 제출하는 관청은 조선전기에는 자문은 예부, 표문은 의제사(儀制司)로 구분되었다. 그러나 조선후기에는 예부에 제출하는 것으로 일원화되었다. 외교문서를 제출할 때 조선 사신의 복식은 공복(公服)이었다.

예부에 외교문서를 제출하는 의례도 전기와 후기가 달랐다. 명 대에는 조선 사신이 예부상서에게 현관례(見官禮)를 거행한 후 정사가 자문을 받들고

---

49 『通文館志』권3, 事大上, 「航海路程」. "古者, 通中國以水路, 自豊川乘船, 渡赤海·白海·黑海數千里, 經許多洲嶼, 候風潮取路. 而上副使書狀, 各異船, 各其一本表咨, 以備不虞. 高麗末, 上使洪師範渰死, 而書狀鄭圃隱夢周, 得達入."

50 1712년 11월에 한양을 떠나 이듬해 3월에 귀국한 金昌業은 『燕行日記』권1의 첫 부분에서 表咨文呈納, 鴻臚寺演儀, 朝參儀를 정리하였다. 이는 북경에 도착한 조선 사신에게 이 세 가지 의례가 중요한 절차였음을 의미한다.

꿇어앉아 "국왕의 자문입니다"라고 하였다. 그러면 예부상서는 관리에게 자문을 받게 하고 "일어나라"고 하였다. 다음으로 표문은 통사(通事)가 의제사에 제출하였으며, 정사 이하는 주객사(主客司)와 의제사를 방문하여 예(禮)를 거행한 후 숙소로 돌아왔다.

청 대에는 예부상서 혹은 예부시랑(禮部侍郎)과 예부낭중(禮部郎中)이 공복을 갖추고 대청에서 남쪽을 향하여 서면, 대통관이 조선의 정사, 부사, 서장관을 인도하여 안으로 들어갔다. 조선 사신은 무릎을 꿇고 조선 국왕이 보낸 표문과 자문을 바쳤고, 예부낭중은 이를 받아 탁자 위에 놓았다. 사신은 대통관의 인도를 받아 그 자리에서 물러났다.[51]

조선 사신과 예부의 관리들이 거행하는 의례에 대해 흥미로운 사료가 있다. 다음은 1607년(인조 15) 7월에 인조가 북경을 다녀온 사은사 일행을 만나 나눈 대화이다.[52]

인조: 우리나라 사신이 중국에 들어갔을 때 예부에서 사배례를 하는가?

사은사 이성구: 장예충(張禮忠)이 '중국에서도 그러하였다'고 하였고, 저들도 '중국의 예는 우리가 모르는 것이 없다'고 하였습니다.

도승지 김수현: 우리나라 사신이 연경(燕京)에 갔을 때 하는 예는 숙배(肅拜) 때 오배(五拜)하고 예부에서는 사배(四拜)입니다.

인조: 고두례(叩頭禮)가 있던가?

이성구: 삼고두(三叩頭)였습니다.

김수현: 중국에서 상서(尙書)는 앉아서 절을 받고, 낭중(郞中)은 사신과 맞절하고, 서장관(書狀官)에게는 읍(揖)만 합니다.

인조: 동서로 나누어 앉는가?

51 『通文館志』 권3, 事大上, 「表咨文呈納」.
52 『仁祖實錄』 권35, 仁祖 15년 7월 庚午(4일).

이성구: 처음 만날 때에는 저들이 북쪽 벽을 차지하였으나 그 뒤로는 동서로 나누었습니다.

이를 보면 조선 사신이 예부의 관리를 만났을 때에는 반드시 사배례(四拜禮)를 하였고, 예부낭중과는 대등한 예, 예부상서와는 상하의 예를 하였음을 알 수 있다. 또한 예부낭중과의 대등한 예도 조선의 정사와 부사에게만 해당하고, 예부낭중과 서장관은 상하의 예를 하였다.

(3) 조선 사신이 중국 황제의 조회(朝會)에 참석하는 의례

외교문서를 제출한 후에는 황제의 조회에 참석하는 의례를 연습하고 조회에 참석하였다. 의례를 연습하는 장소는 명 대에는 조천궁(朝天宮)의 중문 안이었고, 청 대에는 홍려시(鴻臚寺)의 패각(牌閣) 앞이었다. 홍려시의 위치는 예부의 동편 문 안에 있었다.[53] 홍려시의 패각은 8면의 높은 누각(樓閣)으로 그 안에 어탑(御榻)을 두고 황제의 위패를 봉안하였다. 위패에는 "당금황제 만세 만세 만만세(當今皇帝 萬歲 萬歲 萬萬歲)"라고 쓴 금색 글씨가 있었다. 황제의 조회에 참석할 때 조선 사신의 복식은 공복이었다.

명 대에 조천궁 중문에서 조참(朝參)을 연습할 때 조복(朝服)을 입은 명나라 관리들이 줄지어 들어가면 조선 사신도 그 뒤를 따라 들어갔다. 행사장에서 명편(鳴鞭)이 울리면 반열(班列)을 정리하였고, 음악이 연주되는 가운데 사배례를 거행하고 꿇어앉았다. 통정사(通政司)와 홍려시 관원들이 앞에서 경하하는 절차를 거행하고 나면 사배례를 거행하고 꿇어앉았다. 그리고 홀(笏)을 꽂고 일어나 무도(舞蹈)하고, 꿇어앉아 만세를 세 번 부르며, 다시 일어나 사배례를 거행하는 것으로 연습은 끝이 났다.

53 　金昌業, 『燕行日記』 권3, 12월 29일(戊寅).

그림 5 「연행도(燕行圖)」에 나오는 조양문(朝陽門)과 태화전(太和殿). 김홍도 작, 숭실대학교 한국 기독교박물관 소장

청 대에 홍려시 패각에서 조참을 연습할 때에는 정사 이하 정관(正官)의 숫자가 반드시 30원(員)이 되어야 했다. 만약 정관 중에 병이 있으면 만상군 관(灣上軍官) 등에게 임시로 관대(冠帶)를 착용하게 해서 30이란 숫자를 채웠 다. 행사장에서 정사, 부사, 서장관은 앞줄에 하나의 행렬을 이루어 서고, 당 상관 이하 압물관(押物官)까지 27원은 직품(職品)에 따라 아홉 명씩 세 개의 행렬을 이루어 섰다. 명찬(鳴贊) 2인이 좌우에 서서 전언(傳言)을 하면 한꺼 번에 삼궤구고두(三跪九叩頭), 즉 세 번 무릎을 꿇고 아홉 번 머리를 조아리는 예를 거행하였다. 이 부분이 제대로 되지 않으면 늦은 밤까지도 연습을 거 듭해야 하였다.[54]

조선의 사신들은 조참 연습을 마친 후 황제의 조회에 참석하게 된다. 조 참 의례는 명 대와 청 대가 달랐다. 먼저 명 대의 조참 의례는 다음과 같다.[55]

---

54 『通文館志』 권3, 事大上, 「鴻臚寺演儀」.
55 『通文館志』 권3, 事大上, 「朝參」.

당일

오경(五更, 3시부터 5시 사이) 초두(初頭)에 정사 이하는 공복을 갖추고 오문(午門) 밖에서 대기함.

해가 오봉루(五鳳樓) 위에 떠오를 때

북을 치고 종을 치며 전정의 명편이 세 번 울림.

황제, 나와서 황극문(皇極門, 皇極殿의 정문)에 나아감.

천관(千官), 황극문 전정에 들어감.

조선 사신, 13성(省)의 관리와 함께 오문 앞에서 반열을 이루며 각 관원의 말석(末席) 자리를 차지함[1610년(광해군 2)부터 여러 나라 사신의 상석을 차지함].

오문이 닫히면

홍려시 서반(鴻臚寺 序班), 사신을 인도하여 어로(御路) 위에서 오배삼고두례(五拜三叩頭禮)를 거행하게 함.

조선 사신, 우액문(右掖門)을 거쳐 들어가 황제를 뵘.

문무 관원, 동쪽과 서쪽에서 마주하여 섬.

규의 어사(糾儀 御史), 중정(中庭)에 나란히 서고 조선 사신은 그 뒤에 섬.

13성 관리, 들어와 황제를 뵘.

홍려사 서반, 조선 사신을 인도하여 어로 위에 꿇어앉게 함.

홍려시 관원, 게첩(揭帖)을 가지고 꿇어앉아 "조선국에서 임명하여 보낸 배신(陪臣) ○직(職) ○성명(姓名) 등 몇 사람이 알현(謁見)합니다."

조선 사신, 삼고두를 거행하고 꿇어앉음.

황제, "다른 사람과 함께 술을 마시고 밥을 먹고 차를 마시라[與他酒飯喫]."

조선 사신, 삼고두를 거행함.

홍려시 서반, 조선 사신을 인도하여 우액문을 거쳐 광록시(光祿寺)로 가서 차와 술을 마시고 밥을 먹게 함.

　이를 보면 조선 사신은 어로(御路)에서 오배삼고두(五拜三叩頭)를 거행하고, 그 자리에 꿇어앉은 채로 명 황제를 만났다. 이보다 앞서 조선 사신이 오문앞에서 13성의 관리와 함께 반열을 이루고 있을 때에는 각 관원의 말석을 차지하였고, 황제 앞으로 나가거나 물러날 때에는 우액문(右掖門)을 이용하였다. 또한 황제를 만난 조선 사신은 광록시(光祿寺, 명 대에 음식, 식재료를 담당하던 관청)로 이동하여 차와 술, 밥을 대접받았다.

　다음은 청 대의 조참 의례이다.[56]

　황제, 원조(元朝, 1월 1일)에 예복을 갖춰 입고 당자(堂子, 廟堂)로 가서 예를 행
　　하고 환궁(還宮)함.

　문무백관, 오문 밖에 모임.

　예부, 왕(王)·문무관원·직성(直省)·부(府)·주(州)·현(縣)·위(衛)·조선(朝鮮)
　　에서 보낸 표문을 표정(表亭) 안에 두고 고악이 인도하여 오문에 이름.

　예부 관원, 표문을 받들고 오문의 동쪽 방문(旁門)으로 들어가 태화전(太和
　　殿) 황안(黃案) 위에 둠.

　홍려시 관원, 왕 이하를 인도하여 전(殿)의 계단 위에 서게 함.

　　문무관원을 인도, 동서 액문(掖門)으로 들어가 전 지대(址臺) 안에 배열하
　　여 서게 함.

　　조선과 외국 사신을 인도하여 서쪽 액문으로 들어가 서반(西班) 말석에
　　서게 함.

　황제, 나와서 중화전(中和殿)에 나아감.

56　『大淸會典事例』 권505, 禮部, 朝貢, 「朝儀」.

대신 이하, 예를 행함.

황제, 나와서 태화전 안에 나아감.

명편이 세 번 울림.

제왕(諸王), 문무백관을 인솔하여 각각의 배위에 나아감.

선독관(宣讀官), 표문을 받들고 북쪽을 향해 꿇어앉아 표문을 읽음.

왕 이하 관리, 삼궤구고두례(三跪九叩頭禮)를 거행하고 원래의 반열에 돌아
  가 섬.

홍려시 관리, 조선 등의 사신을 인도함.

이심원(理藩院) 관리, 몽고(蒙古)의 사신을 인도함.

각국 사신, 차례로 배위에 나아가 삼궤구고두례를 거행하고 원래의 반열
  에 돌아가 섬.

명편이 세 번 울림.

황제, 환궁함.

왕 이하, 차례로 나감.

1713년(숙종 39)에 북경을 방문한 김창업(金昌業)은 정월 초하루의 조참례
에 참석하였지만 오문 안으로는 들어가지 못하였다. 정사 김창집의 동생이
었던 그는 정사의 타각(打角)이란 자격으로 사신단에 참여하여 정관(正官)에
해당하지 않았기 때문이다. 김창업은 조참례에 참석하였던 편비(褊裨)의 입
을 통해 행사 장면을 들을 수 있었다.

북소리가 나자 편(鞭)을 세 번 울리니 이른바 필(驆, 황제의 행차)이었습니다.
소리가 궁정을 진동하고 황제가 보탑(寶榻)에 오른다고 전하니, 동반(東班)
과 서반(西班)이 전내(殿內)에서 모두 꿇어앉았고, 뜰에 서 있던 왕들은 계단

제2장 조선과 중국의 외교의례

에 올라가 섰습니다. 조금 있다가 홍려(鴻臚, 홍려시 관원)가 한 마디를 지르니, 동반과 서반이 모두 꿇어앉고, 전 위에서 한 사람이 큰소리로 글을 읽었습니다. 바로 하표(賀表)를 바치는 것이었습니다.

글 읽는 것이 끝나자 음악이 태화문(太和門) 누상(樓上)에서 진동하는데, 그 소리가 우리나라 노래와 비슷하나 음절이 조금 촉박하였습니다. 동반과 서반이 홍려의 창에 따라 삼배구고두(三拜九叩頭)를 거행하는데, 일어나고 엎드림이 질서 정연하여 조금도 어긋남이 없었습니다.

의례가 끝나고 의장을 바깥으로 물리자, 통관이 비로소 우리 일행을 인도하여 서정(西庭)의 8품 푯말 앞에 세워 예를 행하고 물러가게 하였습니다. 필성(蹕聲)이 세 번 울리자 황제가 전으로 들어갔는데, 하도 깊숙하여 황제의 출입을 볼 수는 없었습니다.[57]

이상에서 보듯 조선의 사신이 청 황제의 조회에 참석할 때에는 각국 사신의 윗자리를 차지하였다. 또한 조선 사신 중에 1품의 종실(宗室)이 포함되어 있으면, 그는 특별히 전내로 들어가 5등 제후의 말석에 앉아 차(茶)를 마시기도 하였다.[58]

조선 사신은 황제의 조회에 참석한 이후 황태자의 궁문(宮門)을 향해 양궤육고두례(兩跪六叩頭禮)를 거행하였다. 황제에게 올리던 삼궤구고두례에 비

---

57 金昌業, 『燕行日記』권4, 癸巳 正月 初一日.

58 『大淸會典事例』권505, 禮部, 朝貢, 「朝儀」. "恭遇萬壽聖節·元旦·冬至·朝賀, 及皇帝陞殿之日. … 如待以優禮, 是日入班會集之韓滿大臣, 咸蟒袍補服, 按翼侍立. 禮部堂官, 引貢使, 至丹墀行禮畢, 引由西階升, 入殿右門, 立右翼大臣之末. 通官隨入, 少後立. 皇帝降旨賜坐, 領侍衛內大臣·內大臣·入班會集之滿漢大臣, 及禮部堂官, 一叩頭, 序坐. 貢使隨跪一叩頭坐, 賜茶, 尙茶進皇帝茶, 衆跪叩. 侍衛徧授大臣及貢使茶, 咸跪受一叩頭, 飮畢, 跪如初. 皇帝降旨賜問, 禮部堂上承旨俱如前儀, 禮畢, 禮部堂上, 引貢使出, 至朝房, 承旨賜貢使尙房飮食訖, 館卿率以退. 翌日黎明, 午門外謝恩, 鴻臚寺傳贊西班, 引貢使就丹墀西北面, 行三跪九叩頭禮如儀."
『通文館志』권3, 事大上, 「朝參」. "我國使以下, 皆序於諸國使臣之上, 一品宗班, 則引上殿內, 坐於五等諸侯之末, 賜茶以罷."

하면 한 단계를 낮춘 인사였다. 그리고 정조일(正朝日)의 태평연(太平宴)이 있으면 조선의 삼사신은 각각 한 상(床)을 받았고, 대통관 이하는 3인이 한 상을 받았다. 이에 비해 다른 나라의 사신은 일행 전체에게 하나의 상을 주었다고 한다.

청 대에 조선 사신은 전내(殿內)의 배위에서 삼궤구고두를 거행함으로써 명 대에 오배삼고두를 거행한 것과 차이를 보인다. 이는 명 대와 청 대의 의례상 차이를 반영했기 때문이다. 또한 조선 사신을 비롯한 각국의 사신들은 홍려시의 관리가 인도하였지만 몽고의 사신은 이번원(理藩院)의 관리가 인도한 것은 청 대의 특수한 상황 때문이었다. 청은 몽고족을 비롯한 중앙아시아 지역을 다스리기 위해 이번원을 설치하였고, 이곳에서는 주로 몽고를 비롯하여 서장(西藏), 신강(新疆), 러시아, 서터키스탄 지역과의 외교 업무를 담당하였다.[59]

조선 사신이 이동할 때 서쪽 액문을 이용하거나 중국 서반의 말석을 차지한 것은 전기와 큰 차이가 없었다. 중국과 조선이 군신 관계에 있었음을 고려한 위차(位次)였다. 그러나 조선 사신이 다른 나라의 사신에 비해 우위에 있었음은 분명하였다. 여러 나라의 사신이 함께 있을 때 조선 사신은 반드시 상석을 차지하였고, 태평연의 잔치에서도 우대를 받았기 때문이다.

청 대에 외국 가운데 가장 우대를 받은 국가는 몽고였다. 1744년에 편찬된 『청일통지(淸一統志)』를 보면 몽고는 청의 내지(內地) 다음에 나오는 외번(外藩)의 첫 번째 국가였고, 조선은 외번 다음에 나오는 조공제국(朝貢諸國)의 첫 번째 국가였다. 청 대에 외번과 조공제국 사이에는 위상의 차이가 있었다. 1790년(정조 14)에 북경을 방문한 서호수(徐浩修)는 황제를 만나는 전내

---

59 理藩院은 六部(吏部, 戶部, 禮部, 兵部, 刑部, 工部)에 준하는 6개 淸吏司로 조직되어 실무를 처리하였다. 旗籍淸吏司, 王會淸吏司, 典屬淸吏司, 柔遠淸吏司, 徠遠淸吏司, 理刑淸吏司가 그것이다(任桂淳, 『淸史 ― 만주족이 통치한 중국』, 신서원, 2000, 130~134면).

에서의 위차를 소개하였다. 이때에도 몽고는 서반의 첫 번째 자리였지만, 조선은 그 뒷줄에 위치한 각국 사신의 첫 번째 자리였다.[60] 다음의 〈그림 6〉은 이를 도식화한 것이다.

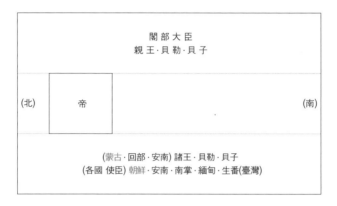

| 閣 部 大 臣 |
| 親 王·貝 勒·貝 子 |

(北)　帝　　　　　　　　　　　　　　(南)

(蒙古·回部·安南) 諸王·貝勒·貝子
(各國 使臣) 朝鮮·安南·南掌·緬甸·生番(臺灣)

그림 6　서호수가 서술한 각국 사신의 위차[61]

(4) 조선 사신이 중국 황실의 상사(喪事)에 참석하는 의례

중국 황실에 상사가 있을 때 파견된 진향사는 황실의 제사에 직접 참석하는 경우가 있었다. 이때의 의례를 소개하면 다음과 같다.

제사일, 황제의 노부(鹵簿)가 설치됨.

왕 이하 4품 관원, 모임.

수릉관(守陵官), 전 안에 향촉안(香燭案)을 설치함.

예부(禮部) 관원, 의장의 끝에 동쪽과 서쪽으로 안(案)을 설치하여 예물(禮物)을 진설함.

60　김문식, 『조선후기 지식인의 대외인식』, 새문사, 2009, 116면.
61　徐浩修, 『燕行紀』 권2, 7월 16일.

황기대신(黃旗大臣), 계단 아래에 서서 양익(兩翼)으로 반열(班列)을 배열함.

조선 사신, 우익(右翼)의 말석에 서서 제물(祭物)을 진설하고 향을 올림.

[황후의 상사에는 전 안에서 여관(女官)이 향을 올림.]

명찬관(鳴贊官)의 찬(贊)에 따라 삼궤구고두례를 거행함.

왕 이하, 꿇어앉음.

조선 사신, 꿇어앉음.

내대신(內大臣), 제문(祭文)을 받들고 전에 나아가 꿇어앉아 제문을 읽음.

　꿇어앉아 3작(爵)의 전(奠)을 드리고 거애(擧哀)함.

　매 작(爵)마다 꿇어앉아 고두(叩頭)하고 일어남.

　[황후의 상사에는 여관이 작(爵)을 올림.]

명찬관의 찬에 따라 이궤육고두례(二跪六叩頭禮)를 거행하고 일어남.

이를 보면 조선 사신의 위치는 동쪽과 서쪽으로 늘어선 중국 관리들 가운데 우익(右翼)의 말석이었다. 조선 사신은 그 위치에서 제물을 진설하고 향을 올렸으며, 중국의 관리들과 함께 삼궤구고두와 이궤육고두를 거행하였다. 만일 조선 사신이 도착하였을 때 장례(葬禮)가 끝났으면 가져온 예물과 제문을 예부에 바치는 것으로 업무는 끝이 났다.

한편 조선 사신이 북경의 숙소에 머무는 상황에서 황제나 황후의 상사가 발생할 수도 있었다. 이렇게 되면 공부(工部)에서 사신들이 착용할 백포단령(白布團領)과 마대(麻帶)를 지급하였고, 사신들은 이를 입고 사흘 동안 아침저녁으로 거애(擧哀)를 하였다. 조선 사신들은 27일 만에 상복(喪服)을 벗을 수 있었다.[62]

<hr>

62 『通文館志』 권3, 事大上, 「朝參」.

3) 조선 사신이 접대받는 의례

조선 사신이 북경에 도착하면 중국 측에서 이들을 접대하는 의례가 있었다. 사신이 북경에 도착한 직후에 거행하는 하마연(下馬宴), 사신에게 선물을 주는 상사(賞賜), 사신이 북경을 출발할 때 거행하는 상마연(上馬宴), 북경을 출발함을 알리는 사조(辭朝)가 그것이다. 아래에서는 중국 측에서 조선 사신을 접대하는 의례를 차례로 살펴보기로 한다.

(1) 하마연(下馬宴) 의례

명 대에는 사신의 숙소인 회동관(會同館)에서 하마연을 거행하였고, 예부상서가 연회를 주관하였다. 명나라 예부상서가 주관하는 하마연의 의례는 다음과 같다.[63]

> 정사 이하, 공복을 갖추고 동랑(東廊)에서 대기함.
>
> 예부상서, 도착함.
>
> 정사 이하, 중문 밖까지 나가 반열(班列)을 정렬하여 예부상서를 맞이하여 들어감.
>
> 서쪽 계단 위, 용정(龍亭)을 1좌(坐) 진설함.
>
> 예부상서, 정사 이하를 거느리고 용정 앞에서 함께 일궤삼고두례(一跪三叩頭禮)를 거행함.
>
> 예부상서, 건물 안으로 들어와 남쪽을 향해 섬.
>
> 정사 이하, 먼저 재배하고 읍례(揖禮)를 함.
>
> 예부상서, 이에 답하여 읍례를 함.
>
> 예부상서는 주벽(上壁, 북쪽)

---

63 『通文館志』 권3, 事大上, 「下馬宴」.

정사는 동벽

서장관은 서벽(西壁)

상통사(上通事) 이하는 동변(東邊)에 앉음.

음악이 연주되고, 술이 나오며, 잡희(雜戲)를 베풂.

술 7작(爵)을 거행함.

예부상서, 정사 이하를 거느리고 용정 앞에서 함께 일궤삼고두례를 거행함.

예부상서, 돌아감.

정사 이하, 예부상서를 배웅함.

청 대에는 사신의 숙소가 아니라 예부에 가서 하마연을 거행하였다. 예부
상서가 연회를 주관한 것은 명 대와 동일하였다. 이 의례를 요약하면 다음
과 같다.

예부상서, 정사 이하를 거느리고 월대(月臺) 위에서 황제의 궁궐을 바라보
　　며 삼궤구고두례를 거행함.

예부상서, 건물 안으로 들어와 상탑(牀榻) 위에 앉음.

정사 이하, 일궤삼고두례를 거행함.

예부상서, 이에 답하여 읍례를 함.

(예부상서가 그만두라고 하면 하지 않는다.)

삼사신(三使臣)은 상탑(牀榻) 위의 서벽

당상관(堂上官) 이하는 그 뒤의 행렬

예부낭중은 동변에 앉음.

먼저 타락차(駝酪茶)를 한 순배(巡杯) 올리고 연상(宴床)을 올림.

술 3행(行)을 마치면 찬(饌)을 물렸다가 다시 올림. 찬은 양고기 1반(盤)에
　　술 1배(盃)임.

예부상서, 정사 이하를 거느리고 월대 위에서 황제의 궁궐을 바라보며 삼
   궤구고두례를 거행함.

이를 보면 명 대의 하마연과 청 대의 하마연은 몇 가지 점에서 차이가 있
었다. 먼저 하마연을 거행하는 장소가 회동관과 예부라는 차이가 있었고, 황
제에 대한 인사가 용정에 절하는 것과 망궐례(望闕禮)를 하는 것으로 구분되
었다. 황제에 대한 인사도 일궤삼고두에서 삼궤구고두로 바뀌어 청 대의 의
례가 강화되었다. 청 대에 조선 사신이 올리는 인사는 황제에게는 삼궤구고
두, 황태자에게는 양궤육고두, 예부상서에게는 일궤삼고두라는 차이가 있
었던 것으로 파악된다.
   하마연에서 예부상서와 조선 사신이 만날 때 예부상서는 북쪽에서 남면
(南面)을 하고, 조선 사신이 상급자에게 올리는 예를 거행하면 예부상서가
읍례로 답하는 것은 동일하였다. 그러나 명 대에는 조선 정사가 예부상서에
게 재배를 하고 동벽에 앉았지만, 청 대에는 정사가 일궤삼고두를 하고 서
벽에 앉음으로써 두 사람의 상하 관계는 더욱 현격해졌다. 또한 명 대에는
조선 사신이 7잔의 술을 받았지만, 청 대에는 타락차 1잔과 술 3잔에 다시
한 잔을 받았다. 하마연을 기준으로 할 때 조선 사신의 위상은 명 대에 비해
청 대에 더 격하된 것으로 보인다.

   (2) 황제의 상(賞)을 받는 의례
   중국 황제는 북경을 방문한 조선 사신에게 선물을 주었다. 황제의 선물에
는 조선 국왕에게 보내는 것도 있고 사신단 일행에게 내리는 것도 있었다.
먼저 명나라 황제의 상을 받은 의례는 다음과 같다.[64]

---

64 『通文館志』 권3, 事大上, 「頒賞」.

정사 이하, 공복을 갖추고 새벽에 오문의 우액문 앞에서 기다림.

황제, 나와서 황극문(皇極門)을 들어감.

홍려시 서반, 정사 이하를 인도하여 액문을 거쳐 들어감.

천관(千官)의 행례(行禮)가 끝남.

명찬(鳴贊), "조선 사람들을 인도하라."

정사 이하, 서반을 따라 어로 위에 들어가 무릎을 꿇음.

홍려시 관원, 계단 아래에 탁자를 두고 흠상(欽賞)할 물건을 가득 늘어놓음.

예부 3당(堂), 조선 사신의 앞에서 무릎을 꿇음.

우시랑(右侍郞), 게첩(揭帖)을 가지고 "조선국에서 임명해 보낸 배신(陪臣) ○ 직
    (職) ○ 등 몇 사람이 지금 ○일을 위해 와서 도착하였습니다. 관례대로 해당
    사람들을 인도하여 주문(奏聞)하니 상을 주도록 하소서"라고 아룀.

황제, "다른 상서들과 함께 물러가 반열에 들어가도록 하라[與他尙書等 退入班]."

정사 이하, 삼고두(三叩頭)를 거행함.

명찬, "일어나도록 하라."

정사 이하, 들어간 길을 따라 나와서 원래 있던 곳에 섬.

조회(朝會)가 끝나고

주객사 낭중(主客司 郞中), 상으로 나누어 줄 물건을 가지고 와서 상방(廂房)
    의 계단 위에 앉음.

정사, 먼저 들어가 읍을 함.

주객사 낭중, 답하여 읍례를 함.

서장관, 이와 같이 함.

상통사 이하, 전정에 꿇어앉았다 일어나 일배(一拜)하고 또 꿇어앉았다
    일어남.

주객사 낭중, 물건을 나누어 줌.

정사, 다시 들어가 이전과 같은 예를 거행하고 나옴.

이를 보면 조선 사신은 황제의 조참례(朝參禮)에 참석한 이후 다시 한 번 황제의 조회에 참석하여 상을 받았다. 그러나 사신이 명 황제에게 직접 상을 받은 것이 아니고, 조회에 참석하여 황제에게 인사한 후 주객사의 낭중을 통해 상을 전달받는 방식이었다. 황제의 상을 받을 때 정사는 주객사 낭중과 대등한 예를 거행하였지만, 상통사 이하는 상하의 예를 거행하였다. 황제의 상을 받은 사신들은 그 이튿날 다시 궁궐로 가서 상을 준 은혜에 감사하는 사은례(謝恩禮)를 거행하였다.

다음은 청나라 황제의 상을 받는 의례이다.[65]

정사 이하, 새벽에 궁궐에 나아가 기다림.
직장(職掌), 오문 밖의 동쪽에 탁자를 설치하고 흠상(欽賞)할 물건을 가득 갖
  다 놓음.
예부 당랑(禮部堂郞)과 관사(官司)의 관원, 탁자 앞에 나란히 섬.
홍려시 서반, 게첩을 가지고 정사 이하의 성명(姓名)을 부름.
정사 이하, (성명이 불린) 차례로 일어나 앞으로 나가 반열에 배열하여 섬.
홍려사 명찬(鳴贊) 2인, 정문을 닫고 문 앞에서 여창(臚唱, 순서대로 부름)함.
정사 이하, 먼저 삼궤구고두례를 거행하고 물러남.
홍려시 서반, 다시 삼사신(三使臣)을 부름.
삼사신, 앞으로 나가 홍려사 명찬의 창(唱)을 따라 꿇어앉음.
통관, 먼저 국왕 앞으로 회송(回送)하는 예물을 줌.
정사, 두 손으로 국왕에게 회송하는 예물을 받아 상통사에게 건네줌.

---

65 『通文館志』권3, 事大上, 「頒賞」.

삼사신, 삼사신에게 상으로 주는 물건을 받아 각자 하인(下人)에게 건네주
고 물러남.

대통관 3원(員), 앞으로 나아가 상으로 주는 물건을 받음.

압물관(押物官) 24원, 3행렬로 나누어 앞으로 나아가 상으로 주는 물건을
받음.

상통사, 종인(從人) 30명에게 상으로 주는 물건을 건네줌.

사은(謝恩)하는 예를 거행하고 마침.

이를 보면 청 대에는 황제의 조회에 참석하여 상을 받은 것이 아니라 오
문 밖에서 예부의 관리들이 참석한 가운데 통관을 통해 전달받았다. 황제의
상을 받는 방식은 먼저 조선 국왕에게 회송하는 선물을 받은 다음 삼사신,
대통관 3인, 압물관 24인, 종인 30명이 차례로 받는 방식이었다. 선물을 받
은 후에는 그 자리에서 바로 사은례를 거행하였다. 청 대의 의례는 명 대에
비해 간소화되었지만 예우라는 측면에서는 격이 떨어졌다.

중국 황제가 주는 상에는 조선 국왕에게 주는 '회송사물(回送賜物)'과 사신
단에게 주는 '일행사물(一行賜物)'이 있었다. 황제가 내린 상의 내역을 살펴보
면 다음과 같다.[66]

① 회송사물(回送賜物)

동지사: 채단(綵段) 5표리(表裏, 겉감과 안감), 은자(銀子) 250냥(兩)

정조사: 채단 5표리, 은자 250냥, 준마(駿馬) 1필(匹)[영롱(玲瓏)과 안첩(鞍貼, 안
장)을 갖춤.]

성절사: 채단 5표리, 은자 250냥, 준마 1필(영롱과 안첩을 갖춤.)

66 『通文館志』 권3, 事大上, 「賚回數目」; 『春官通考』 권46, 嘉禮, 「賚回賜物數」.

연공(年貢): 채단 5표리, 은자 250냥

② 일행사물(一行賜物)

②-1. 정사 · 부사

동지사: 대단주(大段紬) 2표리, 은자 50냥, 황견(黃絹) 1필(疋)

정조사: 대단주 3표리, 은자 50냥, 안구마(鞍具馬) 1필, 황견 2필

성절사: 대단주 3표리, 은자 50냥, 안구마 1필, 황견 2필

사은사: 대단주 2표리, 소단(小段) 1표(表, 겉감), 은자 50냥, 안구마 1필, 황견 1필

연공: 대단주 2표리, 은자 50냥, 황견 1필

②-2. 서장관

동지사: 대단주 1표리, 은자 40냥, 황견 1필

정조사: 대단주 2표리, 은자 50냥, 황견 1필

성절사: 대단주 2표리, 은자 50냥, 황견 1필

사은사: 대단주 2표리, 은자 50냥, 황견 1필

연공: 대단주 1표리, 은자 40냥, 황견 1필

②-3. 대통관 3원(員)

동지사: 대단(大段) 1표, 은자 20냥, 황견 1필

정조사: 대단주 1표리, 은자 30냥, 황견 1필

성절사: 대단주 1표리, 은자 30냥, 황견 1필

사은사: 대단주 1표리, 은자 30냥, 황견 1필

연공: 대단 1표, 은자 20냥, 황견 1필

②-4. 압물관(押物官) 27원

동지사: 소단(小段) 1표, 은자 15냥, 청포(靑布) 2필(疋)

정조사: 소단주(小段紬) 1표리, 은자 20냥, 청포 2필

성절사: 소단주 1표리, 은자 20냥, 청포 2필

사은사: 소단주 1표리, 은자 20냥, 청포 2필

연공: 소단 1표, 은자 15냥, 청포 2필

②-5. 종인(從人) 30명

동지사: 은자 4냥

정조사: 은자 5냥

성절사: 은자 5냥

사은사: 은자 5냥

연공: 은자 4냥

이상에서 황제가 국왕에게 보내는 회송사물은 조선의 상통사가 받아가
지고 돌아와서 승정원에 납부하였다. 회송사물 가운데 은자(銀子)는 1729년
(영조 5) 이후로는 모두 물건으로 바뀌었다. 이때 옹정제(雍正帝, 세종)의 명령
으로 조선 국왕에게 하사하던 은자 250냥에서 150냥은 초피(貂皮) 100장
(張)으로, 100냥은 내조장단(內造粧段) 4필(疋)과 운단(雲段) 4필로 바뀌어 지
급되었다. 은자가 물건으로 바뀐 것은 동지사뿐만 아니라 성절사, 정조사,
연공이 모두 동일하였다.[67]

일행사물에서 보면 정조사와 성절사는 사은사나 동지사보다 많은 상을
받았다. 또한 종반(宗班)을 사은정사(謝恩正使)로 파견하는 경우 대단 5표, 초
피(貂皮) 10령(令), 대단단령(大段團領)과 방주단삼고(方紬單衫袴) 각 1습(襲)을
추가로 받았다.[68] 조선의 종실(宗室)을 우대하는 의미에서였다. 또한 준마는
국왕, 안구마는 정사와 부사만 받았고, 은자는 종인을 포함하여 모든 사람이

---

67 『春官通考』 권46, 嘉禮, 「賚回賜物數」. "雍正己酉(1729, 영조 5), 禮部奉旨, 銀一百五十兩, 改以貂皮
一百張, 銀子一百兩, 改以內造粧段四疋, 雲段四疋. 聖節, 正朝, 年貢並同."
68 『通文館志』 권3, 事大上, 「賚回數目」. "宗班正使, 加賜大緞五表, 貂皮十令, 大段團領·方紬單衫袴各一襲."

받았다. 황견은 삼사신과 대통관만 받았는데, 원래 흑안자(黑鞍子)와 구모청(具毛淸)을 주었다가 1683년(숙종 9)부터 황견으로 바뀌었다. 압물관은 황견 대신에 청포를 받았다.[69]

1712년에 파견된 김창집 일행은 동지, 정조, 성절, 사은의 임무를 겸한 사신이었다. 이에 따라 네 종의 사신에게 내리는 상을 한꺼번에 받았는데 그 내역은 다음과 같다.[70]

국왕: 은 1000냥, 채단 25필, 준마 4필(영롱과 안첩을 갖춤.)

상사·부사: 은 200냥, 대단 12표리, 황견 8필, 안구마 2필

서장관: 은 180냥, 대단 8표리, 황견 5필, 안구마 2필

대통관 3인: 은 130냥, 대단 4표리+1필, 황견 5필

압물관 24원: 은 70냥, 소단 4표리+1필, 청삼승(靑三升) 10필

종인 30명: 은 23냥

이 중에서 압물관 24명이 받은 상은 정원 외에 추가된 사람들에게도 골고루 분배되었다. 이에 따라 각자가 받은 양은 은 53냥 5전(錢), 소단 4필, 노주주(潞州紬) 2필, 청삼승 8필이었다. 이때 상으로 내린 말은 모두 내구마(內廐馬)이기는 하였지만 늙고 파리하여 중간에 은으로 바꾸었다. 김창업은 이때 받은 상으로 모자 50개와 띠 100개를 구입하였다. 한양의 동교동(東郊洞)에 거주하는 자신의 하인들에게 나눠 주기 위해서였다.

---

69 金昌業, 『燕行日記』 권1, 「賚回物目」. "自前以黑鞍子·具毛淸賜給, 康熙癸亥, 以黃絹代給. 押物官, 以靑布代給."

70 金昌業, 『燕行日記』 권6, 2월 13일.

(3) 상마연(上馬宴) 의례

북경에 머물던 사신이 출발할 때에는 상마연이 베풀어졌다. 조선 사신이 북경에 머물 수 있는 기간이 명 대에는 40일로 한정되었지만 청 대에는 그 기한이 정해지지 않았다. 1683년에 파견된 사은사는 북경에서 60일을 머문 경우도 있었다.[71]

청 대의 상마연 의례는 사신이 머물던 관소(館所)에서 거행되었고, 의례 절차는 예부에서 거행된 하마연과 같았다. 다만 좌차(坐次)에는 큰 변화가 있었다. 청의 예부상서는 동벽에 위치하고 예부낭중은 그 뒤에 자리하였으며, 조선의 삼사신은 서벽에 위치하고 나머지 일행은 그 뒤에 자리를 잡았다.[72] 비록 예부상서가 동쪽에 위치하여 조선의 사신보다 상위(上位)를 차지하였지만, 예부의 관리들과 조선의 사신들이 동서(東西)에서 마주보고 앉음으로써 대등한 위상이 되었다. 상마연은 조선 사신이 북경에 도착한 이후 가장 예우를 받는 자리가 되었다.

김창업은 1713년(숙종 39) 2월 13일에 관소에서 거행된 상마연을 다음과 같이 기록하였다.

예부시랑이 오자 사신은 중문 밖에서 맞이하여 들어와 동벽에 앉았고 예부의 낭관(郎官)들은 그 뒤에 앉았다. 사신은 서벽에 앉고 군관(軍官)과 역관(譯官)은 사신의 뒤에 앉았다. 먼저 차 한 잔씩을 마신 다음에 찬(饌)을 올렸는데, 사람마다 각각 한 탁자를 차지하였다. 과실 이외에는 먹을 만한 것이 없었다. 탁자를 물린 뒤에는 삶은 양고기 한 덩이가 들어오고, 술을 세 분 배씩 돌렸다. 연회를 마칠 때 꿇어앉아 머리를 조아려 감사하는 예를 하고

---

71 『通文館志』 권3, 事大上, 「留館日子」.
72 『通文館志』 권3, 事大上, 「上馬宴」.

끝이 났다.[73]

이를 보면 당시 상마연을 주관했던 청의 관리는 예부상서가 아니라 예부시랑이었다.

상마연 의례가 거행된 다음에는 양국 사이에 본격적인 무역이 전개되었다. 무역이 이뤄지는 방식은 회동관의 벽에 금지사항을 기록한 예부의 고시(告示)를 붙이고, 청의 상인들이 물화(物貨)를 가지고 와서 매매를 하였다.[74]

(4) 사조(辭朝) 의례

북경을 방문한 조선 사신이 마지막으로 거행하는 의례는 하직 인사를 올리는 사조 의례였다.[75] 명 대에는 홍려시에 단자(單子)를 보고한 다음에 궁궐로 가서 사조 의례를 거행하였다. 의례를 마치면 조선 사신은 광록시(光祿寺)로 가서 차와 술을 마시고 음식을 먹었으며, 예부로 가서 당상관에게 배례(拜禮)를 하였다.

청 대에는 이러한 의례가 모두 면제되고, 조선의 상통사가 예부로 가서 회자(回咨)를 받는 것으로 끝이 났다. 이때 병부(兵部)에서는 신표(信票)를 내어주고 관반(官伴)을 파견하여 전송하였다. 신표는 조선의 사신단이 관문(關門)을 통과할 때 관문을 지키는 관리에게 이것을 보여 주어야 통과할 수 있었다. 조선의 사신단 일행이 동경(東京)의 연청(宴廳)에 도착하면 다시 한 차례의 연회가 베풀어졌다. 동경의 관리들은 조선의 사신단이 국경에 이를 때까지 사람을 보내어 전송하였다.

73　金昌業, 『燕行日記』 권6, 2월 13일.
74　『通文館志』 권3, 事大上, 「告示」.
75　『通文館志』 권3, 事大上, 「辭朝」.

3 중국 사신에 관한 외교의례

1) 조선을 방문한 중국 사신

명 대에 조선으로 파견하는 사신은 2원(員)이고, 그들을 수행하는 1등, 2등, 3등의 상수관(常隨官)이 있는 것이 관례였다. 그러나 청 대의 사신은 시기에 따라 변화가 있었다. 숭덕제(崇德帝, 태종) 때에는 상사(上使, 정사)가 3~4원의 수행원을 대동하면서 대통관을 1등, 차통관(次通官)을 2등, 근역(跟役)을 3등으로 삼았다. 청 사신을 따라오는 팔푼인(八分人)의 숫자는 100명에까지 이르렀다. 이처럼 많은 인원이 한꺼번에 방문하면 이들을 접대하는 조선 측으로서는 상당한 부담을 감수해야 하였다. 이후 순치제(順治帝, 세조)는 청 사신에게 제공하는 예절과 증유(贈遺)를 계속 줄이도록 하였고, 1658년(효종 9)에는 조선으로 파견하는 사신단의 규모를 정비하였다. 다음은 순치제가 내린 명령이다.[76]

조선에 가는 사신인 정사와 부사는 각각 1원만 임용하고, 예의(禮義)에 익숙하고 일을 맡아 삼가고 조심할 사람을 고르는 데 힘써라. 또 팔푼의 인원이 사신을 수행하여 가는 것과 무역하는 것을 모두 중지하라. 만약 조사할 일이 있으면 해당 부서에서 일의 경중(輕重)을 참작하여 주청하고, 사람을 골라 임명해 보내서 짐(朕)이 번방(藩邦, 조선)을 사랑하는 지극한 뜻을 보이도록 하라.

---

76 『通文館志』 권4, 事大下, 「勅使行」.

순치제 이후 청에서 파견한 사신의 규모는 다음과 같다.[77]

상사: 1원
부사: 1원
대통관: 2원
차통관: 2원
근역: 18명(名), 상사에 8명, 부사에 6명, 통관에 각 1명씩 배정

청 대 초기에는 주로 만주(滿州) 출신의 관리를 사신으로 임명하였다. 청이 중국 전역을 완전히 장악하지 못한 상황에서 한족(漢族) 출신의 관리를 사신으로 파견하기를 꺼렸기 때문이다. 그러나 1674년(현종 15)에 강희제(康熙帝, 성조)는 사신의 업무에 부합하는 사신을 선정하여 파견하라고 명령하였다. 강희제는 조서(詔書)와 사유(赦宥)를 내리거나 은사(恩賜)를 보낼 때에는 내대신(內大臣)이나 산질대신(散秩大臣), 시위후지(侍衛候旨)에서 사신을 선발하여 파견하고, 그 밖의 일에는 내각(內閣)의 학사(學士)와 시독(侍讀), 한림원(翰林院)의 학사·시독·시강(侍講), 예부의 낭중·원외랑(員外郞)·주사(主事)에서 정사와 부사를 정하도록 하였다.

명에서 조선으로 처음 사신을 파견한 것은 1393년(태조 2) 5월이었다. 명은 '조선(朝鮮)'이란 국호를 정하여 내린 이후 흠차 내사(欽差內史) 황영기(黃永奇)와 최연(崔淵)을 파견하여 조선을 위협하는 조서(詔書)를 내렸다. 조선에서 여진인 500여 명을 거느리고 압록강을 몰래 건너는 등 명나라를 공격하려고 한다는 것이 그 이유였다. 칙사로 온 두 사람은 원래 고려 출신이었다. 태조는 여진인 400여 명을 돌려보내면서 명으로 사신을 보내겠다고 답변

---

77 『通文館志』 권4, 事大下, 「勅使行」; 『春官通考』 권46, 嘉禮, 「迎勅」.

하였다.[78]

1637년 병자호란이 끝나고 정축조약(丁丑條約)을 체결한 이후 청과 조선
은 군신(君臣) 관계가 되었다. 청나라에서 파견한 최초의 사신은 '용골대(龍骨
大)'라 불리는 타타라 잉굴다이(他塔喇 英俄爾岱, 1596~1648)였다. 남한산성의
항전이 막바지에 이른 1637년 1월 28일에 용골대는 청 황제의 칙서(勅書)
를 가지고 왔다. 명나라에서 조선 국왕에게 주었던 고명(誥命)과 책인(冊印)
을 내놓고 청의 연호를 사용하라는 내용이었다. 황제의 칙서는 홍서봉(洪瑞
鳳)이 나가서 받았다. 그리고 이틀 후에 삼전도에서 인조의 항복 의례가 거
행되었다.[79]

청나라 사신은 1637년부터 1881년까지 조선에 파견되었다. 1881년부
터 청나라는 조선과의 외교 업무를 예부에서 북양통상대신(北洋通商大臣)에
게 옮겨 위임하였으며, 별도의 사신을 파견하지는 않았다.

2) 외교문서를 받는 의례

(1) 조선 국왕이 중국 황제의 조서(詔書)를 맞이하는 의례

황제가 조선 국왕에게 보내는 외교문서 가운데 조서는 가장 높은 단계의
문서였다. 따라서 조선이 황제의 조서를 맞이하는 의례도 가장 성대하게 거
행되었다. 이를 소개하면 다음과 같다.[80]

3일 전

예조(禮曹), 관리에게 맡은 바 임무를 봉행할 것을 명함.

---

78 『太祖實錄』 권3, 太祖 2년 5월 丁卯(23일); 권4, 太祖 2년 8월 乙亥(2일).
79 『仁祖實錄』 권34, 仁祖 15년 1월 戊辰(28일); 庚午(30일).
80 『國朝五禮儀』 권3, 嘉禮, 「迎詔書儀」; 『春官通考』 권46, 嘉禮, 「迎詔書儀」.

제2장 조선과 중국의 외교의례

1일 전

전설사(典設司), 모화관(慕華館) 서북쪽에 장전(帳殿)을 남쪽을 향해 설치함.

결채(結綵)함.

전하(殿下)의 악차(幄次)를 모화관에 남쪽을 향해 설치함.

왕세자 막차(幕次)를 모화관 동남쪽에 서쪽을 향해 설치함.

유사(攸司), 장전 북쪽에 홍문(紅門, 홍살문)을 세우고 결채함.

숭례문(崇禮門)과 성안 거리, 경복궁 문에 결채함.

병조정랑(兵曹正郎), 황옥용정을 장전 중앙에 남쪽을 향하여 설치함.

향정을 그 남쪽에 설치함.

액정서(掖庭署), 전하 조서(詔書) 지영위(祗迎位)를 장전 서쪽에 북쪽 가까이

동쪽 향해 설치함.

인의(引儀), 왕세자위(王世子位)를 장전 동쪽에 남쪽 가까이 서쪽을 향해 설

치함.

액정서, 근정전(勤政殿) 중앙에 궐정을 남쪽을 향해 설치함.

조안(詔案)을 궐정 앞, 향안을 조안 앞에 설치함.

사자위(使者位)를 향안 동쪽에 서쪽을 향해 설치함.

개독위(開讀位)를 계단 위 동쪽 가까이 서쪽을 향해 설치함.

전하 입위(立位)를 전정 길 서쪽에 북쪽 가까이 북쪽을 향해 설치함.

전하 배위를 전정 길 중앙에 북쪽을 향해 설치함.

장악원(掌樂院), 헌현(軒懸) 협률랑(協律郎)의 위(位)를 설치함.

전의(典儀), 왕세자위를 전정 길 동쪽에 북쪽을 향해 설치함.

인의, 왕세자 시립위(侍立位)를 광화문(光化門) 밖 막차 앞에 서쪽을 향해 설

치함.

당일

병조정랑, 금고(金鼓)·황의장을 준비하여 장전 앞에 진열함.

전악(典樂), 고악을 준비하여 장전 앞에 진열함.

초엄

병조, 대가노부(大駕鹵簿)를 홍례문(弘禮門) 밖에 진열함.

종친·문무백관, 조방(朝房)에 모임.

이엄

사복시정(司僕寺正), 전하 연(輦)을 근정문(勤政門) 밖에 내놓음.

　여(輿)를 사정전(思政殿) 합문(閤門) 밖에 내놓음.

왕세자, 익선관(翼善冠)·곤룡포(袞龍袍)를 갖추고 나와 광화문 밖 막차(幕次)

　로 감.

삼엄

전하, 익선관·곤룡포를 갖추고 나와 여를 타고, 근정문 밖에서 연으로 갈

　아탐.

어가(御駕)가 광화문 밖으로 나가면

왕세자·종친·문무백관, 차례로 말에 오름.

어가가 모화관 남문 밖에 이르면

전하, 연에서 내려 여로 갈아탐.

전하는 악차로, 왕세자와 문무백관은 막차로 들어감.

사자(使者, 중국 사신)가 도착하려 할 때

전하·왕세자, 면복을 갖춤.

종친·문무백관, 조복(朝服)을 갖춤.

전하, 조서 지영위로 나아감.

조서가 이르면

전하·왕세자·종친·문무백관, 몸을 구부려 조서를 맞이함.

사자, 조서를 받들어 황옥용정에 안치(安置)함.

용정(龍亭)이 길에 오르면

사향(司香) 2인, 공복을 입고 향정의 좌우에서 계속 향을 피움.

금고(金鼓) - 기마대(騎兵隊) - 문무백관 종친 - 왕세자 - 대가노부(大駕鹵簿) -
  전하 - 황의장 - 고악 - 향정 - 용정(龍亭, 조서) - 사자의 순서로 이동함.

경복궁(景福宮)에 이르면

종친·문무백관, 동쪽과 서쪽의 편문(偏門)으로 들어감.

왕세자, 동쪽 편문으로 들어감.

전하, 근정문 밖에서 연에서 내려 동쪽 문으로 들어와 입위(立位)에 섬.

황의장이 들어와 궐정 앞에 벌여 섬.

조서 용정이 정문(正門)으로 들어오고 사자가 따라 들어옴.

전하, 조서 용정이 이동할 때 동쪽을 향해 몸을 구부렸다가 바로 하고 북쪽
  을 향해 섬.

  용정이 전(殿)에 오르면 대차(小次)로 들어감.

사자, 조서를 받들어 조안에 놓고 위로 감.

전하, 소차를 나와서 배위로 감.

사자, 남쪽을 향해 "조서(詔書)가 있다"고 함.

전하 이하, 사배를 함.

전하, 무릎을 꿇으면 사향 2인이 세 번 향을 피움.

사자, 조안 앞에서 조서를 들어 봉조관(奉詔官)에게 줌.

봉조관, 조서를 받아 정문으로 나가 개독위(開讀位)에 가서 선조관(宣詔官)에
　게 줌.

선조관, 조서를 받아 전조관(展詔官)에게 줌.

전조관, 조서를 받아 폄.

선조관, 국왕 이하가 무릎을 꿇은 상황에서 조서를 선포함.

봉조관, 조서를 받들어 조안에 놓음.

전하 이하, 사배를 함.

　몸을 구부려 삼무도(三舞蹈), 무릎을 꿇고 삼고두를 함.

　"만세 만세 만만세(萬歲 萬歲 萬萬歲)"를 외치고 사배를 함.

전하, 악차에 들어가 면복을 벗고 익선관과 곤룡포로 갈아입음.

사자, 막차로 들어감.

왕세자, 동쪽 편문으로 나와 막차로 가서 면복을 벗음.

종친·문무백관, 동쪽과 서쪽 편문으로 나와 조복을 벗음.

액정서, 궐정과 조안을 거두고 사자의 좌석을 동쪽, 전하의 좌석을 서쪽에
　설치함.

사자, 동쪽 정문을 거쳐 전에 올라 배위로 감. 서쪽을 향함.

전하, 서쪽 정문을 거쳐 전에 올라 배위로 감. 동쪽을 향함.

전하·사자, 몸을 구부려 재배하고 좌석에 앉음.

다례(茶禮)를 거행함.

사자, 동쪽 계단을 내려옴.

전하, 서쪽 계단을 내려와 사자를 근정문 밖까지 전송함.

근정문 밖에서 여를 타고 내전으로 돌아감.

사자, 태평관(太平館)에 나아감.

왕세자, 사자를 따라 태평관까지 가서 사자와 돈수재배례(頓首再拜禮)를 거
    행하고 나옴.

이상을 보면 황제의 조서를 맞이하는 의식은 철저하게 조서를 우대하는
방식으로 진행되었다. 국왕과 왕세자는 궁궐에서 모화관까지 이동할 때에
는 익선관과 곤룡포를 입었지만 조서를 맞이할 때에는 면복으로 갈아입었
다. 면복은 국왕과 왕세자가 착용하는 최고의 예복(禮服)이었다. 황제의 조
서는 모화관에 설치된 장전의 중앙에서 국왕 이하의 관리들이 몸을 구부린
상태에서 황옥용정에 안치되었고, 모화관에서 궁궐까지 이동할 때에는 왕
세자와 국왕 앞에서 길을 인도하는 가운데 황의장 – 고악 – 향정 – 조서
용정(詔書龍亭)의 순서로 이동하고 중국 사신은 그 뒤에 위치하였다. 황의장
과 황옥용정은 황제의 조서를 우대하는 상징물이었다.

조서가 궁궐에 도착하면 왕세자 이하는 편문을 이용하고 국왕도 동쪽 문
을 이용하여 안으로 들어갔다. 그러나 조서와 사신은 정문을 이용하여 안으
로 들어갔다. 궁궐 안에서 조서를 맞이할 때 국왕은 뜰에 서서 몸을 구부렸
고, 사신을 통해 조서를 받을 때에는 뜰의 중앙에서 사배하고 무릎을 꿇은
상태로 받았다. 조서를 받은 이후 국왕 이하 모든 관리들은 사배를 하고, 삼
무도 삼고두를 하였으며, 산호(山呼, 萬歲 萬歲 萬萬歲)를 외쳤다. 황제의 조서
를 전달하는 의례에서 중국 사신은 조서를 다루는 임무를 맡았으므로 사신
과 조선 국왕의 위상은 상하 관계였다.

다음의 〈그림 7〉은 조선 국왕이 황제의 조서를 받는 의례를 도식화한 것
이다. 이를 보면 국왕이 서 있는 자리와 절하는 자리는 궁궐의 뜰이지만 궐
정과 조서, 중국 사신의 위치는 건물 안에 있었음이 잘 나타난다.

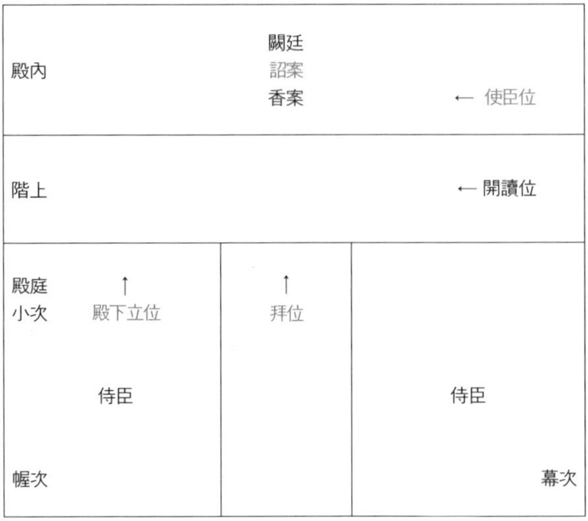

殿內	闕廷 詔案 香案	← 使臣位
階上		← 開讀位
殿庭 小次	↑ 殿下立位	↑ 拜位	
	侍臣		侍臣
幄次			幕次

그림7 조선 국왕이 조서를 받는 의례

조서를 전달한 후 조선 국왕과 중국 사신은 접견례(接見禮)를 거행하였다. 이때 국왕과 사신은 대등한 항례를 하였지만, 사신은 동벽을 차지하고 국왕은 서벽을 차지하여 사신을 우대하였다. 국왕과 사신은 서로 재배하고 자리에 앉았으며, 다례를 거행한 후에는 계단 아래에서 헤어졌다. 중국 사신이 숙소인 태평관으로 이동할 때 왕세자는 사신을 숙소까지 따라가 배웅한 후에 돌아왔다.

(2) 조선 국왕이 중국 황제의 칙서(勅書)를 맞이하는 의례

조선 국왕이 황제의 칙서를 받는 의례도 매우 성대하게 거행되었다.[81] 칙서는 조서보다 등급이 낮은 문서지만, 조선 국왕이 받는 외교문서로서는 중요하였기 때문이다. 황제의 칙서를 맞이하는 의례는 다음과 같다.

---

81 『國朝五禮儀』 권3, 嘉禮, 「迎勅書儀」; 『春官通考』 권46, 嘉禮, 「迎勅書儀」.

3일 전

예조, 관리에게 맡은바 임무를 봉행할 것을 명함.

1일 전

전설사, 모화관 서북쪽에 장전을 남쪽을 향해 설치함. 결채함.

　전하의 악차를 모화관에 남쪽을 향해 설치함.[82]

　왕세자 막차를 모화관 동남쪽에 서쪽을 향해 설치함.

유사, 장전 북쪽에 홍문을 세우고 결채함.

　숭례문과 성안 거리, 경복궁 문에 결채함.

병조정랑, 황옥용정을 장전 중앙에 남쪽을 향하여 설치함.

　향정을 그 남쪽에 설치함.

액정서, 전하의 칙서 지영위(祗迎位)를 장전의 서쪽에 북쪽 가까이 동쪽을

　향해 설치함.

인의, 왕세자위를 장전의 동쪽에 남쪽 가까이에 서쪽을 향해 설치함.

액정서, 근정전[83] 중앙에 궐정을 남쪽 향해 설치함.

　칙안(勅案)을 궐정 앞, 향안을 칙안 남쪽에 설치함.

　[황제의 사물(賜物)이 있으면 칙안은 왼쪽, 사물안(賜物案)은 오른쪽에 둠.]

　사자위를 향안 동쪽에 서쪽을 향해 설치함.

　전하가 칙서를 받는 위[受勅位]를 향안의 앞에 북쪽을 향해 설치함.

　전하 입위를 전정 길 서쪽에 북쪽 가까이 북쪽을 향해 설치함.

　전하 배위를 전정 중앙 길에 북쪽을 향해 설치함.

장악원, 헌현 협률랑의 위를 설치함.

82　후대에는 慕華館 서쪽에 북쪽 가까이 동쪽을 향하여 설치함.

83　조선후기에는 勤政殿이 仁政殿으로 바뀌었다(『通文館志』 권4, 「迎郊儀 宣勅儀附」).

전의, 왕세자위를 전정 길 동쪽에 북쪽을 향해 설치함.

인의, 왕세자 시립위(侍立位)를 광화문 밖 막차 앞에 서쪽을 향해 설치함.

당일

병조정랑, 금고·황의장을 준비하여 장전 앞에 진열함.

전악, 고악을 준비하여 장전 앞에 진열함.

초엄

병조, 대가노부를 홍례문 밖에 진열함.

종친·문무백관, 조방에 모임.

이엄

사복시정, 연을 근정문 밖, 여를 사정전 합문 밖에 내놓음.

왕세자, 익선관·곤룡포를 갖추고 나와 광화문 밖 막차로 감.

삼엄

전하, 익선관·곤룡포를 갖추고 나와 여를 타고, 근정문 밖에서 연으로 갈
  아탐.

어가가 광화문 밖으로 나가면

왕세자·종친·문무백관, 차례로 말에 오름.

어가가 모화관 남문 밖에 이르면

전하, 연에서 내려 여로 갈아탐.

전하는 악차로, 왕세자와 문무백관은 막차로 들어감.

사자가 도착하려 할 때

왕세자·종친·문무백관, 칙서 지영위로 나아감.

전하, 칙서 지영위로 나아감.

칙서가 이르면

전하·왕세자·종친·문무백관, 몸을 구부려 칙서를 맞이함.

사자, 칙서를 받들어 황옥용정에 안치함.

(황제의 사물이 있으면 이를 운반할 사람이 장전 앞에 섬.)

용정이 길에 오르면

사향 2인, 공복을 입고 향정 좌우에서 계속 향을 피움.

금고 – 기병대 – 문무백관 종친 – 왕세자 – 대가노부 – 전하 – 황의장 – 고
　악 – 향정 – 용정(칙서) – 사물 – 사자의 순서로 이동함.

경복궁에 이르면

종친·문무백관, 동쪽과 서쪽의 편문으로 들어감.

왕세자, 동쪽 편문으로 들어감.

전하, 근정문 밖에서 연에서 내려 동쪽 문으로 들어와 입위에 섬.

황의장이 들어와 궐정 앞에 벌여 섬.

칙서 용정이 정문으로 들어오고 사신이 따라 들어옴.

(사물이 정문으로 들어옴.)

전하, 칙서와 용정이 이동할 때 동쪽을 향해 몸을 구부렸다가 바로 하고 북
　쪽을 향해 섬.

　용정이 전에 오르면 소차(小次)로 들어감.

사자, 조서를 받들어 칙안에 놓고 (황제 사물도 안에 놓고) 위로 감.

전하, 소차를 나와서 배위로 감.

전하 이하, 사배를 함.

전하, 무릎을 꿇으면 사향 2인이 세 번 향을 피움.

　서쪽 계단을 거쳐 칙서를 받는 위로 나아감.[84]

사자, "제서(制書)가 있다."

전하 이하, 무릎을 꿇음.

사자, 칙서를 전하에게 줌.

전하, 칙서를 받아 근시(近侍)에게 주어 칙안에 놓아두게 함.

전하 이하, 배위로 돌아와 사배를 함.

전하 이하, 사배를 함.

전하, 악차에 들어감.

사자, 막차로 들어감.

왕세자, 동쪽 편문으로 나와 막차로 들어감.

종친·문무백관, 동쪽과 서쪽 편문으로 나옴.

액정서, 궐정과 칙안을 거두고 사자의 좌석을 동쪽, 전하의 좌석을 서쪽에
　　설치함.

[사물이 있으면 집사자(執事者)가 상자에 담아서 들여옴.]

사자, 동쪽 정문을 거쳐 전에 올라 배위로 감. 서쪽을 향함.

전하, 서쪽 정문을 거쳐 전에 올라 배위로 감. 동쪽을 향함.

전하·사자, 몸을 구부려 재배하고 좌석에 앉음.

다례를 거행함.

사자, 동쪽 계단을 내려옴.

---

84 『통문관지』에서는 "서쪽 계단을 올라가 西夾門으로 들어가 勅書를 받는 位로 나아간다"고 하였다.

전하, 서쪽 계단을 내려와 사자를 근정문 밖까지 전송함.

근정문 밖에서 여를 타고 내전으로 돌아감.

사자, 태평관에 나아감.

왕세자, 사자를 따라 태평관까지 가서 사자와 돈수재배례를 거행하고 나옴.

이상을 보면 칙서를 받는 의례는 조서를 받는 의례보다 훨씬 간소화되었다. 먼저 국왕과 왕세자는 익선관과 곤룡포를 갖추어 입고 모든 의례를 거행했으며, 면복으로 갈아입는 절차가 없어졌다. 이에 따라 종친과 문무백관도 조복(朝服)으로 갈아입는 절차가 없어졌다. 조서는 국왕이 면복을 갖추고 받았지만, 칙서는 익선관과 곤룡포를 입고 받는 것으로 구분되었기 때문이다.

다음으로 국왕이 절하는 위치는 여전히 궁궐의 뜰이었지만, 칙서를 받는 위치는 건물 안으로 바뀌었다. 칙서를 받는 국왕이 중국 사신 가까이로 가서 받으므로, 사신이 칙서를 줄 때에도 조서처럼 봉조관(奉詔官), 선조관(宣詔官), 전조관(展詔官) 같은 관리들의 중계를 거치지 않고 바로 국왕에게 주었다. 또한 칙서를 받은 이후 국왕 이하의 관리들이 삼무도, 삼고두, 산호를 하는 절차가 사라졌다.

국왕이 황제의 칙서를 맞이할 때 모화관에 설치하는 장전의 위치에도 변화가 있었다. 처음에는 모화관의 서북쪽에 장전을 설치하였다가 영은문(迎恩門)의 남쪽에 황장전(黃帳殿)을 설치하는 것으로 바꾼 것이 그것이다. 원래 모화관의 오른쪽에는 두 기둥에 붉은 나무문을 세웠다. 그러다가 김안로(金安老)의 건의로 1칸의 건물을 짓고 청기와로 덮어 '영조지문(迎詔之門, 조서를 맞이하는 문)'이라 하였다. 그러나 1539년(중종 34) 명의 사신으로 온 설정룡(薛廷龍)이 '맞이하는 것에는 조칙(詔勅, 조서 칙서)과 상사가 있는데 조서를 맞이하는 문이라고만 하는 것은 뜻이 치우지다'고 하며 영은문으로 고치게 하였다.[85]

그림 8 중국 사신을 맞이하던 영은문

조선후기에는 사신이 묵는 숙소도 태평관에서 남별궁(南別宮)으로 바뀌었다. 명의 사신이 묵었던 태평관은 서부 양생방(養生坊)에 있었으며, 남별궁은 남부 회현방(會賢坊)에 있는 소공주댁(小公主宅)이었다. 임진왜란 때 병화(兵火)로 도성의 모든 건물이 불탔지만 이 건물은 왜장(倭將)이 거주하였기 때문에 남았으며, 1593년(선조 26) 4월에 명 제독 이여송(李如松)이 이곳에 경성관(京城館)을 복원한 이후 중국 사신이 머무는 숙소가 되었다.[86] 현재 태평관 자리에는 오펠리스 빌딩이, 남별궁 자리에는 조선호텔이 있다.

조선후기에는 국왕이 칙서를 받은 후 이를 선포하고 삼고두와 산호하는 절차가 추가되었다. 이는 명 대보다 청 대에 칙서를 받는 의례가 강화되었음을 의미한다. 다음은 조선후기에 추가된 절차를 정리한 것이다.[87]

85 『通文館志』권4,「迎詔儀 宣勅儀附」. "後薛天使廷龍曰, '所迎有詔勅賞賜, 獨名迎詔, 其義似偏, 改寫迎恩, 使揭之. 出『稗官雜記』."
86 『通文館志』권4,「仁政殿接見儀 茶禮儀附」.
87 『通文館志』권4,「迎詔儀 宣勅儀附」.

사자, "제서가 있다."

전하 이하, 무릎을 꿇음.

사자, 칙서를 전하에게 줌.

전하, 칙서를 받아 개탁(開坼)하고 열람하기를 마친 다음 근시에게 주어 칙
  안에 두게 함.

  부복하였다가 일어나 서쪽 협문(夾門)을 거쳐 나가서 전 계단 위에서 동
  쪽을 향해 섬.

봉칙관(奉勅官)·선칙관(宣勅官)·전칙관(展勅官), 동쪽 계단을 올라감.

봉칙관, 칙안 앞에 이르러 북쪽을 향해 꿇어앉음.

사자, 칙안 앞에 가서 칙서를 받들어 전해 줌.

봉칙관, 칙서를 받들고 정문을 나가 칙서 선독위(宣讀位, 전의 계단 위 동쪽 가까
  이)로 감.

사자, 전의 계단 위에 이르러 서쪽을 향해 섬.

선칙관, 꿇어앉아 봉칙관에게 칙서를 받아 전칙관에게 건네줌.

전칙관, 꿇어앉아 칙서를 마주 펼침.

선칙관, 칙서를 선포하여 읽음.

봉칙관, 칙서를 받들고 들어가 칙안에 놓음.

사자, 건물 안으로 들어가 위로 나아감.

전하, 계단을 내려가 배위로 나아감.

  삼고두, 산호를 함.

조선후기에는 국왕과 사신의 접견례 절차도 더욱 상세해졌다. 우선 국왕
과 사신이 서로 재배를 하던 것이 사신이 원할 때에는 읍례만 하는 경우도
나타났다. 배례나 읍례가 끝난 이후 국왕은 황제, 황태후, 황태자의 기후(氣
候)를 차례로 물었고 사신은 이에 하나하나 답을 하였다. 그다음에 국왕과

사신은 함께 의자에 앉았고, 국왕은 제왕(諸王), 패륵(貝勒)의 안부를 물었고, 여러 대인(大人)들이 먼 길을 말을 타고 달려오느라 노고가 많았을 텐데 기력(氣力)이 어떠한지를 물었다.[88]

조선후기에는 국왕이 사신을 접견할 때의 다례에 대해서도 구체적인 절차가 나타난다. 이를 정리하면 다음과 같다.[89]

사옹원(司饔院), 전 안에 다정(茶亭)을 남쪽 가까이 북쪽을 향해 설치함.

제조(提調) 1원, 다병(茶瓶, 인삼차를 담은 銀瓶)을 듦.

부제조(副提調) 1원, 제거(提擧) 2원, 다종(茶鍾, 磁鍾) 반구(盤具)를 받들고 다정 앞에 섬.

제거 1원, 과반(果盤)을 받들고 정사 오른쪽에 남쪽 가까이 북쪽을 향해 섬.

제거 1원, 과반을 받들고 부사 왼쪽에 남쪽 가까이 북쪽을 향해 섬.

제거 1원, 과반을 받들고 전하 오른쪽에 남쪽 가까이 북쪽을 향해 섬.

다종을 받든 자 3원, 각각 다종에 차를 받아 함께 꿇어앉아 차를 바침.

차 마시기가 끝나면

제조·제거, 꿇어앉아 다종을 받아 과반(果盤)에 두고 나감.

과반을 받든 자, 꿇어앉아 두 사신과 전하 앞에 바치고 먹기가 끝나면 과반을 가지고 나감.

이를 보면 접견례 중의 다례는 두 사신과 국왕이 함께 인삼차를 마시고 과일을 먹는 간략한 의례였다.

지금까지의 의례는 국왕이 모화관에 나가 칙서를 맞이하고 정전(근정전, 인정전)으로 돌아와 칙서를 받은 의례였다. 그런데 조선후기에는 국왕의 몸

---

88 『通文館志』 권4, 「仁政殿接見儀 茶禮儀附」.
89 『通文館志』 권4, 「仁政殿接見儀 茶禮儀附」.

그림9 조선 국왕이 칙서를 받는 의례

이 불편하면 편전(便殿)에서 칙서를 받는 경우도 있었으며, 정전에서의 의례보다 더욱 간소화되었다. 우선 모화관에서 칙서를 맞이할 때 국왕은 나가지 않고 왕세자와 백관들이 나가서 맞이하였다. 국왕이 칙서를 받는 장소는 편전인 희정당(熙政堂)이었다. 사신(上使 副使)이 안으로 들어가 동쪽에 서면 익선관과 곤룡포를 갖춘 국왕이 건물 가운데 꿇어앉아 사신에게서 칙서와 사물단자(賜物單子), 사물을 차례로 받았다. 이후 국왕은 부복하여 삼고두를 한 다음 악차로 들어갔고, 사신도 막차로 들어갔다.

이후 접견례가 시작되었다. 사신은 희정당의 동벽, 국왕은 서벽을 차지하고 서로 읍례한 다음 자리에 앉으면 다례가 거행되었다. 다례가 끝나면 국왕은 앉은 자리에서 일어나 읍례를 하는 것으로 의례는 끝났다. 접견례를 마친 사신은 다시 인정전으로 나가 칙서를 선포하는 의례를 거행하였다. 편전에서 칙서를 받은 의례는 몸이 불편한 국왕을 배려하여 최대한 간략하게

진행되었다.[90]

〈그림 9〉는 조선 국왕이 정전에서 황제의 칙서를 받는 의례를 도식화한 것이다. 이를 보면 국왕이 서 있는 자리와 절하는 자리는 궁궐의 뜰이지만 칙서를 받는 자리[受勅位]는 건물 안으로 바뀌었다. 국왕의 위상은 조서를 받을 때보다 한 단계 격상되었다.

(3) 조선 국왕이 중국 황제의 시호(諡號)·제문(祭文)·조부(弔賻)를 맞는 의례

조선 국왕이 사망하면 중국 황제는 사망한 국왕의 시호를 정해 내려 주고, 사신을 파견하여 제사와 조부를 거행하도록 하였다. 이는 황제와 국왕이 군신 관계에 있었으므로, 조선 국왕의 사망을 예우하기 위해서였다. 황제가 파견한 사신이 도착하면 새 국왕은 모화관으로 행차하여 이들을 맞이하였다. 그 의례를 정리하면 다음과 같다.[91]

3일 전

예조, 관리에게 맡은바 임무를 봉행할 것을 명함.

1일 전

전설사, 모화관 서북쪽에 장전을 남쪽을 향해 설치함. 결채함.

　전하의 악차를 모화관에 남쪽을 향해 설치함.

　왕세자 막차를 모화관 동남쪽에 서쪽을 향해 설치함.

유사(攸司), 장전 북쪽에 홍문(紅門)을 세우고 결채함. 숭례문 태평관에 결

　채함.

병조정랑, 황옥용정을 장전 중앙에 남쪽을 향하여 설치함.

90　『通文館志』권4, 「便殿受勅儀 接見茶禮儀附」.
91　『國朝五禮儀』권8, 凶禮, 「迎賜諡祭及弔賻儀」.

향정을 그 남쪽에 설치함.

[고명용정(誥命龍亭)은 동쪽, 제문용정(祭文龍亭)과 부물(賻物)을 메고 갈 것은 서쪽]

액정서, 전하 지영위를 장전 서쪽에 북쪽 가까이 동쪽을 향해 설치함.

액정서, 태평관 대청(大廳) 중앙에 궐정을 남쪽을 향해 설치함.

고명·제문·부물(賻物)을 놓을 안(案)을 궐정 앞에 설치.

[고명안(誥命案)은 동쪽, 제문안(祭文案) 부물안(賻物案)은 서쪽]

향안을 그 남쪽에 설치함.

사자위를 향안 동쪽에 서쪽을 향해 설치함.

전하 입위를 서쪽 계단 아래 북쪽 가까이 북쪽을 향해 설치함.

전하 배위를 전정 중앙 길에 북쪽을 향해 설치함.

장악원, 헌현 협률랑의 위를 설치함.

당일

병조정랑, 금고 황의장을 준비하여 장전 앞에 진열함.

전악, 고악을 준비하여 장전 앞에 진열함.

초엄

병조, 대가노부를 미리 모화관 앞에 진열함.

사복시정, 연과 여를 홍례문 밖에 내놓음.

종친·문무백관, 조방(朝房)에 모임.

이엄

사복시정, 연을 근정문 밖, 여를 사정전 합문 밖에 내놓음.

종친·문무백관, 백의(白衣)·오사모(烏紗帽)·흑각대(黑角帶)·백피화(白皮靴)

를 갖추고 광화문 밖 시립위(侍立位)로 나감.

삼엄

전하, 익선관·백포(白袍)·오서대(烏犀帶)·백피화를 갖추고 여를 타고 나옴.

[졸곡(卒哭) 이전이면 최복(衰服)을 입음.]

근정문 밖에서 연으로 갈아탐.

어가가 광화문 밖으로 나가면

종친·문무백관, 차례로 말에 오름.

어가가 모화관 남문 밖에 이르면

전하, 연에서 내려 여로 갈아탐.

전하는 악차로, 종친·문무백관은 막차로 들어감.

사자(使者, 중국 사신)가 도착하려 할 때

전하, 면복을 갖춤[고명을 받기 전이면 아청단령포(鴉靑圓領袍)·익선관·청정소옥대(靑鞓素玉帶)를 갖춤].

종친·문무백관, 조복을 갖추고 조서 지영위(詔書 祗迎位)로 나아감.

전하, 조서 지영위로 나아감.

고명과 제문이 이르면

전하·종친·문무백관, 몸을 구부려 맞이함.

사자, 고명·제문을 받들어 황옥용정에 안치함.

사물을 멘 자, 장전 앞에 섬.

용정(龍亭)이 길에 오르면

사향 2인, 공복을 입고 향정의 좌우에서 계속 향을 피움.

금고 - 기병대 - 문무백관 종친 - 대가노부 - 전하 - 황의장 - 고악 - 향

  정 - 용정(龍亭, 고명·제문) - 사물 - 사자의 순서로 이동함.

대평관에 이르면

종친·문무백관, 서문으로 들어감.

전하, 도보로 동문을 들어와 서쪽 계단 아래의 입위에 섬.

황의장이 들어와 궐정 앞에 벌여 섬.

고명과 제문 용정과 부물이 정문으로 들어오고 사신이 따라 들어옴.

전하, 용정이 이동할 때 동쪽을 향해 몸을 구부렸다가 바로 하고 북쪽을 향

  해 섬.

  용정이 전에 오르면 소차로 들어감.

사자, 고명·제문·부물을 받들어 각각의 안에 놓고 위로 감.

전하, 소차를 나와서 배위로 감.

사향 2인, 향안 앞에 꿇어앉아 세 번 향을 피움.

전하 이하, 사배를 함.

전하, 악차로 나아가 면복을 벗고 백포로 갈아입음.

사자, 이방(耳房, 正房 옆의 작은 방)으로 들어감.

종친·문무백관, 조복을 벗고 백의(白衣)로 갈아입음.

액정서, 궐정과 고명안 제문안을 거두고 사자 좌석을 동쪽, 전하 좌석을 서

  쪽에 설치함.

  [사신 좌석은 검은색 칠을 하고, 국왕 좌석은 백면포(白綿布)로 감쌈.]

사자, 청(廳)에 올라 배위로 가서 서쪽을 향함.

전하, 청에 올라 배위로 가서 동쪽을 향함.

전하·사자, 몸을 구부려 재배하고 좌석에 앉음.

다례를 거행함.

[졸곡 전이면 최복(衰服)을 입고 상회례(相會禮)를 거행함. 다례는 하지 않음.]

전하, 서문으로 나가 궁궐로 돌아감.

사자, 동문으로 나가 국왕을 문밖까지 전송함.

이상을 보면 조선 국왕이 황제의 조문(弔問) 사신을 맞이하는 의례는 황제의 조서를 받는 의례와 매우 유사하였다. 문서가 조서와 고명이라는 차이만 있을 뿐 황제의 문서를 가진 사신을 맞이하는 것은 동일하였기 때문이다. 그러나 태평관에서 사신을 맞이한 후 이동하는 장소에는 차이가 있었다. 조서를 맞을 때에는 궁궐의 정전으로 직행하였지만, 고명을 맞을 때에는 사신의 숙소인 태평관으로 이동하였다.

조문 사신을 맞을 때 국왕은 선왕(先王)의 국상(國喪) 기간이었다. 그러나 황제의 문서를 맞이하는 것은 국상보다 우선순위에 있었으므로 모화관이나 숭례문, 태평관에 화려한 장식을 하였다. 또한 황제의 고명을 맞이할 때 국왕과 수행 관리들의 복식도 상복(喪服)이 아니라 길복(吉服)이었다. 국왕은 궁궐을 출발할 때 익선관·백포·오서대·백피화를 입거나 최복을 입었다. 이는 국왕의 상복이었다. 그러나 모화관에 도착한 국왕은 면복으로 갈아입었으며, 아직 황제의 고명을 받지 못하였으면 아청단령포·익선관·청정소옥대로 갈아입었다. 중국의 입장에서 볼 때 국왕은 아직 권지국사(權知國事)의 지위에 머물고 국왕으로 책봉되지는 않았기 때문이다.

이러한 국왕의 복식은 사신의 숙소에 도착할 때까지 계속되었고 의례가 끝난 후에야 다시 백포, 즉 상복으로 갈아입었다. 국왕을 수행한 종친과 문무백관의 복식도 마찬가지였다. 궁궐을 출발할 때에는 백의·오사모·흑각대·백피화를 입거나 최복을 입었지만, 국왕이 면복을 입을 때 조복으로 갈아입었다. 다만 행렬이 이동할 때 국왕이 탄 연에는 상중(喪中)임을 표시하기 위해 흑면포(黑綿布)를 덮었다.

국왕이 사신의 숙소에서 접견례를 거행할 때에는 상복 차림이었다. 또한 상중임을 고려하여 사신이 앉는 좌석에는 검은 칠을 하고, 국왕의 좌석은 백면포로 감쌌다. 국왕이 졸곡(卒哭)을 지냈으면 중국 사신과 다례를 거행하였지만, 졸곡 전이면 국왕은 다례는 하지 않고 상회례만 거행하였다. 상중에 있는 국왕을 배려한 것이었다.

(4) 조선 국왕이 중국 황제의 부물(賻物)을 받는 의례

황제가 조선 국왕에게 내리는 고명과 제문, 부물을 가진 사신이 숙소에 도착하면 국왕에게 전달하는 의례가 있었다. 중국 사신은 제일 먼저 부물을 전달하였고, 다음에 시호(諡號)와 고명, 마지막에 제문을 전달하였다.

먼저 부물을 전달하는 의례는 다음과 같다.[92]

1일 전

전설사, 경복궁 홍례문 밖 동쪽에 장전을 남향으로 설치함.

　　사자 막차를 장전 남쪽에 동쪽 가까이 서쪽을 향해 설치함.

액정서, 근정전 중앙에 궐정을 남쪽을 향해 설치함.

　　부물안을 궐정 앞에 설치하고 그 남쪽에 향안을 설치함.

　　[칙서가 있으면 칙서안(勅書案)을 부물안 동쪽에 설치함.]

　　사자위를 부물안 동쪽에 서쪽을 향해 설치함.

　　전하 수조위(受弔位)를 향안 앞에 북쪽을 향해 설치함.

　　전하 배위를 길 중앙에 북쪽을 향해 설치함.

---

92 『國朝五禮儀』 권8, 凶禮, 「賜賻儀」.

전하 곡위(哭位)를 서쪽 계단 아래에 동쪽을 향해 설치함.

상침(尙寢), 왕비(王妃) 곡위를 전 북쪽 천막 아래에 설치함.

당일

종친·문무백관, 조당(朝堂)에 모여 최복을 입음.

문무백관·분사(分司), 태평관에 나아감.

사자, 부물을 채여(綵輿)에 놓음(칙서가 있으면 용정에 놓음).

문무백관, 조복을 입고 말을 타고 앞에서 인도함.

　(궁궐 문에 도착하면 최복으로 바꾸어 입고 들어감.)

문무백관 – 황의장 – 부물여(賻物輿) – 사자의 순서로 이동함.

사신이 홍례문 밖에 이르면

부물여를 장전에 둠.

사자, 막차로 들어가 백의로 갈아입음.

전하, 최복을 입고 나와 상장(喪杖)을 짚고 곡위에 가서 곡을 함.

　상장을 버리고 질(絰)을 벗고 곡을 그침.

　홍례문 밖 서쪽에서 동쪽을 향하여 서서 사자를 맞이함.

　서문으로 들어가 서쪽 계단 아래에 가서 섬.

부물여가 정문으로 들어가고 사자가 따라 들어감.

전하, 부물여가 지나갈 때 몸을 구부렸다가 북쪽을 향해 섬.

사자, 부물을 받들어 부물안에 놓음(칙서가 있으면 칙서안에 놓음).

전하 이하, 배위로 가서 사배를 하고 꿇어앉음.

사향 2인, 최복을 입고 향안 앞에서 꿇어앉아 세 번 향을 올림.

전하, 서쪽 계단을 올라가 수조위로 나아감.

사자, "제서가 있다."

　　　　　　　　　　　　　　　　　　　　제2장　조선과 중국의 외교의례

전하, 꿇어앉음.

사자, 제서를 선포하여 "조부"라고 함.

　(칙서가 있으면 서쪽을 향해 전하에게 줌.)

전하, 칙서를 받아서 본 후 근시에게 주어 칙서안에 놓게 함.

　엎드려 고두하고 슬픔을 극진히 하여 곡을 한 다음에 일어섬.

　계단을 내려가 배위로 돌아감.

　(칙서가 없으면 '전에 올라 고두하고 곡하는 것'이 없음.)

　사배를 함.

전하 이하, 곡을 함.

사자, 동문으로 나옴.

전하, 서문으로 나와 홍례문 밖까지 나와 배송(拜送)함.

　질을 띠고 상장을 짚고 곡을 하면서 들어감.

이를 보면 중국 사신은 황제의 부물과 칙서를 정전인 경복궁의 근정전에서 국왕에게 전달하였다. 국왕 이하 참석한 사람들은 모두 상복을 착용하였고, 사신도 백의를 입어 예를 갖추었다. 이보다 앞서 황제의 부물과 칙서가 사신의 숙소에서 궁으로 이동하는 동안 이를 인도하는 문무백관들은 조복을 입어 황제의 부물과 칙서에 대한 예를 표하였다. 사신이 궁으로 오는 동안 국왕은 서쪽 계단 아래의 곡위에서 최복을 입고 상장을 짚고 곡을 하다가 사신을 맞이하였다. 상주가 조문객을 맞이하는 모습이었다.

황제의 부물과 칙서가 정전에 도착하면, 국왕은 뜰의 가운데에 서서 사배한 다음 서쪽 계단을 올라가 수조위에서 부물과 칙서를 받았다. 이는 황제의 칙서를 받을 때와 같은 방식이었다. 만약 이때 황제의 칙서가 있다면 국왕은 머리를 조아려 곡을 하고 일어섰지만, 칙서가 없다면 이 절차는 생략되었다. 이를 보면 황제의 칙서는 부물보다 우위에 있었다.

(5) 조선 국왕이 중국 황제의 시호(諡號)를 받는 의례

황제의 부물을 받은 다음에는 선왕의 시호를 받는 의례가 진행되었다. 시호를 받는 의례는 부물을 받는 의례를 거행한 후 길일(吉日)을 택해 거행되었다. 시호를 받는 의례는 다음과 같다.[93]

1일 전

전설사, 혼전(魂殿) 대문 밖의 동쪽에 장전을 남향으로 설치함.

　사신 막차를 장전의 남쪽에 동쪽 가까이 서쪽을 향해 설치함.

액정서, 고명안을 영좌(靈座)의 동북쪽에 남쪽을 향해 설치함.

　사자위를 고명안 동쪽에 서쪽을 향해 설치함.

　전하 대수위(代受位, 대신 받는 자리)를 고명안 앞에 북쪽을 향해 설치함.

　전하 배위를 길 중앙에 북쪽을 향해 설치함.

당일

문무백관·분사, 태평관에 나아감.

사자, 고명을 용정(龍亭)에 놓음.

문무백관, 조복을 입고 말을 앞에서 인도함.

　(혼전 문밖에서 최복으로 바꾸어 입고 들어감.)

황의장 - 고악 - 고명용정(誥命龍亭) - 사자의 순서로 이동함.

혼전 문밖에서 용정을 장전에 안치함.

사자, 막차에 들어감.

전하, 익선관·백포·오서대·백피화를 입고 혼전에 나아감.

---

93 『國朝五禮儀』 권8, 凶禮, 「賜諡儀[賜賻後 擇吉行]」.

(졸곡 전이면 최복을 입음.)

종친·문무백관, 백의·오사모·흑각대를 입고 혼전에 나아감.

전하 이하, 재전(齋殿)에 들어가 최복으로 갈아입음.

전하, 최복을 입고 나와 상장을 짚고 동쪽 계단의 동남쪽에 서쪽을 향하여 섬.

　　꿇어앉아 고개를 숙이고 엎드려 곡을 함(절할 때 내시가 상장을 받음).

　　곡을 그치고 일어나 사배를 함.

　　재전에 들어감.

사자가 도착하면

전하, 상장을 짚고 들어가 서쪽 계단 아래에 가서 섬.

대축(大祝), 궤(匱)를 열어 우주(虞主)를 꺼내 영좌에 설치함.

　　[백저포(白紵巾)로 우주를 덮음.]

전하, 곡을 하면서 상장을 놓고 질을 벗음.

　　중문을 나가며 곡을 그침.

　　대문(大門) 밖의 서쪽에서 동쪽을 향해 서서 사신을 맞이함.

사자, 막차에서 나와 서쪽을 향해 섬.

전하, 서문을 먼저 들어가 서쪽 계단 아래 자리로 감.

용정이 정문으로 들어가고 사자가 따라 들어감.

전하, 용정이 지나갈 때 몸을 구부렸다가 북쪽을 향해 섬.

사자, 고명을 받들어 고명안에 놓음.

전하 이하, 배위로 가서 사배를 함.

전하, 서쪽 계단을 올라가 대수위로 나아감.

사자, "제서가 있다."

전하, 꿇어앉음.

사자, 고명을 들어 전하에게 줌.

전하, 고명을 받아 근시에게 주어 영좌 앞의 고명안에 놓게 함.

　엎드렸다가 일어나 물러나 배위로 돌아감.

　사배를 함.

　서쪽 계단 아래로 나아감.

사자, 동문으로 나옴.

전하, 서문으로 나와 대문 밖에서 배송함.

　질을 띠고 상장을 짚고 곡을 하면서 들어감.

　황제의 시호는 선왕에게 내리는 것이었다. 그러나 선왕은 이미 사망하여 직접 받을 수 없으므로 현 국왕이 선왕을 대신하여 시호를 받았다. 앞서 황제의 부물을 받는 장소는 궁궐의 정전이었지만, 시호를 받는 장소는 선왕의 우주를 모신 혼전이었다. 국왕이 선왕의 시호가 기록된 고명을 받는 절차는 칙서를 받는 절차와 비슷하였다. 고명이 이동할 때 국왕은 뜰에서 이를 맞이하였고, 길의 중앙에서 고명을 향해 사배를 올린 후 고명을 받는 자리로 올라가 사신으로부터 고명을 받았다.

　국왕이 황제의 고명(시호)을 받을 때의 복식은 최복이었다. 국왕은 혼전에 나아갈 때에는 익선관·백포·오서대·백피화를 입었지만, 혼전에 도착한 후에는 최복으로 갈아입었다. 이후 국왕은 상장을 짚고 곡을 하다가 사신이 도착하면 대문 밖까지 나와 마중하였고, 의례가 끝나면 대문 밖까지 나와 사신을 배웅하였다. 대문에서 혼전 사이를 오갈 때 국왕은 항상 서쪽 길을 이용하였고, 사신은 고명이 들어갈 때에는 고명과 함께 정문을 이용하였다가 나올 때는 동문을 이용하였다. 황제의 고명은 정문을 이용한 것이고, 사신은 동문을 이용한 것이다. 국왕과 사신은 대등한 지위이지만 사신이 동문을 이용한 것은 상대를 높인 것이다.

　국왕이 시호가 기록된 고명을 받은 다음에는 이를 황지(黃紙)에 써서 불태우는 분황(焚黃) 의례가 거행되었다. 하늘에 계신 선왕에게 새로 받은 시호를 알리는 의식이었다. 분황 의례를 정리하면 다음과 같다.[94]

승문원(承文院) 관원, 황지에 황제가 내린 고명을 베껴 써서 고명함(誥命函) 뒤에 놓음.

전사관(典祀官)·전사(殿司), 축판(祝版)을 영좌의 오른편에 놓음.

폐백(幣帛) 광주리를 존소(尊所)에 둠.

향로(香爐)·향합(香盒)·촉화(燭火, 촛불)를 영좌 앞에 놓음.

대축(大祝), 궤(匱)를 열어 우주를 받들어 영좌에 모시고 백저건(白紵巾)으로 덮음.

[왕후와 함께 모시면 궁위령(宮闈令)이 왕후 신주(神主)를 영좌에 모시고 백저건으로 덮음.]

전하, 상장을 짚고 나타나 위에서 꿇어앉아 곡을 함.

손을 씻고 동쪽 계단을 올라 존소(尊所)를 향해 서서 울창주(鬱鬯酒)를 뜨는 것을 봄.

영좌 앞에 나아가 꿇어앉아 세 번 향을 피움.

술잔을 들어 관지(灌地)하고 폐백을 올림.

위로 돌아왔다가 다시 동쪽 계단을 올라 영좌 앞에서 초헌례(初獻禮)를 거행함.

대축, 영좌 오른편으로 가서 축문(祝文)을 읽음.

전하, 위로 돌아옴.

아헌례(亞獻禮), 종헌례(終獻禮)를 거행함.

대축, 고명 사본(寫本)을 받들고 태우는 곳으로 가서 태움.

---

94 『國朝五禮儀』 권8, 凶禮, 「焚黃儀」.

전하, 꿇어앉아 슬픔이 극진한 곡을 하고 일어나 사배를 함.

　재전(齋殿)으로 돌아옴.

대축, 우주를 궤에 넣음.

　축문과 폐백을 구덩이에 묻고, 고명은 상자에 넣어 보관함.

　이를 보면 국왕은 선왕의 우주를 영좌에 모시고 제사를 올렸다. 분황 행
사의 핵심은 국왕이 첫째 술잔을 올린 다음 대축이 영좌의 오른편에서 축문
을 읽고, 헌관(獻官)이 셋째 술잔을 올린 다음 대축이 고명을 기록한 황지를
불태우는 절차였다.

　(6) 조선 국왕이 중국 황제의 제문(祭文)을 받는 의례

　국왕이 황제의 사물과 시호를 받은 다음에는 황제의 제문을 받는 의례가
진행되었다. 제문을 받는 의례는 시호를 받는 의례를 거행한 다음에 길일을
택해 거행되었다. 제문을 받는 의례는 다음과 같다.[95]

　1일 전

전설사, 혼전 대문 밖의 동쪽에 장전을 남향으로 설치함.

　사신 막차를 장전의 남쪽에 동쪽 가까이 서쪽을 향해 설치함.

액정서, 사자위를 영좌 동쪽에 서쪽을 향해 설치함.

　전하 입위를 영좌 서쪽에 조금 남쪽으로 동쪽을 향해 설치함.

　전하 입위를 또 서쪽 계단 아래에 북쪽을 향해 설치함.

95　『國朝五禮儀』 권8, 凶禮, 「賜祭儀[賜諡後 擇吉行]」.

당일

문무백관·분사, 태평관에 나아감.

사자, 제문을 용정에 놓음.

문무백관, 조복을 입고 말을 앞에서 인도함.

　　(혼전 문밖에서 최복으로 갈아입고 들어감.)

황의장 – 고악 – 제문용정(祭文龍亭) – 뇌찬채여(牢饌彩輿) – 사자의 순서로
　　이동함.

혼전 문밖에서 용정을 장전에 안치함.

뇌찬채여는 혼전으로 들어감[뇌찬을 멘 사람은 백의 현관(玄冠)을 갖춤].

사자, 막차에 들어감.

전하, 익선관·백포·오서대·백피화를 입고 혼전에 나아감.

　　(졸곡 전이면 최복을 입음.)

종친·문무백관, 백의·오사모·흑각대를 입고 혼전에 나아감.

전하 이하, 재전에 들어가 최복으로 갈아입음.

전하, 최복을 입고 나와 상장을 짚고 동쪽 계단의 동남쪽에 서쪽을 향하여 섬.

　　꿇어앉아 고개를 숙이고 엎드려 곡을 함(절할 때 내시가 상장을 받음).

　　곡을 그치고 일어나 사배를 함.

　　재전에 들어감.

전사관·전사, 제문안을 영좌 왼쪽에 남쪽을 향해 설치함.[96]

　　향로·향합·촉화를 영좌 앞에 놓음.

　　뇌찬(牢饌)을 진설함.

96　조선후기에는 祭文案과 幣物案을 靈座의 동쪽에 서쪽을 향해 설치하는 것으로 바뀌었다(『通文館志』
　　권4, 事大下, 「弔祭儀 祭幣附」).

전하, 들어가 서쪽 자리에 나아감.

대축, 궤를 열어 우주를 받들어 영좌에 모시고 백저포(白紵巾)로 덮음.

전하, 곡을 하고 상장을 놓고 질을 벗음.

　중문을 나오면 곡을 그침.

　대문 밖의 서쪽에 동쪽을 향해 서서 사자 맞이함.

사자, 막차에서 나와 서쪽을 향해 섬.

전하, 서문을 먼저 들어가 서쪽 계단 아래 자리로 감.

용정이 정문으로 들어가고 사자가 따라 들어감.

전하, 용정이 지나갈 때 몸을 구부렸다가 북쪽을 향해 섬.

사자, 제문을 받들어 제문안에 놓아두고 위로 감.

전하, 배위로 가서 사배를 함.

전하, 서쪽 계단을 올라가 동쪽을 향하여 서는 위로 나아감.

사자, 향안 앞에 가서 북쪽을 향해 서서 세 번 향을 올리고 서서 제주(祭酒)함.

　(계속 세 잔을 올림, 향을 피우고 잔을 올리는 것은 집사자가 함.)

제문을 읽는 관리, 서쪽을 향해 서서 읽음.

　제문을 태우는 곳으로 가서 태움.

　[탁자를 노대(露臺) 남쪽에 서쪽 가까이에 설치하고, 탁자에 동로(銅爐)를 놓음.][97]

사자, 동문으로 나옴.

전하, 서문으로 나와 대문 밖에서 배송함.

　질을 띠고 상장을 짚고 곡을 하면서 들어감.

　중문에 이르러 곡을 그침.

　배위로 돌아와 사배를 올림.

　재전으로 돌아감.

97　조선후기에는 執事가 祭文과 幣物을 가지고 露臺의 서쪽에 있는 燎所로 가서 불태웠다(『通文館志』 권 4, 事大下, 「弔祭儀 祭幣附」).

이를 보면 황제의 제문을 받는 의례는 고명을 받는 의례와 비슷하였다. 황제는 제문과 함께 뇌찬을 내렸고, 사신이 이를 가지고 와서 선왕의 영좌 옆에 올려놓고 제사를 지냈다. 제사를 지낼 때 사신은 세 번 향을 올리고 석 잔의 술을 올렸지만, 이는 집사자가 대신하고 사신은 서서 북쪽에 있는 영 좌를 바라보기만 하였다. 황제가 내린 제문은 사신이 초헌례를 거행할 때 읽혀졌고, 제문을 읽은 관리는 영대의 남쪽에 놓인 동로로 가서 제문을 불 태웠다. 제사가 진행되는 동안 사신은 바닥에 엎드리거나 절을 하는 절차가 전혀 없었다. 사신은 황제를 대신하여 지내는 제사였기 때문이다. 사신의 제 사가 진행되는 동안 국왕은 서쪽 계단 위에 서서 참관을 하였고, 사신을 배 웅하고 돌아온 후 사배를 올리는 것으로 의례는 끝이 났다.

지금까지 『국조오례의』에 수록된 의주(儀註)를 중심으로 조선 국왕이 황 제가 내린 부물과 시호, 제문을 받는 의례를 살펴보았다. 여기서 유의할 점 은 혼전의 중앙에 선왕의 영좌가 놓인 상태에서 황제가 내린 고명이나 제문 이 어디에 놓이는가 하는 것이다. 국왕이 고명을 받을 때 고명안은 영좌의 앞(남쪽)에 놓였고,[98] 제문을 받을 때 제문안은 영좌의 왼쪽에 놓였다. 통상 적으로 조선 국왕이 황제의 외교문서를 받으면 건물의 중앙에 황제를 상징 하는 궐정을 두었다. 그런데 혼전에서는 그 자리에 영좌가 놓인 것이 문제 였다.

1609년(광해군 1) 4월에 신종(神宗) 황제가 선조에게 '소경(昭敬)'이란 시호 를 내릴 때 이 부분이 논란거리가 되었다. 명의 사신이 파견되자 문례관(問禮 官) 이성(李惺)이 용천(龍泉)까지 마중을 나가 의례 절차를 논의하였다. 이때 이성은 의주와 『대명집례(大明集禮)』를 가지고 있었다. 『대명집례』는 당시 명

---

98 『國朝五禮儀』에서 행사 하루 전에 掖庭署에서 誥命案을 설치한 장소는 靈座의 동북쪽이었다(『國朝五 禮儀』 권8, 凶禮, 「賜諡儀」. "掖庭署, 設誥命案於靈座之東北南向.").

과 조선이 공동으로 참고하던 전례서(典禮書)였으므로 양국 사이에 논란이 있으면 확인하기 위해서였다.

다음은 명 사신과 이성의 대화이다.[99]

천사(天使): '정중앙에서 남쪽을 향한다[正中南向]'는 조항은 끝내 온당하지 못하다. 『대명집례』의 글을 보아도 이것으로는 이해하기 어렵다. 『대명집례』에서 '어좌를 상가(喪家) 정청(正廳)의 중앙에서 남쪽을 향해 설치한다'고 하였는데, 너희 나라는 어째서 영좌를 혼전의 중앙에 설치하는가?

이성(李惺): 혼전은 별전(別殿)이지 정전(正殿)이 아닙니다. 다만 제사를 거행하려 설치하였기 때문에 영좌를 그 중앙에 설치한 것이고 사제(賜祭)할 때에도 (영좌를) 이동하는 일은 없습니다. 『대명집례』에서 '승여(乘輿)로 친제(親祭)하고 사자를 보내 전을 드릴 때 모두 전에 나아가 예를 거행한다'는 것이 이것입니다. 정전에서는 본래 어좌가 중앙에 위치하여 남쪽을 향하므로 『대명집례』에서 말한 것과 같습니다.

천사: 지금 『대명집례』의 문장을 보면 어좌와 영좌가 함께 같은 청(廳)의 중앙에 있는데, 너희들이 다르다고 하는 것은 어째서인가? 천자(天子)가 정중앙에서 남쪽을 향하는 것은 그렇지 않은 곳이 없는 법이니 혼전이라고 어찌 다르겠는가?

이성: [사자를 보내 왕공(王公)과 대신에게 전을 드리는 의주를 가지고 묻기를] 이 의주를 보면 친제와 사제 때 모두 영전(靈前)에 나가 예를 거행하니, 영좌가 남쪽을 향하는 것은 의심이 없습니다.

천사: 이것은 진설할 때 전후좌우(前後左右)의 방위를 열거한 것에 불과하다. 어찌 이것으로 선뜻 중앙에 위치하여 남쪽을 향한다고 말할 수 있겠는

---

99 『光海君日記』 권15, 光海君 1년 4월 癸酉(22일).

제2장 조선과 중국의 외교의례

가? 어좌가 중앙에 위치함은 실로 자명하다. 또 지금의 의주는 제문을 어느 곳에 두는 것으로 되어 있는가?

이성: (의주를 가리키며) 영좌의 우측에 둡니다. 『대명집례』에서 축문을 읽는 자리를 영좌의 우측에 설치한다고 되어 있으니 제문은 오른쪽에 두는 것이 온당합니다.

천사: 『대명집례』에 기재된 것은 독축자(讀祝者)의 위치를 가리킨 것이지 제문이 원래 우측에 있음을 말하는 것이 아니다. 제문은 중앙의 좌차에 두었다가 독축자가 축문을 읽는 시기에 영전의 우측에서 읽는다. 내가 여러 곳에 사신을 갔을 때 목격한 적이 많다. 또 내가 떠나올 때 임인년(1602, 선조 35)에 유구국(琉球國)에 사신으로 갔던 급사 행인(給事行人)에게 물으니, 유구국에서는 사제 때에 용정을 중앙에 두었다고 한다. 유구는 해외의 나라인데도 이 예를 아는데, 귀국은 중화(中華)와 일체인 나라인데 영좌를 중앙에 두고 제문을 우측에 두려 하는가. 군신의 예가 어찌 이와 같은가?

이성: 제문을 중앙에 둔다는 것에 대해서는 이미 하명(下命)을 들었지만, 2백 년 동안 지켜 온 옛 규례를 하루아침에 고쳐야 하니 어찌해야 적절할지 모르겠습니다. 하나하나 써서 보여 주기를 바랍니다.

천사: 써서 보일 필요가 없다. 지금은 제문을 혼전의 중앙에 봉안하여 남쪽을 향하게 하고, 영좌를 1보쯤 약간 물리고 동으로 당기어 남쪽을 향하게 하면 된다. 내가 유제(諭祭)를 거행한 후 즉시 영좌를 제자리로 옮겨 중앙에 앉히고 남쪽을 향하게 하면, 내가 즉시 옷을 바꿔 입고 사제(私祭)를 거행할 것이다. 만약 이 예가 미진하다면 전례관(典禮官)이 벽제(碧蹄)로 와서 나를 만나 강정(講定)해야 할 것이다.

이성: 제가 마땅히 이 사실을 국왕에게 아뢰고 의주를 가지고 다시 오겠습니다.

위의 대화를 보면, 명 사신은 황제의 제문으로 제사지낼 때 중앙에 황제의 어좌가 있어야 하는데 선왕의 영좌가 놓였다는 것이다. 여기서 황제의 어좌는 궐정을 가리키는 것으로 보인다. 명 사신은 『대명집례』의 기록과 함께 유구국의 사례까지 거론해 가며 어좌가 중앙에 놓여야 함을 고집하였다. 그러나 사신의 실제 의중은 황제의 제문이 건물의 중앙에 놓여야 한다는 주장이었다. 대화의 끝부분에서 사신은 황제의 제문으로 제사할 때 선왕의 영좌를 조금 동쪽으로 물리고 중앙에 제문을 놓고 제사를 지내자는 중재안을 제시하기도 하였다.

조선 정부에서는 명 사신의 이러한 요구를 수용하였다. 4월 23일에 예조에서는 사신의 중재안을 수용해도 무방하다는 의견을 제시하였고, 광해군은 이를 윤허하였다.[100]

예조가 아뢰기를, "문례관의 서계(書啓)를 보니 제문을 혼전의 중앙에 봉안하여 남쪽을 향하게 하고, 영좌를 조금 동쪽 가까이로 물려 남쪽을 향하게 하는 것을 말한 것에 불과합니다. 제문과 영좌를 모두 남향으로 하는 것은 우리나라가 마련한 의식과 같으며, 다만 영좌를 동쪽 가까이로 조금 물리는 것이 조금 다를 뿐입니다. 이는 『대명회전(大明會典)』에서 '신주를 옆으로 옮긴다'는 것입니다. 이 한 가지 조항은 천사의 말을 따라 고쳐서 마련함이 불가하지 않을 것 같기에 표지를 붙여 아룁니다. 승문원에서 빨리 다시 고쳐 쓰게 함이 마땅하겠습니다."

실제로 선조(宣祖)에게 소경(昭敬)이란 시호를 내리는 의례는 4월 28일 인정전(仁政殿)에서 거행되었다. 다음은 그날의 의례를 간략히 정리한 것이다.[101]

---

100 『光海君日記』 권15, 光海君 1년 4월 甲戌(23일).
101 『光海君日記』 권15, 光海君 1년 4월 己卯(28일).

국왕, 시호를 맞이하기 위해 인정전 앞의 서쪽 계단에 있는 막차에 나아가
　　머묾.
　　막차에서 나와 곡례(哭禮)를 거행하고 인정문 앞 홍문 앞에 나가 맞이함.
　　서쪽 협문으로 들어가 서쪽 계단 아래 위에 서서 천사를 맞이함.
천사, 용정을 모시고 정문으로 들어와 시함(諡函)을 영좌 앞에 둠.
　　영좌의 동쪽에 서서 서쪽을 향함.
국왕, 서쪽 계단 및 배위에 서서 북쪽을 향해 사배함.
　　전상(殿上)에 올라 영좌 앞에 꿇어앉음.
천사, "황제의 명이 있다."
국왕, 부복함.
천사, 시함을 열고 사시(賜諡)를 받들어 왕에게 줌.
국왕, 그것을 받아 우승지 유공량(柳公亮)에게 줌.
유공량, 그것을 영좌 앞 탁자 위에 올려놓음.
천사, 위로 물러섬.
국왕, 머리를 조아리고 나와 서쪽 계단 아래의 배위에 섬.
천사, 인정전의 동쪽 협문으로 나감.
국왕, 사신을 전송하여 홍문 밖에 갔다가 보경당(寶慶堂)으로 돌아감.

　　이를 보면 황제가 내린 시호는 결국 영좌 앞에 있는 탁자 위에 놓였다. 앞
서 명 사신이 제시하였듯이 영좌를 조금 동쪽으로 옮기고 황제의 문서를
중앙에 두는 방식을 채택하지 않은 셈이다. 국왕의 혼전에서 황제의 문서
를 받으면 건물 중앙에는 황제의 상징물인 궐정이 아니라 선왕의 영좌가
놓였다.
　　이상에서 보듯 조선 국왕이 사망하면 중국 황제는 시호를 정하여 하사하
였다. 조선 국왕이 받은 시호는 태조는 강헌(康獻), 정종은 공정(恭靖), 태종은

공정(恭定), 세종은 장헌(莊憲), 문종은 공순(恭順), 단종은 공의(恭懿), 세조는 혜장(惠莊), 덕종은 회간(懷簡), 예종은 양도(襄悼), 성종은 강정(康靖), 중종은 공희(恭僖), 인종은 영정(榮靖), 명종은 공헌(恭憲), 선조는 소경(昭敬), 원종은 공량(恭良)이었다. 명 황제에게 받은 시호는 종묘(宗廟)에 모신 국왕의 신주에서 '유명증시(有明贈諡)' 다음에 반드시 기록하였다. 조선의 국왕들은 청 황제로부터도 시호를 받았지만, 종묘의 신주에서는 이를 기록하지 않았다.[102] 청의 정통성을 인정하지 않았기 때문이다.

(7) 중국 황제가 조선 국왕을 책봉하는 의례

중국 황제가 사망한 조선 국왕에게 사물과 시호, 제문을 내리는 의례가 거행된 이후에는 새 국왕을 책봉하는 의례가 진행되었다. 조선후기에는 국왕을 먼저 책봉한 다음 혼전으로 가서 시호와 제문을 내리는 경우도 있었다.[103]

국왕을 책봉하는 의례는 다음과 같다.[104]

전하, 익선관·무양흑단령(無揚黑團領)·청정(靑鞓)·소옥대(素玉帶)를 갖추고
　　사신을 맞이함.
문무백관, 흉배(胸背)·품대(品帶)를 갖춤.
전하, 칙서와 고명을 받은 후 백포로 바꾸어 입음.
전하, 사자와 다례를 거행함.

중국 사신이 국왕을 책봉하는 의례를 거행한 이후에는 왕비와 왕세자를

102 이현진,「대한제국의 선포와 종묘 제도의 변화 ― 七廟의 구성과 황제 추존, 신주 改題를 중심으로」,
　　『韓國思想史學』40, 2012, 508~509면.
103 『通文館志』권4, 事大下,「冊封儀 禮物附」. "冊封·弔祭幷行, 則冊封在先, 弔祭在後."
104 『通文館志』권4, 事大下,「冊封儀 禮物附」.

제2장 조선과 중국의 외교의례

책봉하는 의례가 이어졌다. 왕비[內殿]를 책봉할 때에는 국왕이 고명을 받아 내시에게 전해 주면, 내시는 이를 상궁(尚宮)에게 전달하여 내전(內殿)에서 책봉식을 거행하였다. 왕비는 사배례를 거행한 다음 꿇어앉은 상황에서 황제의 고명을 받았다. 왕세자를 책봉하는 경우에는 국왕이 책봉된 장소에서 사신이 고명을 왕세자에게 직접 전달하였다.

그러면 조선 국왕이 황제의 책봉을 받는 구체적 사례를 살펴보자.[105] 영조는 1724년 8월 30일에 창덕궁 인정전에서 즉위식을 거행하였다. 선왕인 경종이 사망한 지 6일째 되는 날이었다. 이보다 하루 앞서 청 황제에게 경종의 죽음을 알리고 시호를 요청하는 고부청시사(告訃請諡使)를 파견하자는 논의가 나왔다. 즉위식을 거행한 다음날 영조는 종친인 밀창군(密昌君, 李樴)을 정사, 이진유(李眞儒)를 부사, 김상규(金尚奎)를 서장관으로 임명하였다. 밀창군을 정사로 임명한 데에는 문제가 있었다. 외교 관례에 의하면 고부사는 선왕의 시호와 새 국왕의 사위(嗣位)를 함께 요청하므로 대신이나 종신 가운데 정1품 관리를 파견해야 했다. 그런데 당시 유일한 정승이던 이광좌가 국장을 총괄하는 총호사(摠護使)를 겸하여 외국으로 파견할 수가 없었다. 영조는 밀창군의 품계를 정1품 흥록대부(興錄大夫)로 올리는 것으로 이 문제를 해결하였다. 교리 오수원(吳遂元)은 등극을 요청하는 사신은 대신을 보내야 한다면서 정사를 교체하자고 요청하였지만 영조는 이를 수용하지 않았다.

청에 경종의 죽음을 알리고 영조의 승습을 요청하는 주청사(奏請使)는 10월 6일에 한양을 출발하였다.[106] 이들은 11월에 북경에 도착하였고, 12월 16일 청 황제로부터 영조의 국왕 책봉을 허락받았다. 이듬해 2월에 복귀한 주청사는 청에서 이번 일을 처리할 때 중간에서 잘 주선해 준 사람은 예부를 관장하는 사융다과(使隆科多)와 내무부(內務府)를 관장하는 김상명(金常明)

---

105 김문식, 「英祖의 國王冊封에 나타나는 韓中 관계」, 『韓國實學硏究』 23, 2012, 171~176면.
106 『英祖實錄』 卷1, 英祖 즉위년 10월 丙子(6일).

이었다고 소개하였다.[107] 새 국왕의 책봉을 허락받을 때에도 일정한 외교적 교섭이 있었음을 보여주는 대목이다.

1725년 3월 17일, 영조를 국왕으로 책봉할 칙사가 한양에 도착하였다. 칙사가 이동하는 동안 국왕이 청 황제의 안부를 묻는 시기와 의례의 절차를 기록한 의주를 놓고 양국 간에 이견(異見)이 있었다. 황제의 안부를 묻는 시기에 대해, 조선 측은 국왕이 사신의 숙소로 가서 칙사를 접견할 때 묻는 것으로 제안하였고, 청 사신은 국왕을 책봉한 직후에 묻는 것이 타당하다고 주장하였다. 국왕이 청 황제의 안부를 물을 때 길복을 입어야 하는데, 책봉할 때 국왕이 길복 차림이었기 때문이다. 또한 조선 측은 영칙(迎勅), 조시(弔諡), 책봉(冊封), 사물에 관한 의주를 하나로 작성해 보였지만, 사신은 길례(吉禮)와 흉례(凶禮)를 구분하여 책봉과 사물에 대한 의주는 별도로 작성하는 것이 좋겠다고 하였다. 조선 정부는 청 사신의 제안을 수용하였다.[108]

3월 17일, 한양에 도착한 칙사는 바로 인정전으로 가서 영조를 국왕으로 책봉하는 고명을 전달하였다. 이후 영조는 칙사와 함께 편전으로 가서 황제의 안부를 물었다.

(8) 조선 국왕이 중국 황제의 부음(訃音)을 알리는 칙서(勅書)를 받는 의례

중국 황제가 사망하였다는 소식을 들으면 조선 국왕은 상복(喪服)을 입고 거상(居喪)을 하였다. 중국 황제와 조선 국왕은 군신 관계에 있었으므로 황제의 죽음에 신하로서 애도하는 예를 갖춘 것이다. 이에 관한 의례를 간략

---

107 『英祖實錄』卷3, 英祖 1년 2월 丙子(8일);『承政院日記』英祖 원년 2월 8일. 先來譯官 崔致謙과 軍官 李世佖·崔泰齊는 이보다 앞서 1월 10일에 도착하였다(『承政院日記』英祖 원년 1월 10일).

108 『備邊司謄錄』英祖 1년 3월 16일. "副勅, 到高陽站, 言于譯官曰, '問禮官齎來儀注中, 宣勅後, 國王, 有皇帝問候之擧, 而今番汝輩, 以接見時, 皇帝問候停當, 何其斑駁也. 宣勅後問候, 似合於禮, 更爲停當爲可'云. 故譯官以此罔夜馳遣矣, 槪聞曲折, 則皇帝問候, 必吉服爲之云, 宣勅時, 自上進御吉服, 仍爲問候事涉順便. 自前國恤時, 則以此作爲儀注, 問禮官齎去者, 此也. … 関曰, '迎勅·弔諡·冊封·賜物等禮, 同作一儀注矣. 勅使以爲, 吉凶不可相雜, 冊封·賜物等禮, 別作一儀注爲可云. 此亦依其言別作儀注, 繕寫啓下以送何如?'"

히 정리하면 다음과 같다.[109]

　황제의 부음을 알리는 칙서가 도착하면
　전하, 익선관·백포·오서대를 갖추고 교외(郊外)에서 칙서를 맞이함.
　문무백관, 오사모·백단령(白團領)·오각대(烏角帶)를 입음.
　도성 백성과 길가의 인민, 상복을 벗을 때까지 백의를 착용함.
　전하, 인정전(仁政殿)에 이르러 사배를 거행하고 향을 세 번 올리고 거애(擧
　　哀)함.
　　곡(哭)하기를 마치고 사배함.

　제4일, 성복
　전하, 최복을 입고 사배함.
　문무백관 4품 이상, 최복을 입음.
　문무백관 5품 이하, 백단령·오사모·오각대를 입음.
　전하, 향을 올리고 거애한 다음 곡하고 사배함.

　제7일, 상복을 벗음.
　전하, 사배하고 향을 올리고 거임(擧臨)한 다음에 곡하고 사배함.
　　상복을 벗음.
　　[상복은 후원(後苑)에 매장함.]
　　[상복을 벗은 뒤 사신을 접견하면 무양흑단령을 입고 흉배(胸背)를 없앰.]
　　(중국 사신이 상복을 벗기 전에 돌아가면 상복 차림으로 그들을 전송함.)

---

109 『通文館志』 권4, 事大下, 「傳訃儀 禮物附」.

이상은 국왕이 황제의 부음을 알리는 칙서를 받은 이후 7일간 거애하는 의례를 말한다. 만약 황후의 부음이 전해졌다면 국왕은 백포와 오서대 대신에 참포(黲袍)와 오서대를 갖추고 칙사를 맞았고, 칙서를 받은 이후에 성복하는 절차는 생략되었다. 국왕이 황후의 죽음에 대처하는 의례는 황제 때보다 훨씬 간략하였다.

3) 중국 사신을 접대하는 의례

(1) 압록강에서 칙서(勅書)를 맞이하는 의례

중국에서 사신이 파견되면 조선 정부는 이들을 맞이하는 빈사(儐使)를 파견하였다.[110] 빈사의 명칭은 중국 사신의 위상에 따라 달라졌다. 중국 사신의 지위가 정경(正卿)이면 빈사의 이름을 원접사(遠接使)라 하였고, 사신의 지위가 차관(差官)이면 접반사(接伴使)라 하였다. 중국 사신이 돌아갈 때에는 원접사의 이름이 반송사(伴送使)로 바뀌었다. 원접사와 함께 문례관(問禮官)도 임명하였다. 이들은 문반의 당하관 관리로 중국 사신을 미리 만나 한양에서 거행할 의례의 절차를 의논하는 임무를 맡았다.

사역원(司譯院)에서는 차비관(差備官)을 임명하였다. 중국에서 파견된 상사와 부사의 차비관에는 각각 당상관 2원과 당하관 2원이 임명되었고, 대통관 2원의 차비관에는 당하관이 1원씩 임명되었다. 이에 비해 원접사의 차비관에는 당하관 1원이 임명되었고, 원접사가 희망하면 당상관을 차비관으로 임명할 수 있었다.

중국의 사신이 파견되면 원접사와 평안감사는 의주의 의순관(義順館)에서 사신을 맞았다. 처음에는 평안감사가 안주(安州)까지 나가서 사신을 맞았지

---

110 『通文館志』 권4, 事大下, 「儐使差遣」.

그림 10 의순관영조도(義順館迎詔圖), 1572년(선조 5), 서울대학교 규장각한국학연구원 소장

만, 1675년(숙종 1)부터 의주로 바뀌었다. 또한 조선 정부에서는 사신이 통과하는 의주, 정주(定州), 안주, 평양, 황주(黃州), 개성 등 6곳에 영위사(迎慰使)를 파견하여 사신을 맞았다.

원접사가 압록강에서 칙서를 가진 사신을 맞이하는 의례는 다음과 같다.[111]

당일

강변(江邊)에 결채를 함.

황장막(黃帳幕)·황의장(黃儀仗)·용정(龍亭)·향정(香亭)을 설치함.

칙서가 도착하면

원접사 이하, 중국 사신을 맞이하고 국궁(鞠躬)함.

111 『通文館志』 권4, 事大下, 「鴨綠江迎勅 見官禮附」.

사신, 칙서를 받들어 용정 위에 올려놓음.

원접사 이하 - 황의장(黃儀仗, 중국의 旗傘牌杖) - 고악 - 향정 - 용정(龍亭, 칙

서) - 사신 교자(轎子)의 순으로 이동함.

사신, 남문을 통과하고 중문 밖에서 교자에서 내림.

칙서를 받들어 궐패(闕牌) 앞 탁자 위에 놓고 동벽 아래에 섬.

동반·서반, 사배를 함[동반은 경관(京官)과 감사(監司), 서반은 각 고을 수령].

세 번 향을 올리고 사배를 한 후 밖으로 나감.

대통관, 칙서를 받들어 궐패실(闕牌室)에 넣고 걸어 잠금.

정사, 동헐청(東歇廳)에 가서 차를 마심.

부사, 서헐청(西歇廳)에 가서 차를 마심.

원접사 이하, 차비관(差備官)을 통해 현관례(見官禮) 거행하기를 요청함.

사신, 공복을 갖춰 입고 자리에 나옴.

[사신의 교의(交椅)를 대청(大廳)의 북벽(北壁)에 설치함, 서쪽이 상위.]

차비관, 서쪽 기둥을 거쳐 사신 앞으로 가서 재배하고 읍을 함.

수당상관(首堂上官), "원접사가 알현합니다."

원접사, 명첩(名帖)을 잡고 가운데에 들어섬.

차비관, 명첩을 사신에게 바침.

원접사, 재배하고 읍을 함.

사신, 답례하여 읍을 함.

차비관, "영위사가 알현합니다."

영위사, 명첩을 잡고 가운데에 들어섬.

차비관, 명첩을 사신에게 바침.

영위사, 재배하고 읍을 함.

사신, 답례하여 읍을 함.

영위사, 어첩(御帖)을 받들어 바침.

　　[부고(訃告)를 전하는 칙서이면 어첩에 홍첨(紅籤) 대신에 청첨(靑籤)을 붙임.]

차비관 2인(당상관), 어첩을 받들어 사신에게 바침.

사신, 일어나 서서 두 손으로 받음.

영위사, 차비관을 통해 "국왕이 문후(問候)합니다."

사신, 읍을 하고 사례(謝禮)함.

영위사, 읍을 하고 국궁하고 나감.

차비관, "관찰사가 알현합니다."

관찰사, 명첩을 바치고 예를 행함.

차비관, "문례관(問禮官)이 알현합니다."

문례관, 명첩과 의주를 바치고 예를 행함.

차비관, "참관(站官) 수령(守令)이 알현합니다."

참관 수령, 명첩을 바치고 예를 행함.

(수령이 2품 이상이면 사신은 서서 답례하여 읍을 하고, 3품 이하면 앉아서 손을 들어 보임.)

　이를 보면 조선의 관리들은 칙서를 맞이하는 의례를 거행한 다음 두 사신을 만나는 현관례(見官禮)를 거행하였다. 조선 관리들이 향을 피우고 사배를 하는 것은 칙서를 대상으로 한 것이며, 사신에게는 재배를 하였다. 황제의 칙서는 궐패 앞의 탁자에 놓인 상태에서 조선 관리들을 만났고, 의례가 끝나면 중국의 대통관은 칙서를 궐패실에 넣고 문을 걸어 잠갔다.

　사신과 조선 관리들이 만나는 현관례는 두 사신이 북벽에 놓인 의자에 앉은 상태에서 진행되었다. 조선의 관리들은 원접사, 영위사, 관찰사, 참관(站官), 수령의 순으로 각자의 명첩을 드린 후 재배를 하고 읍을 하였다. 사신은 이에 대한 답례로 읍을 하였다. 특히 영위사는 자신을 소개한 후 국왕의 어첩을 전달하였으며, 사신은 어첩을 받을 때 자리에서 일어나 두 손으로 받았다. 조선의 관리들은 사신에게 재배를 하였지만 사신의 답례는 읍만 하였지 절을 하는 경우는 없었다. 또한 사신은 수령이 2품 이상의 고관이면 자리에서 일어나 읍을 하였지만, 3품 이하의 관리이면 자리에 앉아서 손만 들어 답례하였다. 이를 보면 사신과 조선의 관리 사이에는 상하 관계가 있었다.

사신과 조선 관리가 만날 때 현관례를 생략하는 경우도 있었다. 이럴 경우 원접사 이하의 관리들은 사신에게 명첩을 보이고 영위사가 어첩을 전달하는 것으로 의례가 끝났다. 압록강에서 칙서를 맞이하고 현관례를 거행한 이후에는 정주, 안주, 평양, 황주, 개성, 홍제원(弘濟院)에서 같은 의례를 거행하였다. 사신 일행이 홍제원에 이르면 수상(首相)과 도승지(都承旨)가 현지에 나가 맞이하였다.

(2) 의주에서의 연향(宴享) 의례

칙서를 가진 사신이 의주에 도착하면 성대한 연향이 거행되었다. 연향 의례의 절차는 다소 복잡하므로 상세하게 정리하면 다음과 같다.[112]

대청(大廳)에 사신의 좌석(붉은 의자)을 북벽에 설치함.

원접사·영위사의 좌석(검은 의자)을 서벽에 설치함.

원접사·영위사, 중대청(中大廳)에 나가 차비관을 통해 영위연(迎慰宴)을 거행하기를 요청함.

현관례(見官禮)를 거행함.

두 사신, 공복을 갖추고 나와 좌석에 앉음.

---

112 『通文館志』 권4, 事大下, 「龍灣宴享」.

차비관, 서쪽 기둥을 경유해 들어가 먼저 단배례(單拜禮)를 거행함.

두 사신의 곁에 나누어 섬.

원접사, 서쪽 기둥을 경유해 두 사신 앞에 나가 각각 1읍을 하고 자기 자리로 가서 섬.

두 사신, 자리에서 일어나 답례로 읍을 함.

영위사, 원접사와 같은 예를 거행하고 조금 물러나 중앙에 섬.

차비관을 통해 두 사신에게 물선단자(物膳單子)를 올림.

사신·원접사·영위사, 자리에 올라가 앉음.

다례를 거행함.

집사(執事), 다정(茶亭)을 기둥 밖 남쪽 가까이에 북쪽을 향해 설치함.

집사, 다병(茶瓶)·다종(茶鍾)·과반(果盤)을 들고 자리에 앉은 네 사람[113] 옆에 섬.

사신·원접사·영위사, 자리에서 내려와 서서 다종을 잡고 자기 자리에 올라 차를 마심.

과반(果盤)에 있는 것을 젓가락을 들고 먹음.

(음악을 연주함.)

주구(酒具)를 주정(酒亭)에 설치함.

집사, 네 사람에게 휘건(揮巾)과 화반(花盤)을 바침.

찬안(饌案)을 마주 들고 기둥 밖에 섬.

영위사, 자리에서 내려와 서쪽 기둥을 나감.

사신·원접사, 자리에서 내려와 섬.

---

113 '네 사람'은 두 使臣과 遠接使, 迎慰使를 말한다.

영위사, 중앙을 거쳐 찬안(饌案)을 두 사신에게 드리는 것을 도와주고 읍을 함.

영위사, 자기 자리로 돌아감.

두 사신, 좌석에 앉음.

집사, 서벽에 앉은 사람에게 찬안을 바침.

영위사, 중앙을 거쳐 소선(小膳)을 사신에게 드리는 것을 도와주고 읍을 함.

집사, 미수(味數)를 자리에 앉은 사람에게 바침.

영위사, 젓가락을 들고 먹음.

두 사신, 젓가락을 들고 먹음.

(음악을 그침.)

영위배(迎慰盃)를 거행함.

집사, 다시 과반을 네 사람에게 바치고 시립(侍立)함.

영위사, 차비관을 통해 "사신을 영접하여 위로하는 술잔을 바치려 한다[行
　迎慰盃]"고 요청함.

　　준소(樽所)로 가서 술을 따른 후 정사 앞으로 가서 올림.

[음악을 연주하고 무동(舞童)이 춤을 춤.]

정사, 답읍(答揖)하고 술잔을 잡고 부사와 읍을 함.

부사, 답읍하고 원접사와 읍을 함.

원접사, 조금 앞으로 나가 답읍하고 돌아와 영위사와 읍을 함.

영위사, 답읍을 함.

정사가 술을 마시려 할 때

영위사, 나아가 정사의 잔대(盞臺)를 잡음.

정사, 술을 마시고 읍을 함.

영위사, 답읍을 하고 과반을 정사에게 드리는 것을 도와줌.

정사, 젓가락을 들고 먹은 다음 공수(拱手)함.

영위사, 역시 공수함.

연이어 이배(二盃)를 드림.

정사, 참수관(參隨官, 通官)에게 술을 따라오게 한 후 읍을 하고 영위사에게 줌.

영위사, 답읍하고 술잔을 받은 다음 부사 앞으로 가서 읍을 함.

부사, 답읍하고 다시 원접사를 향해 읍을 함.

원접사, 답읍하고 다시 정사 앞으로 가서 읍을 함.

정사, 답읍하고 영위사의 잔대를 잡음.

영위사, 술을 마시고 읍을 함.

(음악을 그침.)

정사, 답읍하고 과반을 영위사에게 드리는 것을 도움.

영위사, 젓가락을 들고 먹음.

영위사, 준소(樽所)로 가서 술을 따른 후 부사 앞으로 가서 올림.

　　부사에게 술잔을 올리기를 위와 같이함.

　　두 사신 앞으로 가서 한번 읍을 하고 자리로 돌아감.

네 사람, 각자 좌석에 올라가 앉음.

집사, 미수를 자리에 앉은 사람에게 바침.

원접사, 자리에서 내려와 차비관을 통해 "술잔을 돌리려고 한다[行酒]"고
　　요청함.

　　준소로 가서 술을 따른 후 두 사신과 각 위에 있는 사람에게 두루 읍을 함.

(음악을 연주하고 무동이 춤을 춤.)

영위배 의례와 같이 하고 물러남.

집사, 술을 부어 원접사 앞에 드림.

원접사, 술잔을 잡고 영위사에게 줌.

영위사, 답읍하고 잔을 받음.

　두 사신 앞으로 가서 차례로 읍을 함.

　돌아와 원접사와 대읍(對揖)을 함.

　술을 마시려 할 때

원접사, 잔대를 잡음.

영위사, 술을 마시고 읍을 함.

원접사, 답읍하고 과반을 영위사에게 드리는 것을 도움.

영위사, 젓가락을 들고 먹은 다음 공수함.

원접사, 역시 공수함.

집사, 술을 따라 영위사 앞에 드림.

영위사, 원접사에게 술을 권하기를 위와 같이 함.

완배례(完盃禮)를 거행함.

원접사, 두 사신 앞에 나아가 1읍을 함.

　중앙에서 차비관을 통해 "완배례를 거행하려 한다"고 요청함.

위와 같은 의례를 하지만 읍을 하지는 않음.

네 사람, 각자의 좌석에 가서 앉음.

영위사, 대선(大膳) 올리는 것 돕기를 소선 올릴 때와 같이 함.

집사, 미수를 자리에 앉은 사람에게 바침.

영위사, 다시 "술잔을 돌리려고 한다"고 요청함.

주례(酒禮)가 끝남.

영위사, 다시 완배례를 요청하기를 원접사가 하였을 때처럼 함.

　　물러나 자리로 돌아감.

집사, 미수를 자리에 앉은 사람에게 바침.

원접사, 다시 "술잔을 돌리려고 한다"고 요청함.

다시 위와 같은 의례를 함.

원접사, 두 사신 앞으로 가서 각각 1읍을 하고 나옴.

영위사, 두 사신 앞으로 가서 각각 재배하고 1읍을 하고 나옴.

　이를 보면 의주에서의 연향은 중국의 두 사신(정사, 부사)과 조선의 원접사와 영접사가 만나 인사를 나누고, 함께 차를 마신 후 술잔을 권하는 방식으로 진행되었다. 연향의 구체적인 절차는 현관례, 다례, 주례의 순서로 진행되었으며, 주례는 영위배, 행주(行酒), 완배례, 행주로 구분되어 진행되었다.

　먼저 현관례는 원접사와 영위사가 차례로 두 사신을 만나는 절차였다. 이들은 서로 만날 때 읍을 하였고, 영위사는 사신에게 물선단자(物膳單子)를 올렸다. 이때 사신의 좌석은 북벽이고 원접사와 영접사의 좌석은 서벽이어서 상하의 차이가 있었다.

　다음으로 다례에서는 두 사신과 원접사, 영위사가 함께 자리에 앉아 차를 마셨다.

　다음으로 주례에서 영위배는 영위사가 두 사신에게 술잔을 올리는 절차였다. 영위사가 정사에게 연속으로 두 잔의 술을 주면 자리를 함께한 네 사람(정사, 부사, 원접사, 영위사)이 서로 돌아보며 읍을 하였다. 정사는 술을 마시고 난 후 답례로 영위사에게 술 한 잔을 주었다. 영위사는 다시 부사에게 연속으로 두 잔의 술을 주었고, 부사는 같은 방식으로 영위사에게 술을 주었다. 두 사신이 술을 마실 때는 영위사가 잔대를 잡았고, 영위사가 술을 마실 때는 두 사신이 잔대를 잡았다. 이어서 행주는 영위사 대신 원접사가 두 사신에게 술잔을 올리는 절차였다. 술잔을 올리는 방식은 영위배 때와 같았으며, 원접사는 두 사신에게 술을 권한 후 영위사에게 한 잔의 술을 주었다.

완배례는 다시 원접사가 두 사신에게 술잔을 올리는 절차였다. 영위배 때에는 네 사람에게 소선(小膳)이 제공되었지만 완배례 때에는 대선이 제공되었다. 이어서 행주는 다시 영위사가 두 사신에게 술잔을 올리는 절차였다.

이상에서 보듯 주례는 영위배, 행주, 완배례, 행주의 순으로 진행되었다. 그러나 영위사가 다시 완배례를 요청하면, 다음에는 원접사가 행주를 요청하였다. 주례를 한 번 더 거행한 셈이다.

중국 사신이 의주에서 한양에 이르는 동안 중국 사신을 위한 연향은 계속되었다. 의주 이후로 사신을 위한 연향이 있었던 곳은 현관례가 거행된 정주, 안주, 평양, 황주, 개성, 홍제원 등 6곳이었다.

(3) 중국 사신이 한양에 도착한 이후의 연향(宴享) 의례

중국 사신이 한양에 도착한 이후에는 총 7차례의 연향이 있었다. 한양에서 거행된 7차례의 연향을 정리하면 다음과 같다.[114]

① 하마연(下馬宴): 사신이 한양에 도착한 다음날의 연향

② 익일연(翌日宴): 하마연을 개최한 다음날의 연향

③ 인정전(仁政殿) 초청연: 익일연을 개최한 다음날의 연향. 사신이 초청에
　　응하지 않으면 국왕이 사신 숙소로 가서 개최함.

④ 회례연(會禮宴): 초청연 다음날의 연향

⑤ 별연(別宴): 회례연 다음날의 연향

---

114 『通文館志』 권4, 事大下, 「入京宴享儀」.

⑥ 상마연(上馬宴): 사신이 회정(回程)할 때가 되어 개최하는 연향. 재신(宰臣)이 대신 거행함.

⑦ 전연(餞宴): 사신이 회정하는 날의 연향. 교외(郊外)에서 개최하며 국왕이 참석함. 국왕의 몸이 불편하면 왕세자가 참석함.

사신을 접대하기 위해 설치된 영접도감(迎接都監)에서는 행사에 만전을 기하기 위해 사신이 도착하기 전에 서연청(西宴廳)에서 예행연습을 하였다. 또 사신이 한양에 머무는 동안 연향이 없는 날에는 별다담(別茶啖)을 제공하였고, 사신이 돌아갈 무렵에 빈 날이 있으면 별도의 음식을 제공하였다.

1537년(중종 32)에 조선을 방문한 명나라 사신 공용경(龔用卿)은 총 7차례의 연향에 참석하였다. 6번은 국왕이 주관한 연향이었고, 1번은 왕세자가 주관하였다. 다음의 〈표 6〉은 공용경 일행의 한양 일정과 연향을 정리한 것이다.[115]

표6 **공용경 일행의 한양 일정과 연향**

일	날짜	연회	연회 장소	참석자	비고
제1일	3.10	하마연	태평관	국왕, 배신(陪臣)	
제2일	3.11	익일연	태평관	국왕	토산 기증
제3일	3.12				성균관 알성(謁聖) 한강 유람
제4일	3.13	연회	태평관	왕세자	
제5일	3.14	근정전 초청연	경회루	국왕, 왕자	후원 산보
제6일	3.15	회례연	근정전	국왕	환다례(換茶禮) 후 연회
제7일	3.16	상마연	태평관	국왕, 의정, 판서, 승지	망원정 유람
제8일	3.17	전별연	모화관	국왕, 왕자, 의정, 배신	

115 김문식, 「明使 龔用卿이 경험한 外交儀禮」, 『朝鮮時代史學報』 73, 2015, 213~218면. 중국 사신이 한양의 成均館을 방문하여 謁聖禮를 거행하는 것은 명 대에만 있었다.

중국 사신을 위로하는 연향은 대부분 사신의 숙소에서 이뤄졌다. 연향의 규모는 주관하는 사람의 지위에 따라 차이가 있었다. 다음은 국왕이 주관하는 연향의 의례이다.[116]

분예빈시(分禮賓寺), 태평관 정청의 동벽에 사자의 좌석을 설치함.

　　[사자의 좌석은 검은 칠을 한 교의(交椅)]

액정서, 전하 어좌(御座, 붉을 칠을 한 교의)를 서벽에 설치함.

사옹원, 주정을 정청 안 남쪽 가까이 북쪽을 향해 설치함.

전하, 태평관에 이르러 편전으로 들어감.

시각이 되면

전하, 여를 타고 나와 중문에서 내림.

사자, 문을 나섬.

전하·사자, 읍양(揖讓)함.

사자, 오른쪽으로 문을 들어감.

전하, 왼쪽으로 문을 들어감.

　　정청에서 사자에게 읍을 함.

사자, 답읍을 하고 좌석에 앉음.

전하, 어좌에 앉음.

사옹원 제조, 한 사람은 다병, 한 사람은 다종반(茶鍾盤)을 들고 들어가 주
　　정의 동쪽에 섬.

사옹원 제거 2인, 과반을 들고 한 사람은 정사의 오른쪽 북쪽 가까이에서

---

116 『國朝五禮儀』 권5, 賓禮, 「宴朝廷使儀」.

남쪽을 향하고, 한 사람은 부사의 왼쪽 남쪽 가까이에서 북쪽을 향함.

사옹원 제조, 과반을 들고 전하의 오른쪽 남쪽 가까이에서 북쪽을 향함.

전하, 어좌에서 일어나 제조에게 다종을 받아 정사와 부사에게 차례로 줌.

정사, 좌석에서 일어나 다종을 받아 임시로 통사(通事)에게 줌.

부사, 좌석에서 일어나 다종을 받음.

정사, 제조에게 다종을 받아 전하에게 줌.

전하, 다종을 받음.

정사, 통사에게서 다종을 받음.

전하·사자, 좌석에 앉아 차를 마심.

제거, 사자의 다종을 받아 다반(茶盤)에 갖다 놓음.

제조, 전하의 다종을 받아 다반에 갖다 놓음.

제거·제조, 사자와 전하에게 과일을 올림.

전악, 가자(歌者) 금슬(琴瑟)을 거느리고 계단 아래에 들어와 섬.

(음악을 연주함.)

제조 4인, 계단 위로 나아가 주기(酒器)를 받아 소정(小亭)에 놓음.

가자, 계단 위로 올라와 섰다가 음악이 그치면 앉음.

제조·제거, 과반을 들고 사자와 전하 앞으로 감.

(음악을 연주함.)

전하, 제조에게 술잔을 받아 정사에게 제1잔을 줌.

정사, 답읍하고 술잔을 잡고 부사와 함께 읍을 함.

부사, 답읍하고 전하를 향해 읍을 함.

전하, 답읍하고 정사의 잔대를 잡음.

정사, 마시기를 마침.

제조, 무릎을 꿇고 빈 술잔을 받음.

정사, 전하에게 읍을 함.

전하, 답읍을 함.

제거, 과반을 정사에게 드림(사자가 마시기를 마칠 때마다 과일을 드림).

전하, 제조에게 술잔을 받아 정사에게 줌.

정사, 답읍하고 술잔을 들어 다시 전하에게 줌.

전하, 술잔을 잡고 부사와 함께 읍을 함.

부사, 답읍하고 정사와 함께 읍을 함.

정사, 답읍하고 전하의 잔대를 잡음.

전하, 마시기를 마침.

제조, 무릎을 꿇고 빈 술잔을 받음.

전하, 정사에게 읍을 함.

정사, 답읍을 함.

제조, 과반을 전하에게 드림(전하가 마시기를 마칠 때마다 과일을 드림).

전하, 제조에게 술잔을 받아 정사에게 줌.

정사, 답읍하고 술잔을 들어 마시기를 마침.

제조, 무릎을 꿇고 빈 술잔을 받음.

정사, 읍을 함.

전하, 답읍을 함.

전하, 제조에게 술잔을 들어 부사에게 줌.

위와 같은 의례를 거행함.

전하, 제조에게 술잔을 받아 정사에게 줌.

정사, 답읍하고 술잔을 받아 마시기를 마침.

제조, 무릎을 꿇고 빈 술잔을 받음.

정사, 읍을 함.

전하, 답읍을 함.

사자 · 전하, 좌석에 앉음.

(음악을 그침.)

제조 2인, 찬안(饌案)을 들고 나오려 하면

(음악을 연주함.)

전하, 정사 · 부사 앞에 나가 찬안을 드림.

제조, 무릎을 꿇고 전하를 도움.

정사 · 부사, 읍을 함.

전하, 답읍을 함.

전하, 좌석 앞에 가서 섬.

정사, 전하 앞에 가서 찬안을 드림(부사는 따라감).

제조, 무릎을 꿇고 정사를 도움.

전하, 읍을 함.

사자, 답읍을 하고 좌석으로 돌아감.

전하, 좌석으로 돌아감.

(음악을 그침.)

집사자 3인, 화반을 받들고 정청 앞으로 나아감.

사옹원 관리 2인, 화반을 받아서 사자 앞으로 나아감.

(음악을 연주함.)

통사, 사자에게 꽃을 올림.

근시, 화반을 받아서 전하 앞으로 나아감.

내시(內侍), 전하에게 꽃을 올림.

(통사와 내시는 동시에 꽃을 올림.)

(음악을 그침.)

이상은 국왕이 사신의 숙소를 방문하여 함께 다례를 하고 첫 번째 술잔을 교환하기까지의 의례이다. 이를 보면 국왕이 주관하는 연향에서도 중국 사신을 우대하였다. 중문에서 대청으로 이동할 때 사신은 문의 동쪽을 이용하였지만 국왕은 서쪽을 이용하였고, 대청에서 사신은 동벽에 앉고 국왕은 서벽에 앉았다. 읍례를 할 때에도 국왕이 먼저 읍을 하고 사신은 답례로 읍을 하였으며, 사신이 먼저 좌석에 앉고 국왕이 어좌에 앉았다.

다음에는 다례가 거행되었다. 국왕이 두 사신에게 먼저 다종을 올렸고, 정사가 국왕에게 다종을 올린 다음 함께 자리에 앉아 차를 마셨다.

다음으로 술잔을 올리는 주례는 한층 복잡하였다. 국왕은 정사에게 첫 번째 술잔을 올렸고, 정사는 부사와 함께 국왕에게 읍을 하고 술을 마셨다. 이때 정사의 잔대는 국왕이 들고 있었다. 다음으로 국왕이 정사에게 술잔을 올리자 정사는 이 술잔을 국왕에게 올렸고, 국왕은 정사와 함께 읍을 한 후이 술을 마셨다. 이때 국왕의 잔대는 정사가 들고 있었다. 다음으로 국왕이 정사에게 한 잔을 더 올렸고 정사는 이를 받아 마셨다. 국왕이 정사에게 첫 번째 술잔을 준 다음에는 부사에게 첫 번째 술잔을 주었다. 술잔을 올리는 방식은 정사 때와 같았다. 국왕과 사신이 술잔을 건네고 마시는 동안 음악이 연주되고 가자는 노래를 불렀다.

다음으로 왕세자가 들어와 정사와 부사에게 두 번째 술잔을 올리고, 그다음에 국왕에게 술잔을 올렸다. 왕세자 다음에는 종친이 들어와 세 번째 술잔을 올렸으며, 이날 사신에게 올린 술잔은 총 7잔이었다. 마지막에는 국왕이 술을 돌렸고, 연향을 마친 다음에는 사신이 중문 밖까지 나와 국왕을 전송하였다.

　한양에 도착한 중국 사신을 위한 연향에는 국왕 이외에도 왕세자, 종친, 의정부, 육조(六曹)에서 주관하는 연향이 있었다.[117]

　『국조오례의(國朝五禮儀)』「연조정사의(宴朝廷使儀)」에서는 왕과 사신이 서서 직접 차와 술을 주고받았으며, 찬안·소선·대선도 차비관원(差備官員)의 도움을 받아 직접 올림으로써 서로 극진한 공경을 표하였다. 그런데 이때 차비관원은 왕 앞에서는 무릎을 꿇었지만 사신 앞에서는 서고, 왕세자와 종친이 왕에게는 무릎을 꿇고 술을 올리지만 사신에게는 서서 올렸다. 이와 같은 의전(儀典)은 왕세자가 사신에게 연향을 베푸는 「왕세자연조정사의(王世子宴朝廷使儀)」에서도 똑같이 나타난다. 바로 차비관원과 재신이 왕세자 앞에서는 무릎 꿇은 상태에서, 사신 앞에서는 서서 예를 행하였다. 이는 왕과 사신, 그리고 왕통의 계승자인 왕세자와 사신에 대한 예절에 차등을 두었던 것으로 보인다.

　하지만 이 의례는 이후 약간의 변화를 보인다. 우선 조선 국왕(또는 왕세자)과 중국 사신이 서서 음식을 올리던 방식이 연향 주최자와 사신은 처음부터 끝까지 자리에 앉아 있고 차비관원이 올리는 방식으로 바뀌었다. 이러한 변화는 1648년(인조 26)을 기점으로 확연히 나타나는데 청 세조의 명에 의한 것이었다.[118] 또한 차비관원이 왕(또는 왕세자)에게만 무릎을 꿇음으로써 사신을 대하는 예절에 차등을 두었던 방식도 양측 모두에게 무릎을 꿇고 예를 행하는 것으로 바뀌었다. 이것은 중국 사신 측에서 언짢아하였고, 우리 측에서도 손님과 주인의 예를 달리하는 것은 마땅하지 않다고 여겼기 때문으로

117　『國朝五禮儀』 권5, 賓禮, 「王世子宴朝廷使儀」; 「宗親宴朝廷使儀」[議政府, 六曹宴同. 唯執事者, 以錄事爲之.].

118　1648년(인조 26) 3월에 왕세자는 서서 서로 차를 직접 올리던 『국조오례의』 방식으로 다례를 행하려고 交椅에서 일어섰다. 그러나 칙사가 皇命으로 이미 없앤 예라면서 세자를 교의에 앉게 하여 처음부터 다례를 앉아서 행하였다[『譯註孝宗東宮日記 2』 무자년(1648) 3월 6일(신축); 기축년(1649) 1월 21일].

보인다. 이렇게 변한 사신연(使臣宴) 의례는 『통문관지』에 그대로 반영되었으며, 1897년 대한제국을 선포할 때까지 지속적으로 시행되었다.[119]

(4) 중국 사신이 성균관을 방문하는 의례

중국 사신이 성균관을 방문하여 문묘(文廟, 大聖殿)에 배알하고, 명륜당(明倫堂)에서 다례를 거행하는 의례는 조선전기에서도 제한된 시기에만 거행되었다.[120] 이는 명에서 파견한 사신이 태감(太監)에서 문신(文臣)으로 바뀌어야 했고,[121] 청 사신이 왔을 때에는 성균관을 방문하는 의례 자체가 사라졌기 때문이다.

1527년(중종 32) 3월에 한양에 도착한 명 사신 공용경은 하마연을 거행한 다음날 성균관을 방문하기를 희망하였다. 그는 자신을 수행하던 통사(通事)에게 조선 국왕이 모화관에서 황제의 조서를 맞이할 때 유생들도 참석하였는데 어째서 유생들은 자신들에게 예알(禮謁)하지 않는지, 조선에는 공자 사당이 있다는데 어째서 알성(謁聖)을 요청하지 않는지를 물었다.[122] 다음은 공용경 일행이 한양에 도착한 지 사흘째가 되던 3월 12일에 성균관을 방문하였을 때의 의례이다.[123]

---

119 김종수, 「조선시대 사신연(使臣宴) 의례의 변천-중국 사신에게 베푼 연향을 중심으로」, 『溫知論叢』 38, 2014, 70~107면.

120 이하의 내용은 김문식, 「明使 龔龍卿이 경험한 외교의례」, 『조선시대사학보』 73, 2015를 재정리함.

121 1450년(景泰 1, 世宗 32)에 조선을 방문한 倪謙도 한양에 도착한 지 3일째 되던 날 성균관을 방문하여 文廟를 배알하고 明倫堂에서 유생들을 만나 강의를 하였다[『朝鮮紀事』 潤正月 戊申(3일)]. 『朝鮮紀事』의 내용에 대해서는 成元慶, 「明, 倪謙著『朝鮮紀事』의 評譯」, 『人文科學論叢』 24, 건국대학교 인문학연구원, 1992 참조. 1606년(萬曆 34, 宣祖 39)에 조선을 방문한 朱之蕃도 성균관을 방문하였으며, 현재 명륜당 현판은 그의 글씨이다(牛林杰·王寶霞, 「明나라 使臣들의 조선 使行과 조선 문인들과의 교류 — 龔用卿, 朱之蕃을 중심으로」, 『東方漢文學』 52, 2012, 20면).

122 『中宗實錄』 권32, 中宗 32년 3월 庚寅(11일).

123 『使朝鮮錄』 권1, 一曰出使之禮, 謁廟之儀.

하루 전날

유사(有司), 묘정(廟庭) 안팎을 청소하고 묘정의 동문 밖에 소차(小次)를 설치
    함.

그날

유사, 조사(詔使)의 배위를 묘정에 북향으로 설치함. 동쪽이 상위.

조사가 도착하면

유생, 동문 밖으로 나가 길 왼쪽에 두 줄로 서서 맞이함.

유생, 사관(四館, 성균관·교서관·승문원·예문관), 성균관 관리, 차례로 서서 맞이함.

조사, 반수교(泮水橋)에 이르러 말에서 내려 소차로 들어감.

인례(引禮), 조사를 인도하여 동문을 통해 배위로 감.

찬자(贊者), "궤(跪)"

조사, 무릎을 꿇음.

집사자, 1인은 향합, 1인은 향로를 들고, 1인은 세 번 향을 올림.

찬자, "부복 흥 사배 흥 평신"

조사, 몸을 굽히고 일어나 네 번 절하고 일어나 몸을 바로 함.

성균관 관리, 명륜당으로 들어오기를 청함.

인례, 조사를 인도함.

조사, 대성전 북장문(北牆門)에서 뜰 가운데를 거쳐 명륜당에 올라 좌석으
    로 감.

관반(館伴), 서쪽 계단을 올라가 먼저 읍하고 위로 감.

관관(館官), 서쪽 계단을 올라가 재배하고 각자의 위로 감.

하급 관리, 재배하고 나감.

유생, 뜰 가운데서 재배하고 차례로 나감.

관반·관관, 자리에 앉음.

관반, 다례를 거행함.

조사가 나가면

관리·유생, 문 밖에서 배웅함.

이를 보면 공용경은 대성전의 뜰에서 사배를 하고, 대성전 안과 동무(東
廡) 서무(西廡)를 둘러보았다. 이후 그는 명륜당에 들어가 자리를 잡았다. 이
때 공용경의 주변에는 의정(議政)과 관반, 성균관의 전교(典敎)들이 앉았고,
성균관의 유생들은 뜰 안으로 들어와 재배를 하였다. 이날 공용경은 성균관
유생들의 정제된 동작을 보고 조선에 중화의 풍모가 있고 명의 일통지치(一
統之治)가 미침을 볼 수 있으며, 이는 조선에서 공자의 가르침이 퍼지고 기자
(箕子)의 유풍(遺風)과 선정(善政)이 남아 있기 때문이라고 평가하였다.[124]

명나라 사신이 성균관을 방문하여 대성전을 배알하고, 명륜당에서 다례
를 거행하는 의례는 조선 국왕이 성균관을 방문하였을 때의 의례와 유사하
였다.

---

124 『使朝鮮錄』 권2, 「謁孔子廟記」. "諸生以次入見, 不立兩班, 行列以齒, 衣巾惟整, 進退以禮, 漚漚乎有中華
之風. … 夫是之謂一道德而同風俗, 夫是之謂車同軌·書同文·行同倫. 而我皇明一統之治, 於玆見矣. …
今東藩, 被我皇明之化, 慕華尙義, 士皆通經業儒, 亹亹然回心而鄉道, 則與聖人之所謂教者, 已知心悅而誠
服之, 是道德可一而風俗可同矣. 於此, 見吾夫子修道之教, 雖邈方異域, 亦皆陳俎豆而習禮容. 誠所謂參天
地超古今而獨存焉者也. 而箕子之遺風善政, 猶有存者, 豈評我哉."

조선과 일본의 외교의례

1 조선과 일본의 외교문서

1) 외교문서의 종류

조선과 일본은 대등한 관계에 있었으므로 양국이 교환한 외교문서의 위상도 대등하였다. 이는 중국과 조선 사이에 교환한 외교문서에서 위상의 차이가 있었던 것과는 달랐다. 조선과 일본이 주고받은 외교문서에는 국서(國書)와 서계(書契)가 있었으며, 발신자와 수신자의 위상에 따라 차이가 있었다. 조선과 일본의 외교 상대와 외교문서는 다음과 같았다.[1]

표7　조선과 일본의 외교 상대와 외교문서

조선	일본	호칭	외교문서
국왕	관백(關伯)	전하(殿下)	국서
예조참판	노중(老中, 執政)	합하(閤下)	서계
예조참의	대마도주(對馬太守)	족하(足下) → 합하	
예조좌랑	만송원(萬松院)	족하	
	이정암(以酊庵)	족하	
	아명도서사(兒名圖書使)	합하	
	장로(長老)	족하	

한편 국서나 서계와 같이 공식적인 외교문서는 아니지만, 동래부와 왜관 사이에 주고받은 실무 문서로 전령(傳令)이나 각(覺)이 있었다. 전령이나 각

---

1   김문식, 『조선후기 지식인의 대외인식』, 새문사, 2009, 174면; 이훈, 『외교문서로 본 조선과 일본의 의사소통』, 景仁文化社, 2011, 8면.

은 실무자 간에 교환하는 실무 문서이지만, 조선 정부에서 내린 결정이나 지침을 왜관에 전달함으로써 외교적 사안을 마무리하는 경우가 많았으므로 넓은 의미의 외교문서라 할 수 있다.

이하에서는 국서, 서계, 전령, 각에 대해 차례로 살펴보기로 한다.

(1) 국서(國書)

국서는 조선 국왕과 일본의 실제 통치자인 장군(將軍) 혹은 관백(關伯) 사이에 주고받은 외교문서였다. 조선후기의 국왕은 1607년부터 1811년까지 13차례에 걸쳐 일본에 국서를 보냈고 이에 상응하는 일본의 국서가 도착하였다. 조선과 일본이 교환한 국서는 『동문휘고(同文彙考)』에 수록되어 있다.

조선에서 일본으로 보내는 국서에 연호를 쓰는 부분은 명·청 교체기를 전후하여 큰 변화가 있었다. 조선의 국서를 보면 1643년까지는 명의 연호인 숭정(崇禎)을 썼다가 1655년부터는 간지(干支)만을 썼다. 1637년 1월, 병자호란에서 패한 조선 정부는 청과 화약(和約)을 맺으면서 군신(君臣) 관계를 맺고 명의 연호를 버렸다. 그러나 이후에도 청의 감시가 미치지 않는 곳에서는 숭정 연호를 계속 사용하였다. 1644년 북경이 함락되자 조선 정부는 명과의 관계가 완전히 끝난 것으로 이해하였다.[2]

다음의 표는 조선후기에 일본으로 보낸 국서의 연호와 간지를 정리한 것이다. 이를 보면 조선 국서에서는 1655년부터 명의 연호 대신에 간지를 사용하였다. 그러나 국사편찬위원회에 소장된 서계를 보면 1645년 정월부터 명의 연호 대신에 간지를 사용하였다. 조선은 북경이 함락된 직후인 1645년부터 1872년까지 일본에 보낸 외교문서에서 간지를 사용하였다.[3]

---

2 『仁祖實錄』권46, 仁祖 23년 3월 壬辰(9일).
3 이훈, 『외교문서로 본 조선과 일본의 의사소통』, 54~55면.

제3장 조선과 일본의 외교의례

표 8 조선후기 국서에 기록된 연호와 간지

연도	국왕	연호·간지	비고
1607	선조 40	萬曆	회답 겸 쇄환사
1609	광해군 1	萬曆	기유약조
1617	광해군 9	萬曆	회답 겸 쇄환사
1624	인조 2	天啓	회답 겸 쇄환사
1636	인조 14	崇禎	통신사
1643	인조 21	崇禎	통신사
1655	효종 6	癸未	통신사
1682	숙종 8	壬戌	통신사
1711	숙종 37	辛卯	통신사
1719	숙종 45	己亥	통신사
1747	영조 23	丁卯	통신사
1763	영조 39	癸未	통신사
1811	순조 11	辛未	통신사

　　국서의 양식에는 겉봉을 쓰는 외식(外式)과 본문의 내용을 적는 내식(內式)이 있다. 국서의 크기는 주첩(周帖)의 길이가 세로 2척(尺) 4촌(寸), 가로 5촌 5푼(分)이며, 매 첩에 4행씩 기록하였다.

　　국서의 외식은 오른쪽 가에 '봉서(奉書)'라 쓰고, 왼쪽 가에 '일본국대군전하(日本國大君殿下)'라고 썼다. 이 부분에도 큰 변화가 있었다. 처음에는 '일본국왕(日本國王)'이라 하였다가, 1636년에는 '일본국대군(日本國大君)'이라 하였다. 1711년에는 '일본국왕'이라 하였다가 1719년에 다시 '일본국대군'으로 바꾸었다. 겉봉에서 '봉(奉)'자와 '일(日)'자, '서(書)'자와 '하(下)'자는 나란히 기록하였다. 또한 봉투를 마주 붙인 곳에는 '조선국왕성휘 근봉(朝鮮國王姓諱謹封)'이라 쓰고, 글자를 떼어 쓴 곳에 '위정이덕(爲政以德)' 어새(御璽)를 찍으며, 성과 휘를 쓴 곳에도 모두 어새를 찍었다.

　　국서의 내식은 '조선국왕 성휘근봉'이라 쓰고 사첩(四帖)의 한가운데에

그림 11 『보인소의궤』의 '위정이덕' 어새

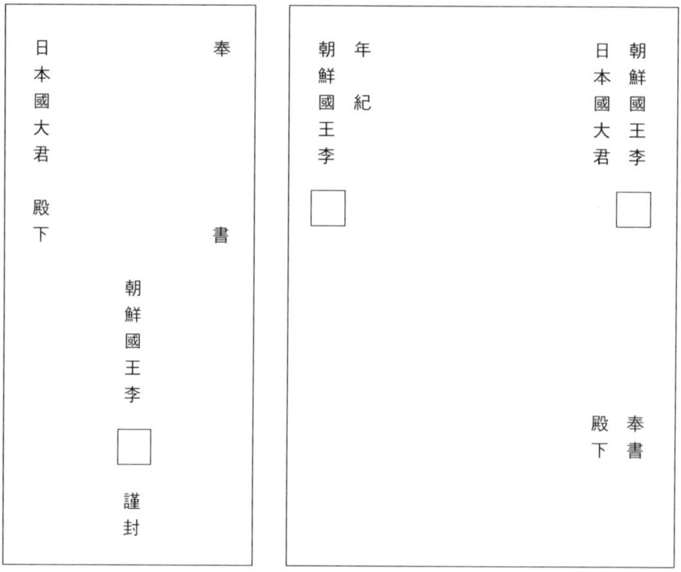

그림 12 국서의 외식과 내식

'일본국대군 전하'라고 썼다. 또한 오첩(五帖)의 평행에서 시작하여 본문을 쓰고, 끝에 '불비(不備)'라 기록한 다음 평행으로 연월(年月)을 썼다. 그리고 말첩(末帖) 가운데 2행부터 '조선국왕 성휘(姓諱)'를 쓰되 연월과 평행이 되도록 썼다.

이상의 내용을 그림으로 그리면 〈그림 12〉와 같다.[4]

(2) 서계(書契)

서계는 조선의 예조참판과 막부의 노중(老中), 예조참의와 대마도주(對馬島主), 부산첨사(釜山僉使)와 대마도주 사이에 주고받은 외교문서를 말한다. 현재 국사편찬위원회에 소장된 대마도종가문서(對馬島宗家文書)[5]를 보면 1614년부터 1872년 사이에 조선에서 대마도로 보낸 각종 서계의 원본이 9,442점이 남아 있다.[6] 서계는 서로 주고받는 문서이므로 대마도에서 조선 예조로 보내온 서계까지 고려한다면 2만 점 정도로 추정된다.[7]

양국 사이에 서계가 왕래하는 방식은 다음과 같다. 대마도의 사자(使者)가 청원할 내용을 기록한 서계를 가지고 부산 왜관으로 오면, 동래부사는 이 서계를 검토하여 접수한 다음 경상관찰사를 통해 예조로 전달하였다. 예조에서는 이 서계를 받아 조정으로 전달하였으며, 조정에서 국왕이 참석한 가운데 청원 내용을 협의한 다음 예조의 승문원(承文院)을 통해 그 결과를 전달하였다. 이때 예조가 보내는 서계는 정본(正本)이었다. 또한 동래부사와 부산첨사는 예조에서 보낸 서계와 동일한 내용의 서계를 작성하여 왜관에 대기하던 사자를 통해 대마도로 보냈다. 이때 동래부사와 부산첨사가 보내는 서계는 부본(副本)이었다. 대마도주가 조선 예조로 보낸 서계와 예조에서

---

4 孫承喆,『近世朝鮮의 韓日關係研究』, 國學資料院, 1999, 135~137면.
5 對馬島宗家文書는 1926년(大正 15)과 1938년 두 차례에 걸쳐 朝鮮史編修會가 대마도 종가에서 구입한 자료이다. 구체적인 내역에는 記錄類 6,592점, 繪圖類 1,485점, 古文書類 11,200점, 書契 9,442점, 印章 22점을 합하여 총 28,741점이 있다(泉澄一,「對馬島宗家文書의 分析 연구」,『국사관논총』7, 1989).
6 국사편찬위원회에 소장된 9,442점의 書契 가운데 原本은 9,325점, 寫本은 117점이며, 1685년의 書契는 산일되었다.
7 孫承喆,『近世朝鮮의 韓日關係研究』, 134면.

대마도주에게 보낸 서계는 일본의 막부에 보고되었다.[8]

서계에서 연호를 쓰는 부분도 명·청 교체기를 전후하여 큰 변화가 있었다. 조선에서 보낸 서계를 보면 1644년 12월까지는 명의 연호를 썼지만, 1645년 정월부터 간지를 썼다. 1644년 북경이 함락된 이후 명과의 관계가 완전히 끝났음을 의미하는 조치로 이해된다.

서계의 크기는 주첩(周帖)의 길이가 세로 2척 3촌이고 가로의 길이는 일정하지 않았다. 실제로 국사편찬위원회에 소장되어 있는 서계의 크기도 가로 길이는 내용에 따라 크게 차이가 난다.

서계에도 외식과 내식이 있다. 서계의 외식은 오른쪽 가에 '봉서' 또는 '봉복(奉復)'이라 쓰고,[9] 왼쪽 가에 '일본국집정구함모공합하(日本國執政具銜某公閤下)'라고 썼다. 상대가 집사(執事) 이하일 경우에는 벼슬을 따랐다. 대마도주는 '일본국대마주태수모공(日本國對馬州太守某公)'이라 쓰고 합하(閤下)를 붙였다. 또한 만송원(萬松院)은 '일본국대마주종벽산만송원(日本國對馬州鍾碧山萬松院)', 이정암(以酊菴)은 '일본국대마주사문 이정암(日本國對馬州沙門 以酊菴)', 에도[江戶]의 호행장로(護行長老)는 '일본국모장로(日本國某長老)'라 쓰고 족하(足下)를 붙였다.

상대의 이름 다음에 '합하' 또는 '족하'로 표시하는 것에는 차이가 있었다. 조선의 예조참의가 대마도주에게 보내는 서계를 보면, 처음에는 '족하'라 하다가 1636년 정월부터 '합하'로 바꾸었다. 양국의 외교가 정상화되면서 일본의 요구를 들어줬기 때문이었다. 합하와 족하의 차이에 대해서는 다음의 글이 참고가 된다.

국왕은 전하(殿下), 그 다음은 합하, 동년배 이하는 족하를 사용하는 것이

---

8   이훈, 『외교문서로 본 조선과 일본의 의사소통』, 8, 240면.
9   送書일 경우에는 奉書, 答書일 경우에는 奉復이라 썼다.

정식이다. 좌우(左右, 대마도주)도 지금은 합하를 사용하고 있다. 족하 격의 사람을 좌우로 부르는 것은 존경의 뜻이 있어 괜찮지만, 합하로 불러야 할 사람을 족하로 부르는 것은 불경(不敬)의 뜻을 나타내는 것이다. 통교 초기에는 서식(書式)이 정해지지 않았지만, 천룡원공(天龍院公, 平義眞) 이후에는 아명도서사(兒名圖書使)까지도 합하로 부르기로 상호 간에 서로 인정한 일이다.[10]

서계의 겉봉에서 '봉'자와 '일'자, '서'자와 '하'자를 나란히 기록하는 것은 국서와 같았다. 또한 봉투를 마주 붙인 곳에는 '조선국 예조참판(朝鮮國 禮曹 參判)'이라 쓰며, 대마도주에게는 예조참의의 명의로, 만송원이나 이정암, 호행장로에게는 예조좌랑(禮曹佐郎)의 명의로 작성하되 한 글자를 띄어서 이름을 쓰고 그 아래에 '근봉(謹封)'이라 쓰며, 글자를 띄어 쓴 곳에는 도서(圖書, 銅印)를 찍었다.[11]

서계의 내식은 머리, 본문, 말미로 구분할 수 있다. 먼저 머리는 첫 번째 행에 '조선국예조참판성명봉서(朝鮮國禮曹參判姓名封書)'라 쓰고, '일본국집정관함합하(日本國執政官銜閣下)'라 썼다. 다음으로 본문에는 사연을 썼으며, 말미에는 사연과 평행으로 연월일(年月日)을 쓰고, 첩을 바꾸어 한가운데 예조참판의 성명을 쓰고 도서를 찍었다. 조선에서 보낸 서계의 길이는 대략 2척 3촌으로, 오늘날의 75cm 정도에 해당한다.[12]

다음은 1649년(인조 27)에 조선의 예조참의 신면(申冕)이 대마도주에게 답서로 보낸 서계의 외식과 내식이다.

---

10 『分類紀事大綱』12(국사편찬위원회 No.4511), 1721년 2월 2일.
11 예조참판의 圖書 印文은 '禮曹參議之章'이었고, 동래부사는 '東萊太守之章', 부산첨사는 '釜山大將'이었다.
12 『通文館志』권6, 書契式; 『增正交隣志』권5, 書契式; 『典律通補別編』권6, 交隣書契式.

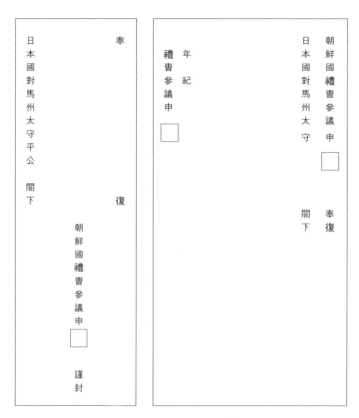

그림 13 서계의 외식과 내식[13]

(3) 전령(傳令)

전령은 동래부사나 접위관(接慰官)이 양역(兩譯)이라 불리는 동래부의 훈도(訓導)와 별차(別差)에게 내린 문서로,[14] 조선 정부에서 내려온 회계(回啓)와 관문(關文)의 내용이나 동래부사, 접위관의 의사를 왜관에 전달하기 위해 작

---

13 이훈, 『외교문서로 본 조선과 일본의 의사소통』, 49면.
14 倭學譯官인 訓導의 임기는 30개월, 別差는 1년이었다(『增正交隣志』 권3, 任官; 『通文館志』 권1, 「沿革」 外任).

성된 실무 문서이다. 여기서 접위관이란 왜관에 파견된 대마번(對馬藩)의 사자를 접대하기 위해 한양에서 파견한 관리를 말한다. 전령이 작성된 배경에는 동래부사가 왜관의 관수(館守)를 직접 만나 현안을 논의하거나 왜관 측과 직접 문서나 편지를 받는 행위가 원천적으로 봉쇄되어 있었기 때문이다. 전령은 왜관 내의 수신자가 지정되지 않았기 때문에, 양역은 전령을 필사한 사본(寫本)을 왜관으로 가져가거나 원본을 왜관 측에 빌려준 후 되돌려받았다.

전령의 제목은 '전령훈도별차(傳令訓導別差)', '전령훈도별차등(傳令訓導別差等)', '전령훈별(傳令訓別)'과 같이 동래부사가 훈도와 별차에게 명령을 전하는 형태로 되어 있으며, 본문은 조선 정부에서 보내는 관문(關文)에 근거하였기 때문에 이두가 섞인 조선식 한문으로 작성되었다. 그리고 전령의 끝에는 전령을 작성한 일자를 기록하였다.

조선과 일본의 외교현안 가운데 비일상적 사고나 작은 마찰은 서계와 같은 외교문서의 작성으로 가지 않고 전령 같은 실무 문서만으로 매듭짓는 경우가 많았다.[15]

(4) 각(覺)

각은 왜관을 출입하던 동래부의 양역인 훈도와 별차가 왜관 측에 작성해 준 실무 문서를 말한다. 조선에서 각이란 개인이 어떤 약속이나 다짐, 내용 등을 확인하기 위해 작성한 문서였다. 따라서 양역이 작성한 각은 간단한 연락이나 주지사항, 내용을 확인하면서 작성해 준 것으로 판단된다. 각은 왜관 내에 수신인이 있었으므로 원본 그대로 전달되었다. 또한 각은 왜관의 관수가 동래부사에게 보내거나 왜관의 재판(裁判)이나 대관(代官)이 동래부의 양역에게 보내는 경우도 있었다.

---

15 이훈, 위의 책, 150~170, 222, 239면.

각의 문서 제목은 '각'이며 제목이 생략된 경우도 있다. 제목 다음에 본문이 있고, 문서의 말미에 작성 일자와 작성자인 훈도와 별차의 성과 직함, 수신자인 왜관의 관수와 재판의 성을 기록하였다. 각의 내용을 보면 훈도와 별차가 동래부사의 분부를 기록하여 전달하는 경우가 있고, 역관 자신의 의견이나 약속, 왜관에서 필요로 하는 정보를 써 주는 경우도 있었다. 각은 왜관이나 대마도의 입장에서 볼 때 동래부사를 통한 공적인 의사소통의 답답함과 번거로움을 대신하여 필요한 정보를 확보하는 수단이었던 것으로 보인다.[16]

2) 1635년의 국서 개작 사건

1635년에 발생한 국서 개작 사건은 '유천일건(柳川一件)'으로도 불린다. 양국의 국서를 개작한 사건을 일으킨 주인공이 대마도 가로(家老)였던 유천씨(柳川氏)이기 때문이다.

사건의 시작은 덕천(德川) 막부가 성립된 1603년으로 거슬러 올라간다. 막부를 개창한 가강(家康)은 조선과 교린 관계를 회복하기를 희망하였고 교섭은 대마도주가 맡았다. 1606년에 조선은 강화 조건으로 일본 국왕(國王)임을 주장하는 가강 명의의 국서와 임진왜란 당시 왕릉을 훼손했던 범인의 인도를 요청하였다. 이에 일본 국왕의 명의로 된 국서를 가진 사절단이 파견되었고, 조선 정부는 이에 응답하여 회답 겸 쇄환사(回答兼刷還使)를 파견하였다. 여기서 '회답'이란 일본 국왕이 보내온 국서에 회답한다는 의미였다. 그러나 막부에 전달된 조선 국왕의 국서는 '봉복'이 '봉서'로 바뀌고, '문찰(問札)을 먼저 보냈다', '내의(來意)에 답한다'는 구절이 빠지고 다른 말로

---

16   이훈, 위의 책, 178~196, 218~219면.

채워졌다. 대마도에서 처음 조선으로 보낸 덕천가강의 국서는 위조한 문서였고, 덕천 막부에 이 사실이 알려지는 것을 막기 위해 조선의 국서까지 개작하였다는 것이 오늘날의 통설이다.

이후 1617년에 파견된 회답 겸 쇄환사에게는 '일본국 원수충(日本國源秀忠)'의 명의로 된 국서가 나왔다. 그런데 조선 사절이 받은 국서에는 '일본국왕(日本國王)'으로 되어 있었고, 1624년에 파견된 회답 겸 쇄환사가 받은 국서에도 '일본국왕'으로 표시되어 있었다. 원래 덕천 막부에서 작성한 국서에는 천황과 장군(將軍)의 관계를 고려하여 장군을 '국왕'이라 표시하지 않았다. 그런데 조선 정부에서 대등한 지위의 국왕끼리 교환하는 문서임을 확인하기 위해 '국왕'이란 칭호를 사용할 것을 요청하자, 양국의 외교를 중계하던 대마도에서 국서를 개작하였다.

막부에서 이 사실을 인지한 것은 1635년이었다. 대마도주인 종 씨(宗氏)와 가로인 유천 씨가 충돌하였고, 막부가 이를 조사하는 과정에서 국서가 개작된 사실이 알려졌다. 대마도에서 사신의 파견을 요청하는 국서를 위조하여 조선으로 보내고, 조선 국왕의 국서는 봉복이 아니라 봉서로 개작한 사건이었다. 이 사건은 장군인 덕천가광(德川家光)이 직접 판결하였으며, 국서 개작 사실을 폭로한 유천조흥(柳川調興)을 유배시키는 것으로 끝이 났다. 대마도주인 종 씨를 처벌하면 힘들게 회복한 조선과의 관계를 다시 시작해야 하는 어려움을 고려한 판결이었다.[17]

막부는 이 사건을 처리하면서 대마도주의 지위를 확립시키고 국서의 서식도 변경하였다. 막부에서 대마도주를 통해 조선 정부에 알려온 내용은 다음과 같았다.

---

17 吉野誠 著, 한철호 역, 『동아시아 속의 2005, 한일 2천년사』, 책과함께, 2005, 199~208면.

① 국서를 작성한 시기를 표시할 때 쓰던 용집(龍集)이란 표현을 일본 천황의 연호로 바꿀 것.
② 조선에서 일본에 보내는 국서에서 장군 칭호를 '국왕(國王)'에서 '대군(大君)'으로 바꿀 것.
③ 대마도주가 조선의 예조참의, 부산첨사, 동래부사를 호칭할 때 예전에는 '합하'라 하였는데 '족하'로 고침.

조선 정부는 1636년에 통신사를 파견하면서 상대방에게 '국왕' 대신 '대군'이란 호칭을 사용하였고, 일본 국서에서는 천황의 연호를 사용하게 하였다.[18] 또한 조선의 예조참의와 대마도주는 서로를 높여 '합하'라 불렀고, 대마도주가 헌상하는 예물을 '진상(進上)'에서 '봉진(封進)'으로 바꾸었으며, 서계도 외교적 사안을 기록한 본서(本書)와 예물과 청구하는 물품을 기록한 별폭(別幅)으로 구분하였다. 이는 모두 일본의 요청을 받아들인 것이었다. 조선 정부가 천황의 연호를 수용하는 사안에 대해, 최명길은 조선이 청의 연호를 사용하는 상황에서 일본이 자국의 연호를 사용하는 것을 받아들일 수밖에 없다고 하였다.

왜국이 참람하게 연호를 가졌지만 우리나라에 보내는 문서에는 감히 쓰지 못하였다. 병자년 이후 왜인이 말하기를 "너희 나라는 이미 명나라를 배반하고 견양(犬羊, 청)을 섬기니, 우리 연호가 어찌 청국의 아래가 되겠는가?"라 하고 드디어 연호를 써서 보냈다.
이때 조정의 의논은 받는 것이 불가하다고 하였다. 그러나 최명길은 "우리가 이미 절개를 잃었으니 왜국과 서로 힐난할 필요가 없다"고 받았다. 지금

---

18 任統, 『丙子日本日記』 12월 28일(戊戌); 12월 29일(己亥).

까지 왜국 문서에 그 연호를 사용한다.[19]

이 사건 후 막부에서는 대마도 이정암(以酊庵)에 윤번승(輪番僧)을 교대로 파견하여 조선과의 외교에 참여하게 하였다. 윤번승은 조선과 일본 사이에 왕래하는 서계를 감찰하려고 교토(京都)의 오산(五山)[20]에서 파견된 승려로, 조선과의 외교를 담당하는 대마도를 감찰하는 기능을 수행하였다.

이정암 윤번승은 조선과 일본의 외교문서가 왕복하는 과정에서 매우 중요한 역할을 하였다. 대마도에서 조선으로 보내는 서계를 작성하고, 조선에서 보내온 서계를 검사하고 필사하여 관리하는 역할을 담당하였다.[21] 이정암에서 대마도주의 서계를 작성하는 과정은 다음과 같다.[22]

① 대마번에서 조선으로 보낼 서계에 담길 내용을 일본어로 작성하여 이정암에 가져간다.
② 이정암에서 한문으로 서계 초안을 작성한다. 자구의 검토와 글자의 선정은 이정암의 권한이다.
③ 대마번의 진문역(眞文役)이 서계 초안을 검토한다.
④ 이정암의 서역승(書役僧)이 서계를 청서(淸書)하고 봉인한 다음 대마번에 넘긴다.

이를 보면 이정암 윤번승이 대마도에서 조선으로 보내는 서계를 전적으로 주관하였음을 알 수 있다.

19 『燃藜室記述』 권26, 仁祖朝 古事本末 亂後時事.
20 京都五山은 南禪寺를 別格으로 하고, 天龍寺, 相國寺, 建仁寺, 東福寺, 万壽寺를 말한다.
21 田中健夫, 「對馬島以酊庵の硏究」, 『東洋大學院紀要』 24, 1988, 21~22면.
22 泉澄一, 『大馬藩 藩儒 雨森芳洲の硏究』, 關西大學出版部, 1997, 430면.

2 조선 사신에 관한 외교의례

1) 일본을 방문한 조선 사신

조선에서 통신사(通信使)가 파견되면 일본에서는 직급에 따라 상상관(上上官), 상관(上官), 차관(次官), 중관(中官), 하관(下官)으로 구분하여 파악하였다. 통신사의 구성을 정리하면 다음과 같다.[23]

○ 상상관(上上官)

정사(正使), 1원(員), 문관 당상관으로 이조참의(吏曹參議) 직함을 띰.

부사(副使), 1원, 문관 당하관 정3품으로 전한(典翰)의 직함을 띰.

종사관(從事官), 1원, 문관 5~6품으로 홍문관 교리의 직함을 띰. 조선전기
    에는 중국에 파견하는 사신과 마찬가지로 서장관(書狀官)이라 하였지만
    1606년(선조 39) 회답사(回答使)부터 종사관으로 개칭함.

당상관(堂上官), 2원, 왜학(倭學) 관리를 임명함. 1682년(숙종 8) 일본의 요청
    으로 3원으로 늘림.

○ 상관(上官)

상통사(上通事), 3원, 한학(漢學) 1원이 포함됨.

제술관(製述官), 1원, 문재(文才)가 있는 사람

양의(良醫), 1원, 의술에 정통(精通)한 사람

---

23 『通文館志』 권6, 交隣下, 「通信使行」.

차상통사(次上通事), 2원, 왜학의 교회(敎誨)가 담당함.

압물관(押物官), 3원, 한학압물청(漢學押物廳) 관리 1원이 포함됨. 왜학 관리 2원은 교회와 총민(聰敏) 중 출신자(出身者)를 고름. 1682년(숙종 8) 일본의 요청으로 왜학을 3원 늘림.

사자관(寫字官), 2원, 글씨를 잘 쓰는 사람

의원(醫員), 2원, 전의감(典醫監)과 혜민서(惠民署)에서 각각 1원씩 보냄.

화원(畫員), 1원, 그림을 잘 그리는 사람

자제 군관(子弟軍官), 5원, 정사와 부사는 각 2원, 종사관은 1원을 대동함.

군관(軍官), 12원, 정사와 부사는 각 5원, 종사관은 2원을 대동함. 병조에서 6냥전(六兩箭)을 멀리 쏘는 사람과 평궁(平弓)을 잘 쏘는 사람을 각 1원씩 뽑아서 정함.

서기(書記), 3원, 3사신(三使臣)이 각각 1원씩 대동함.

별파진(別破陣), 2인, 군관이 겸함.

○ 차관(次官)

마상재(馬上才), 2인

전악(典樂), 2인

이마(理馬) 1인, 숙수(熟手) 1인, 일광산(日光山)에 제사를 지낼 때 대동함. 1682년(숙종 8)에 제사를 정지하면서 없앰.

반당(伴倘) 3인, 선장(船將) 3인, 3사신이 각각 1인씩 대동함.

○ 중관(中官)

복선장(卜船將), 3인, 3복선(三卜船)에 1인씩 둠.

배소동(陪小童), 17명, 3사신 각 4명, 당상관 각 2명, 제술관이 1명을 거느림.

노자(奴子), 49명, 3사신과 당상관이 각 2명, 상통사(上通事) 이하 마상재(馬上才)까지 각 1명 거느림.

소통사(小通詞), 10명, 3사신 각 3명, 1명은 말을 이끌고 먼저 감.

도훈도(都訓導), 3인, 3사신 각 1인을 거느림.

예단직(禮單直), 1명

청직(廳直), 3명, 3사신 각 1명을 거느림.

반전직(盤纏直), 3명, 3사신 각 1명을 거느림.

사령(使令), 16명, 3사신 각 4명, 당상관 각 2명을 거느림.

취수(吹手), 18명, 3사신 각 6명을 거느림.

절월 봉지(節鉞奉持), 4명, 정사와 부사 각 2명을 거느림.

포수(砲手), 6명, 3사신 각 2명을 거느림.

도척(刀尺), 7명, 3사신 각 2명, 당상관 1명을 거느림.

사공(沙工), 24명, 3사선(三使船)과 3복선(三卜船)에 각 4명

형명수(形名手), 2명, 정사와 부사 각 1명을 거느림.

독수(纛手), 2명, 정사와 부사 각 1명을 거느림.

월도수(月刀手), 4명, 정사와 부사 각 2명을 거느림.

순시기수(巡視旗手)·영기수(令旗手)·청도기수(淸道旗手)·삼지창수(三枝槍手)·장창수(長槍手)·마상고수(馬上鼓手)·동고수(銅鼓手), 각 6명, 3사신 각 2명을 거느림.

대고수(大鼓手)·삼혈총수(三穴銃手)·세악수(細樂手)·쟁수(錚手), 각 3명, 3사신 각 1명을 거느림.

○ 하관(下官)

풍악수(風樂手), 12명, 3사신 각 4명을 거느림.

도우장(屠牛匠), 1명, 이상 격군(格軍)으로 충당함.

격군(格軍), 270명, 3사선(三使船) 각 60명, 3복선(三卜船) 각 30명

이를 보면 통신사의 구성원은 상상관에 해당하는 3사신 및 당상관에게 직속되는 인원이 대부분이었다. 통신사 일행이 부산포를 떠날 때 3명의 사신(使臣)에게 사선(使船)과 복선(卜船)이 각 1척씩 배정되어 총 6척이 동시에 출발하였고, 각 배에 승선하는 인원도 3사신을 기준으로 구분되었다.

다음의 〈표 9〉는 3사신과 당상관에게 배정된 인원을 정리한 것이다.

이를 보면 통신사에 포함된 대부분의 인원은 정사, 부사, 종사관으로 구성된 3사신에게 배속되고, 당상관 2원에게는 심부름을 맡을 배소동(陪小童), 노자(奴子), 사령(使令), 도척(刀尺)이 배속되었다. 또한 3사신에게 직속된 3척의 복선에는 선장(船將) 1인의 지휘 하에 사공(沙工) 4명, 격군(格軍) 30명이 승선하여 배를 움직였음을 알 수 있다.

한편 1682년(숙종 8)부터 일본의 요청에 의해 격군 270명 중 60명을 형명수(形名手)와 독수(纛手)를 비롯하여 각종 의장을 드는 인원으로 활동하였다.[24] 이는 통신사로 파견되는 사행단의 규모를 줄이는 효과가 있었고, 일본 측으로서는 통신사를 접대하는 비용을 대폭 절감할 수 있었다.

조선에서 일본으로 사신을 처음 파견한 것은 태조가 조선을 건국한 직후였다. 1397년(태조 6)에 일본국의 육주목(六州牧) 의홍(義弘)이 파견한 사신 영범(永範)과 영확(永廓)이 돌아갈 때 태조는 전 비서감(祕書監) 박돈지(朴惇之)를 회례사(回禮使)로 파견하였다. 이때 조선의 도당(都堂)에서는 의홍에게 회답하는 외교문서를 보냈다.[25] 1408년(태종 8)에는 통신관(通信官)으로 일본에 파견되었던 박화(朴和)가 조선인 100여 인을 쇄환하여 돌아왔다.[26] 박화는

---

24 『通文館志』 권6, 交隣下, 「通信使行」. "康熙壬戌, 因倭人請, 減人役. 量減形名纛手各一人, 及月刀手以下, 至錚手五十八名, 以格軍充定."
25 『太祖實錄』 권12, 太祖 6년 12월 癸卯(25일).
26 『太宗實錄』 권15, 太宗 8년 3월 癸亥(14일).

표 9　통신사의 인원 구성

사선		정사		부사		종사관	당상관	공동	계
		복선	사선	복선	사선	복선			
상관	상통사							3	3
	제술관							1	1
	양의							1	1
	차상통사							2	2
	압물관							3~4	3~4
	사자관							2	2
	의원							2	2
	화원							1	1
	자제군관	2		2		1			5
	군관	5		5		2			12
	서기	1		1		1			3
	별파진							2	2
차관	마상재							2	2
	전악							2	2
	이마							1	1
	숙수							1	1
	반당	1		1		1			3
	선장	1		1		1			3
중관	복선장		1		1		1		3
	배소동	4		4		4	2×2	제술관 1	17
	노자	2		2		2	2×2	상통사 ~마상재 1	49
	소통사	3		3		3		1	10
	도훈도	1		1		1			3
	예단직							1	1
	청직	1		1		1			3
	반전직	1		1		1			3
	사령	4		4		4	2×2		16
	취수	6		6		6			18
	절월봉지	2		2					4
	포수	2		2		2			6
	도척	2		2		2	1		7

사선		정사		부사		종사관	당상관	공동	계
		복선	사선	복선	사선	복선			
중관	사공	4	4	4	4	4	4		24
	형명수	1		1					2
	독수	1		1					2
	월도수	2		2					4
	순시기수	2		2		2			6
	영기수	2		2		2			6
	청도기수	2		2		2			6
	삼지창수	2		2		2			6
	장창수	2		2		2			6
	마상고수	2		2		2			6
	동고수	2		2		2			6
	대고수	1		1		1			3
	삼혈총수	1		1		1			3
	세악수	1		1		1			3
	쟁수	1		1		1			3
하관	풍악수	4		4		4			12
	도우장							1	1
	격군	60	30	60	30	60	30		270

1409년 2월에 다시 조선인 포로를 쇄환하기 위해 지좌전(志佐殿)에 파견되었지만 1년 이상 현지에 억류되어 있다가 1410년 4월에 조선으로 귀환하였다.[27]

조선에서 일본으로 통신사를 처음 파견한 것은 1413년(태종 13)이었다. 이때까지 조선에서 파견한 사절단의 이름은 '회례사', '회례관(回禮官)', '보빙사(報聘使)', '경차관(敬差官)', '통신관(通信官)' 등으로 나타나며, 호칭이나 파견 목적이 일정하지 않았다. 1413년 12월에 태종은 공조참의 박분(朴賁)을

27 『太宗實錄』 권19, 太宗 10년 4월 庚戌(14일).

그림 14 「조선통신사행렬도」의 국서(國書) 부분. 『한국민족문화대백과사전』 수록

통신 정사로 파견하였지만, 1414년 2월에 박분 일행이 경상도에 이르렀을 때 파견이 중단되었다. 당시 조선 정부는 명나라가 왜구 토벌을 앞두고 있는 상황에서 일본의 정세를 탐색하기 위해 통신사를 파견하였다. 그러나 박분이 중간에 병이 나고 조선과 일본의 화친도 적절하지 않은 시점이라 판단하여 통신사의 파견을 중단시켰다.[28] 조선에서 파견한 통신사가 처음으로 일본까지 간 것은 1428년(세종 10)에 파견된 정사 박서생(朴瑞生) 일행이었다. 이들은 관백(關伯)인 족리의지(足利義持)의 사망을 조문하고 족리의교(足利義敎)의 관백 습직(襲職)을 축하하기 위해 파견되었다.[29]

조선에서는 1413년부터 막부 체제가 무너지는 1868년까지 총 20차례에 걸쳐 통신사를 파견하였다. 조선에서 파견한 통신사의 3사신과 파견 목적을 정리하면 다음과 같다.[30]

28 『太宗實錄』 권26, 太宗 13년 12월 丙午(1일); 권27, 太宗 14년 2월 乙巳(1일).
29 『世宗實錄』 권42, 世宗 10년 12월 甲申(7일).
30 三宅英利 저, 조학윤 역, 『近世日本과 朝鮮通信使』, 경인문화사, 1994, 33~103면.

① 1413년(태종 13): 정사 박분(朴賁), 왜구 금지 요청과 국제정세 탐색

② 1429년(세종 11): 정사 박서생(朴瑞生), 부사 이예(李藝), 서장관 김극유(金克柔), 족리의교(足利義敎) 습직

③ 1439년(세종 21): 정사 고득종(高得宗), 부사 윤인보, 서장관 김예몽(金禮蒙), 왜구 금지 요청, 교빙 회복

④ 1443년(세종 25): 정사 변효문(卞孝文), 부사 윤인보(尹仁甫), 서장관 신숙주(申叔舟), 족리의승(足利義勝) 습직

⑤ 1460년(세조 5): 정사 송처검(宋處儉), 부사 이종실(李從實), 서장관 이근(李覲), 대장경(大藏經) 증정, 해상 조난으로 실패

⑥ 1479년(성종 10): 정사 이형원(李亨元), 부사 이계동(李季仝), 서장관 김흔(金訢), 전란과 이형원의 사망으로 대마도에서 돌아옴.

⑦ 1590년(선조 23): 정사 황윤길(黃允吉), 부사 김성일(金誠一), 서장관 허성(許筬), 종사관(從事官) 차천로(車天輅), 풍신수길(豊臣秀吉)의 국내 통일 축하

⑧ 1596년(선조 29): 정사 황신(黃愼), 서장관 박홍장(朴弘長), 명 양방형(楊邦亨)과 심유경(沈惟敬)이 일본국왕 책봉사가 되어 일본에 갈 때 함께 감. 풍신수길 만나지 못함.

⑨ 1607년(선조 40): 정사 여우길(呂祐吉), 부사 경섬(慶暹), 서장관 정호관(丁好寬), 포로 쇄환, 통신사란 명칭 대신 회답사로 고치고 서장관을 종사관으로 바꿈.[31]

⑩ 1617년(광해군 9): 정사 오윤겸(吳允謙), 부사 박재(朴榟), 종사관 이경직(李景稷), 포로 쇄환, 대판(大坂) 통일 축하

⑪ 1624년(인조 2): 정사 정립(鄭岦), 부사 강홍중(姜弘重), 종사관 신계영(辛啓

---

31 『增補文獻備考』 권178, 交聘考 8, 日本交聘 1, 「本朝」. "(宣祖二十九年) 後以通信爲嫌, 改稱'回答使', 書狀改稱'從事官', 以遣之."

榮), 원가광(源家光)의 습직

⑫ 1636년(인조 14): 정사 임광(任絖), 부사 김세렴(金世濂), 종사관 황호(黃
床), 대마도주 옹호

⑬ 1643년(인조 21): 정사 윤순지(尹順之), 부사 조경(趙絅), 종사관 신유(申
濡), 원가강(源家綱) 탄생 축하

⑭ 1655년(효종 6): 정사 조형(趙珩), 부사 유창(兪瑒), 종사관 남용익(南龍翼),
원가강 습직

⑮ 1682년(숙종 8): 정사 윤지완(尹趾完), 부사 이언강(李彦綱), 종사관 박경후
(朴慶後), 원강길(源綱吉) 습직

⑯ 1711년(숙종 37): 정사 조태억(趙泰億), 부사 임수간(任守幹), 종사관 이방
언(李邦彦), 원가선(源家宣) 습직

⑰ 1719년(숙종 45): 정사 홍치중(洪致中), 부사 황선(黃璿), 종사관 이명언(李
明彦), 원길종(源吉宗) 습직

⑱ 1748년(영조 24): 정사 홍계희(洪啓禧), 부사 남태기(南泰耆), 종사관 조명
채(曹命采), 원길종이 물러나고 원가중(源家重) 습직

⑲ 1763년(영조 40): 정사 조엄(趙曮), 부사 이인배(李仁培), 종사관 김상익(金
相翊), 원가중 물러나고 원가치(源家治) 습직

⑳ 1811년(순조 11): 정사 김이교(金履喬), 부사 이면구(李勉求), 원가제(源家
齊) 습직, 대마도에서 통신

이를 보면 일본에 파견된 통신사는 막부의 관백이 교체되었을 때 이를 축
하하기 위해 파견하는 것이 관례였다. 그러나 정조 대에는 관백의 교체가
있었지만 통신사의 파견이 이뤄지지 않았다. 1786년(정조 10)에 일본의 관
백 원가치가 사망하고 그 아들인 원가제가 관백에 올랐다. 조선에서는 관례
에 따라 통신사를 파견하려고 하였다. 그러나 1788년(정조 12) 차왜(差倭)가

조선으로 와서 에도(江戶)에서 불이 나고 흉년을 만났으므로 통신사의 파견을 미루어 줄 것을 요청하였다. 이에 조선 정부는 통신사 파견을 1789년으로 미루는 것으로 합의하였지만 끝내 실행하지 못하였다. 1791년(정조 15)과 1805년에는 다시 차왜가 파견되어 통신사를 파견하는 장소를 에도에서 대마도로 바꾸어 줄 것을 요청하였고, 1809년에 조선에서 현의순(玄義洵) 등을 대마도로 파견하는 것을 합의하였다.[32] 이에 따라 통신사는 대마도를 방문하여 양국의 국서를 교환하였다.

이후에도 관백의 교체는 계속 있었지만 조선에서는 더 이상 통신사를 파견하지 않았다. 다만 일본 측에서 관백의 습직이나 후손을 얻었다는 서계를 보내면, 조선에서는 사신단을 간단하게 꾸려 대마도로 파견하여 축하하거나 위문하는 정도로 그쳤다.

19세기에 일본으로 조선 사신을 파견한 연보는 다음과 같다.[33]

1829년(순조 29): 관백 원가제가 손자를 낳은 것 알려오자 최석(崔昔)을 보내 축하함.

1843년(헌종 9): 관백 원가제가 사망한 것 알려오자 현학노(玄學魯) 등을 보내 위문함.

1855년(철종 6): 관백 원가경(源家慶)이 사망한 것 알려오자 김계운(金繼運) 등을 보내 위문함.

1858년(철종 9): 원가경의 아들 승천대(勝千代)가 후계자가 된 것을 알려오자 변종문(卞鐘聞)을 보내 축하함.

1859년(철종 10): 관백 원가경이 죽고 원가정(源家定)이 관백에 오른 것 알려오자 이철무(李哲懋)를 보내 위문함.

1867년(고종 4): 관백 원가정이 후계자 세운 것을 알려옴.

1868년(고종 5): 관백 원가정이 사망한 것 알려옴.

2) 외교문서를 보내는 의례

조선 국왕이 중국으로 외교문서를 보낼 때에는 궁궐 안에서 특별한 의례가 진행되었다. 그러나 일본으로 외교문서를 보낼 때 의례가 매우 간략하게 진행되어 별도의 의주(儀註)가 나타나지 않는다. 이하에서는 조선의 사신이 일본에 도착한 이후 국왕의 국서를 전달하는 의례와 관백의 묘소가 있는 일광산(日光山)에서 제사를 거행하는 의례를 살펴보기로 한다.

(1) 조선 사신이 조선 국왕의 국서를 전달하는 의례

에도에 도착한 조선 사신이 일본 국왕에 해당하는 관백(關白, 將軍)에게 국서를 전달하는 것은 통신사의 가장 중요한 임무였다.[34] 통신사 일행이 에도에 도착하면 일본 측에서는 국서를 전달할 날짜를 결정하여 주었고, 대마도주와 관반(館伴)들은 관련 의주와 일본 궁성의 지형(地形)을 그려 와서 통신사 일행과 상세한 의례 절차를 협의하였다. 이 과정에서 양측이 원만하게 합의를 보면 별 문제가 없었지만 견해의 차이가 있을 경우에는 심각한 외교적 분쟁이 발생하였다. 국서를 전달하는 의례는 양국의 국가적 위상이 달린 문제였고, 조선과 중국의 관계처럼 양측이 합의하는 전례서(典禮書)가 없는 상황에서 기왕의 사례를 근거로 협의하는 자리였기 때문에 양측 모두 민감할 수밖에 없었다.[35]

1590년(선조 23)에 정사 황윤길, 부사 김성일, 서장관 허성 일행은 조선 사

---

34 『通文館志』 권6, 交隣下, 「傳命儀」; 『增正交隣志』 권5, 「傳命儀」.
35 洪禹載, 『東槎錄』, 1682년 8월 26일.

신이 일본 국왕(관백)에게 절하는 위치를 놓고 논쟁을 벌였다. 논쟁의 핵심은 사신이 뜰아래에서 절을 하는 정하배(庭下拜)를 하느냐, 당(堂) 위로 올라가 기둥 밖에서 절을 하는 영외배(楹外拜)를 하느냐의 문제였다. 일본 측은 정하배를 해야 한다고 주장했다. 일본 사신이 조선 국왕을 만났을 때 뜰아래에서 절을 했기 때문이다. 이에 허성은 정하배를 수용하자는 입장이었지만, 김성일은 강하게 반대하였다. 김성일은 일본 관백은 천황(天皇)의 신하이며, 조선 사신이 관백에게 정하배를 하면 조선 국왕이 일본 관백과 대등하게 되는 것이요, 영외배를 하면 조선 국왕과 일본 천황이 대등하게 되는 것이라고 주장하였다. 이때 김성일은 천황을 '소위 천황'이라 표현하여, 천황이라는 존재를 인정하지는 않았다. 또한 김성일은 조선 사신을 접대하였던 현소(玄蘇)를 통해 일본의 여러 전(殿)이 관백을 만날 때 절하는 예가 없고, 유구(琉球)의 사신이 관백을 만날 때 당에서 절하는 예를 근거로 들기도 하였다. 그 결과 김성일의 주장대로 영외배로 결정되었다.

일본은 어떤 나라인가 하면 우리 조정의 여국(與國, 대등한 나라)이요, 관백이란 어떤 벼슬인가 하면 소위 천황의 대신입니다. 따라서 일본을 맡은 것은 소위 천황이요 관백이 아니며, 관백은 정승이요 국왕이 아닙니다. … 당당한 대국의 사신이 이웃나라의 신하(관백)에게 정하배를 한다면 이는 우리 임금을 관백에게 대등시키는 것이니 나라를 욕되게 하는 것이 아니고 무엇입니까? 마루에 올라가 영외배를 한다면 우리 임금을 소위 천황에게 대등시키고 관백에게 대등을 허락하지 않는 것이니, 임금을 높이는 것이 아니고 무엇입니까?[36]

---

36 金誠一, 『海槎錄』권3, 「與許書狀論禮書」.

1636년(인조 14)에 정사 임광과 부사 김세렴이 통신사로 갔을 때에도 같은 문제가 발생하였다. 일본의 집정(執政)은 일본 사신이 조선에서 정하배를 한 것을 근거로 정하배를 주장하였다. 이에 김세렴은 1590년의 전례를 들어 영외배를 주장하였고, 조선 사신이 절하는 위치도 중당(中堂)에서 상당(上堂)으로 올라가는 예우를 받았다.

이때 집정이 억지로 할 수 없음을 알고 전명례(傳命禮)를 정하였다. 사신에게 각(角)을 불며 앞에서 인도하고, 가마를 타고 궁(宮)에 들어가 상당에 올라 예를 행하게 하였다. 그 나라(일본)의 제도는 상당, 중당, 하당(下堂) 세 곳이 있어 각각 반 자[尺]씩 높다. 상당은 관백이 앉는 곳으로, 그 숙부인 대납언(大納言)의 무리라 해도 올라갈 수가 없었다. 이보다 앞서 우리 사신이 저곳에 이르렀을 때 중당에서 절을 하였는데, 이때에 이르러 관백이 특별히 공경함을 더하였다고 한다.[37]

1763년(영조 39)에 일본을 방문한 정사 조엄은 일본에 도착한 이후 일이 생길 때마다 과거 통신사들의 기록을 검토하였다. 자신이 국가를 대표하는 막중한 임무를 맡았기에 외교 전례상 작은 실수도 용납되지 않았고, 이를 위해 기왕의 사례를 세밀히 검토하는 것이 중요하다고 생각하였다. 마침 그에게는 홍계희와 서명응(徐命膺)이 정리해 둔 통신사 일기가 있었는데, 조엄에게는 이것이 큰 도움이 되었다.

이전의 통신사들은 사신이나 원역 중에 일기를 남긴 사람이 많았는데, 판

---

37 『增補文獻備考』권178, 交聘考 8, 日本交聘 1, 「本朝」. "(仁祖十四年) 於是, 執政知不可强, 乃定傳命禮. 令使臣, 吹角前導, 乘轎入其宮, 陞上堂行禮. 盖其國制, 有上中下三堂, 各半尺以高. 上堂, 關白坐處, 雖其叔父大納言輩, 亦不得陞. 前此, 我使之至彼也, 拜於中堂, 至是, 關白特加敬異云."

제3장 조선과 일본의 외교의례

서 홍계희가 널리 수집해서 『해행총재(海行摠載)』라 하였다. 부제학 서명응이 이를 옮겨 적어 『식파록(息波錄)』이라 이름하고, 61편을 합하여 사신 일행이 참고할 자료로 만들었다. 그가 교체될 적에 이를 모두 나에게 보내 주었다.[38]

조선 사신이 일본의 관백에게 국서를 전달하는 의례는 다음과 같다.[39]

1일 전
조선에서 가지고 온 공사(公私) 별폭(別幅)을 일본 측에서 싸 가지고 감.

당일
의장(儀仗)과 고취(鼓吹)를 설치함.
의장은 청도기(淸道旗)-순시기(巡視旗)-영기(令旗)-절월(節鉞)-독(纛)-대기(大旗)-고취-사령(使令)-소동(小童)의 순서임.
의장 뒤를 군관(軍官)-용정(龍亭)-사신이 따라감.
군관은 융복(戎服), 사신은 공복(公服) 차림임.
사신은 조선의 평교자(平較子), 당상관은 일본의 견여(肩輿), 당하관은 말을 탐.

관백의 궁성(宮城)에 도착하면
제5문, 고취를 그치고 군사 의장을 없앰, 상관 이하는 말에서 내림.
제6문, 상상관, 제술관, 양의(良醫)가 견여에서 내림.
제7문, 3사신 교자에서 내림, 대마도주와 장로(長老)가 관반 2인과 함께 사신 일행을 맞이하여 인도함.

---

38 趙曮, 『海槎日記』 권1, 癸未(1763) 10월 6일(己丑).
39 『通文館志』 권6, 交隣下, 「傳命儀」.

제8문, 용정을 멈춤. 수당상(首堂上)이 국서를 받들고 앞에서 가면 3사신이
　이를 따라감.

내문(內門), 전(殿)의 계단 아래에서 관직이 높은 자 2인이 읍(揖)을 하고 인
　도하여 들어감.

외헐청(外歇廳), 탁자 위에 국서를 봉안(奉安)함. 3사신은 동벽(東壁)에 나란
　히 앉음.

　사신이 안으로 들어갈 때 상관 이하, 장로 등은 이곳에 머묾.

내헐청(內歇廳), 헌상(軒上)을 거쳐 10여 보를 걸어 동쪽 협문(夾門)의 외당
　(外堂)에 들어감.

　외당 즉 내헐청은 정전(正殿)과 벽을 사이에 둠.

　북벽(北壁)에 국서를 봉안함.

　3사신은 북향하여 나란히 앉음.

관백, 정당[政堂, 3층 마루가 있고 층의 높이는 몇 촌(寸)이 됨]에 앉으면

수당상, 국서를 받들고 들어가 서향하여 꿇어앉음.

대마도주, 꿇어앉아 국서를 받아 집정에게 전해 줌.

집정, 국서를 관백 오른쪽에 둠.

장관(將官) 등, 예단(禮單)을 받들고 들어와 당의 2층에 나란히 놓음.

　안마(鞍馬)는 마당에 진열함.

집정 2인, 대마도주에게 말을 전함.

대마도주, 3사신을 인도해 들어가 공례(公禮)를 거행함.

3사신, 폐백을 진열한 앞에 네 번 절한 후 외당(내헐청)에 나와 앉음.

관백, 근시(近侍)를 시켜 조선 국왕의 국서를 읽게 함, 예폐(禮幣) 등의 물건
　을 거두어 들어감.

장관 등, 사신의 사폐(私幣)를 가지고 들어와 진열함.

3사신, 다시 들어가 사폐 앞에서 네 번 절한 후 외당에 나와 앉음.

집정 등 4인, 관백의 말이라며 사신을 위로함.

사신, 답례하여 사례(謝禮)함.

주례(酒禮)를 거행하려 함.

대마도주, 사신을 인도하여 차당(次堂)의 동벽에 앉게 함.

집정 등, 찬반(饌盤)을 관백 앞에 바침.

3사신, 각각 찬반을 설치함.

집정, 토배(土盃, 흙으로 만든 술잔, 경사가 있을 때 한 번 사용하고 버림)를 관백 앞에
　　바침.

장관 1인, 금준(金尊)과 토배를 꿇어앉아 바침.

당상(堂上)의 관백, 먼저 술 1배(杯)를 마시고 상사(上使)에게 술을 권함.

상사, 올라가 술을 마시고 재배(再拜)한 후 물러남.

관백, 술을 마시고 부사와 종사관에게 술을 권함.

부사·종사관, 올라가 술을 마시고 재배한 후 물러남.

상상관, 기둥 안에서 사배례(四拜禮)를 거행함.

상관, 기둥 밖 마루에서 사배례를 거행함.

중관·소동, 조금 내려가 편죽(編竹)을 갈아 놓은 곳에서 사배례를 거행함.

취수·사령, 마당 가운데서 사배례를 거행함.

집정 4인, 나와서 관백의 말을 전하고 연향 거행하기를 청함.

"직접 스스로 연회(宴會)를 주관하고자 하나 사신의 노고를 걱정하여 3납언(納
　　言)에게 대신 거행하게 하였으니, 잔치에 들어가 참여하였으면 합니다."

사신, 다시 들어가 사례를 거행하고 재배한 다음에 나옴.

대마도주, 사신을 인도하여 차당에 들어감.

3납언, 나와서 접대함. 절을 하고 읍을 한 다음 동서로 나누어 앉음.

납언·사신, 각각 배반(盃盤)을 올려 3작(酌)을 거행하고 파함.

상상관, 내헐청에 앉아 연향을 베풂.

상관·차관·중관·하관, 있는 곳에서 연향을 베풂.

집정 4인, 사신 일행을 동쪽 협문 밖으로 인도하여 읍을 하고 배웅함.

3사신, 숙소로 돌아감.

이를 보면 조선의 사신이 국서를 전달하는 의식은 ① 관백에게 국서를 전달하는 의식, ② 관백이 내려 주는 술을 받는 의식, ③ 납언이 주관하는 연회로 구성되었다.

먼저 관백에게 국서를 전달하는 의식은 관백의 궁성에 도착한 이후 9개의 문을 통과하는 절차가 복잡하였다. 조선을 대표하는 세 명의 사신은 제7문에 들어서면 교자에서 내려 걸어갔고, 국왕의 국서는 제8문을 통과하면 용정에서 내려 수당상이 손으로 받들고 들어갔다. 조선의 사신은 국서를 뒤따라 내문, 외헐청, 내헐청, 정당의 순서로 이동하여 마침내 관백을 마주하게 되었다. 조선 국왕의 국서는 수당상에서 대마도주와 집정의 손을 거쳐 관백에게 전달되었고, 조선 사신은 폐백을 진열한 앞에서 관백에게 네번 절을 한 후 내헐청으로 물러나는 것으로 국서를 전달하는 의식은 끝이 났다.

다음으로 관백이 사신에게 술을 내리는 주례가 거행되었다. 관백이 정당의 3층에 앉아 있는 상황에서 조선의 사신은 차당의 동쪽 벽에 앉았다. 관백이 한 잔을 마신 다음 상사(정사)에게 술을 권하면 정사는 2층으로 올라가이를 받아 마시고 재배한 후 물러났고, 부사, 종사관이 차례로 2층으로 올라가 술을 받아 마셨다. 이때 상상관 이하 수행원들은 각자가 위치한 곳에서 사배례를 거행하였다.

마지막으로 납언이 주관하는 연향은 차당에서 진행되었다. 주례가 끝나면 조선 사신들은 관백에게 재배를 한 후 대마도주의 인도를 받아 차당으로 들어갔고, 세 명의 납언이 들어와 절을 한 후 동서에서 마주 보고 앉았다. 연향은 납언과 사신들이 석 잔의 술을 마시는 것으로 끝이 났고, 상상관은 내헐청에서, 나머지 수행원들은 각자가 있는 곳에서 연향을 받았다. 이보다 앞서 1711년에 조선의 통신사가 관백을 만났을 때에는 다례가 있고, 관백이 조선 국왕의 안부를 묻는 문후(問候)의 절차가 있었다.[40] 그러나 이 절차는 이후에 사라졌다.

1764년 2월 27일에 조엄은 관백을 만나 영조의 국서를 전달하였다. 이때 실제로 거행된 절차를 살펴보자.[41]

이날 3사신은 금관(金冠)과 조복(朝服)을 입었고, 군관은 융복, 원역(員役)은 단령(團領)을 착용하였다. 조엄 일행은 내성(內城)으로 들어간 후 사신들이 교자에서 내렸고, 수역(首譯, 수당상)은 국서를 소반에 받쳐 들고 앞서 나갔다. 일행이 각도(閣道)의 나무 계단에 이르자, 원승우(源乘佑), 원이리(源利里), 원충순(源忠順), 원충향(源忠香) 등 네 명의 봉행(奉行)과 원충웅(源忠雄), 원정류(源政倫), 원정무(源政武) 등 세 명의 대목부(大目付)가 나와서 이들을 맞이하였다.

이들은 100여 보를 걸어가 외헐청에 들어갔으며, 국서를 벽감(壁龕)에 모시고, 인신(印信)을 이곳에 두었다. 다시 100여 보를 걸어가 내헐청에 이르렀으며, 건물의 이름은 송지간(松之間)이었다. 내헐청에서 국서는 서쪽에 봉안하고 3사신은 당 가운데서 서쪽을 향해 늘어앉았으며, 그 왼쪽에는 각 주의 태수와 백관들이 앉았다. 조엄 일행은 먼저 국서를 봉안할 곳과 사신이

40　『通文館志』권6, 交隣下,「傳命儀」. "辛卯(1711)信使時, 茶禮在私幣之前, 且有問上候之禮."
41　趙曮,『海槎日記』권4, 甲申(1764) 2월 27일(己酉).

예를 거행할 장소를 둘러보았다. 관백의 정당(正堂)은 3층으로 되어 있었고, 각층은 5척(尺)을 넘지 않았으며, 3층 전체의 길이는 7~8칸 정도였다. 관백이 거처하는 제일 위층은 칸막이를 하였다.

국서를 전달하는 의례가 시작되자 대마도주는 수역으로부터 국서를 받아 정당 안으로 들어갔고, 근시가 국서를 받아 관백 앞에 두었다. 3사신은 차례로 몸을 굽히고 걸어가 정당의 중층(中層)에 이르렀고, 관백은 상층(上層)에 앉았다. 사신들은 사배례를 거행하고 내헐청으로 돌아오자 3수역 이하가 차례로 들어가 예를 거행하였다. 사신의 사례단자(私禮單子)가 수역을 통해 대마도주에게 전달되었고, 사신은 또 대마도주를 따라 들어가 정당의 하층(下層)에서 사배례를 거행하고 내헐청으로 돌아왔다.

집정이 시연례(始宴禮)를 거행한다는 말을 듣고 3사신은 대마도주를 따라 들어가 정당의 하층 동쪽에 앉았다. 관백과 3사신의 앞에 소반이 놓였는데, 소반에는 약간의 과일과 밤이 세 개의 그릇에 놓여 있었다. 관백이 은관(銀罐)과 토배(土杯)를 받았고, 정사 조엄이 정당의 중층으로 올라가니 한 사람은 토배를 주고 나머지 한 사람은 빈 병으로 왼쪽으로 1보 떨어진 곳에서 따르는 시늉을 하였다. 조엄은 빈 잔을 들기만 하고 마시는 시늉은 하지 않았다. 이후 부사와 종사관이 차례로 같은 예를 거행하였으며, 배례(拜禮)를 거행하고 내헐청으로 나왔다.

이때 조선의 사신들이 술을 받아 마시지 않은 것은 국금(國禁), 즉 영조의 금주령 때문이었다. 조엄은 이보다 앞서 국서를 전달하는 절차는 의논하면서 관백의 술을 마실 수 없다고 선언하였고, 술잔을 받기는 하되 술을 따르지는 않는 것으로 합의하였다.

우리나라의 주금(酒禁)은 지극히 엄하므로 조선의 신하로서 감히 입에 대지 못할 뿐만 아니라 감히 술잔을 들지도 못한다. 이는 의리에 관계된 것이니, 관백이 만약 술을 권하더라도 결코 받지 않겠다. 그렇게 되면 도주는 불화한 일을 면하기 어려울 것이니, 차라리 잘 주선하여 애당초 갈등이 없게 하는 것만 못하다.[42]

집정이 종실(宗室)에게 잔치를 베풀게 하였다는 관백의 말을 전하자, 3사신은 다시 대마도주를 따라 정당의 하층에 들어가 사귀례(辭歸禮)를 거행하였다. 이로써 조선 사신이 관백을 만나는 의례는 끝이 났다. 3사신은 외헐청에 나와 휴식을 취하다가 내헐청으로 들어갔고, 대마도주의 인도를 받아 정당 하층의 동쪽 칸막이 밑으로 인도하였다. 연향을 거행할 때에는 상층과 오른편을 모두 비단 발로 가렸다. 종실 두 사람이 주인으로 나왔는데, 기이주(紀伊州) 태수이자 중납언(中納言)인 원종장(源宗將)과 수호주(水戶州) 태수이자 원종장의 아들인 치보(治保)였다. 연향을 마치고 내헐청으로 나오니 집정 2인이 와서 위로하고, 집정 네 사람이 대청(大廳) 끝까지 나와 전송하였다. 3사신은 집정들과 재읍례(再揖禮)를 거행하고 헤어졌다.

(2) 조선 사신이 일광산(日光山)에 치제하는 의례

일광산에 치제하는 의례란 일광산에 위치한 권현당(權現堂)과 대유원(大猷院)에 제사를 지내는 의례를 말한다.[43]

먼저 권현당은 덕천 막부를 일으킨 덕천가강(德川家康)의 묘소로 '동조대권현당(東照大權現堂)'이라 불렀다. 1636년(인조 14)에 통신사 임광 등이 에도에 도착하자, 관백 덕천가광(德川家光)은 조선과의 화친은 자신의 할아버지 때문에 성립되었으므로 그 묘소로 가서 분향하기를 요청하였다. 이는 1635년 대마번에 의한 국서개작 사건이 폭로됨에 따라 분열된 막부 세력을

---

42 趙曮, 『海槎日記』 권4, 甲申(1764) 2월 17일(己亥).
43 『通文館志』 권6, 交隣下, 「日光山致祭儀」; 『增正交隣志』 권5, 「日光山致祭」.

무마시키고, 외국 사절에게 덕천 정권의 위상과 조상 숭배의 모습을 과시하려는 의도가 있었기 때문이었다.[44]

조선에서 일광산의 치제를 수용한 것은 이를 통해 일본의 국정을 탐색하는 범위를 대마도~에도에서 관동 이북 지역으로 확대시키고, 조선이 문화적 우월감을 가지고 제문과 제물을 내려 주어 엄격한 유교식 제례를 불교국인 일본에게 각인시키려 하였다. 또한 일광산 치제를 교섭했던 대마도의 입지를 강화시켜 외교 관계를 안정화함으로써 청과의 불안한 관계에 전념할 수 있도록 하였다.[45] 에도에 도착한 조선의 통신사가 일광산까지 가서 제사를 지내는 것은 이때부터 시작되었다.

1642년(인조 20)에 막부에서는 대마도주를 통해 어필(御筆), 시편(詩篇), 종(鍾), 화로, 대장경 등의 물건을 요청하였다. 일본과의 화친을 중시하였던 인조는 '일광정계 창효도량(日光精界 彰孝道場)'을 써 주고, 사신(詞臣) 이명한(李明漢) 등 8인에게 시 한 수씩 짓게 하였다.[46]

다음으로 대유원은 덕천가강의 묘당(廟堂)으로, 권현당에서 서쪽으로 1리쯤 떨어진 곳에 있었다. 1655년(효종 6)에 통신사를 파견할 때 효종은 일본 측의 요청으로 "영산법계 숭효정원(靈山法界 崇孝淨院)"이라는 여덟 글자를 써 주고 사신(詞臣)들에게 글을 짓도록 하였다.[47] 이때 효종은 제기(祭器) 5종과 악기(樂器) 11종을 제작하여 함께 보내 주었다. 조선에서 대유원으로 보낸 제기와 악기의 내역은 다음과 같다.[48]

44 仲尾宏,『조선통신사 이야기』, 한울, 2005.
45 최종일,『조선통신사의 닛코산 치제 연구』, 강원대학교 석사학위논문, 1998, 70면.
46 『仁祖實錄』권43, 仁祖 20년 2월 戊午(18일). 이를 보면 인조는 義昌君 李珖에게 '日光淨界'라는 네 글자의 편액을 쓰게 하고, 종의 序文은 李明漢이 짓고, 銘은 李植이 짓고 吳竣이 썼다. 또 시문을 지을 사람으로 金塗, 崔鳴吉, 이식, 洪瑞鳳, 이명한, 李聖求, 李慶全, 申翊聖, 沈器遠, 金蓍國 등을 지목하였지만, 김류는 부친 金汝岉이 임진왜란 때 사망하였기 때문에 사양하였다.
47 『孝宗實錄』권14, 孝宗 6년 4월 癸未(29일).
48 『春官志』,「日光山致祭時幣帛及禮單」;『通文館志』권6, 交隣下,「日光山致祭儀」.

제기 5종

조(俎)

보(簠)

궤(簋)

변(籩)

두(豆)

악기 10종

슬(瑟) 1, 보자기 갖춤.

어(敔) 1, 보자기 갖춤.

금(琴) 1, 가(家)를 갖춤.

적(笛) 1, 가를 갖춤.

약(籥) 1, 가를 갖춤.

관(管) 1, 가를 갖춤.

훈(壎) 1, 가를 갖춤.

축(柷) 1, 대(臺)와 보자기 갖춤.

진(籈) 1, 가와 보자기 갖춤, 유소(流蘇) 2와 대 1을 갖춤.

소(簫) 1, 가를 갖춤, 유소 2를 갖춤.

조선 사신이 권현당과 대유원에 제사를 올릴 때의 절차는 다음과 같았
다.[49]

사신이 미리 의주를 만듦.

독축관(讀祝官), 찬자(贊者), 알자(謁者)를 일행 중에서 정함.

당일

사신 이하 공복을 갖추어 입음.

제문을 실은 용정, 폐백(幣帛)을 실은 채여(彩輿), 전물(奠物)을 실은 가자(架
　子)를 가지고 가서 바침.

분향(焚香)하고 폐백을 올림.

초헌(初獻), 정사가 담당함.

독축(讀祝)하고 제문을 불태우지 않음. 제문은 왜인이 집안에 전하는 가보
　(家寶)로 삼음.

아헌(亞獻), 부사가 담당함.

종헌(終獻), 종사관이 담당함.

제사를 마침.

49　『通文館志』 권6, 交隣下, 「日光山致祭儀」.

권현당과 대유원의 제사에서 사용하는 물품은 모두 조선에서 가져간 것을 사용하였다. 권현당과 대유원 제사에서 사용한 폐백의 내역은 다음과 같다.[50]

권현당
준마(駿馬) 1필
백단향(白檀香) 2냥(兩)
은향합(銀香盒) 1부(部)
홍상건사라(紅床巾紗羅) 1필
주홍곡수좌면지(朱紅曲水坐面紙) 2장(張)

대유원
금단(錦段) 3필
대화촉(大花燭) 2쌍
대부용향(大芙蓉香) 20주(炷)
채화석(彩畵席) 10장
자잔(磁盞)과 잔대 1죽(竹)
대첩(大貼) 3죽
보아(甫兒) 3죽
석린(石鱗) 10근(斤)
백단향 2냥
은향합 1부
홍상건사라 1필

---

50 『通文館志』 권6, 交隣下, 「日光山致祭儀」.

주홍곡수좌면지 10장

백랍촉(白蠟燭) 3쌍

조선 사신이 일광산에 제사를 지낸 것은 17세기에 나타난 현상이었다. 1636년(인조 14)에 조선 사신은 권현당을 처음 방문하였고, 분향만 하고 제사를 지내지는 않았다. 1643년(인조 21)에 파견된 사신이 처음으로 권현당에서 제사를 올렸고,[51] 1655년(효종 6)에 파견된 사신은 대유원에서 처음으로 제사를 올리고 권현당에서는 분향만 하였다.[52] 그러나 이 의례는 1682년(숙종 8)에 파견된 사신부터 중단되었다.[53] 조선 사신이 파견되었을 때 제사를 올리는 항목은 여전히 있었다. 그러나 일본 측에서 관백도 아직 일광산을 찾아보지 못한 상황에서 외국 사신이 먼저 가서 분향하는 것은 미안하다고 하여 제사를 중지시켰다.[54] 다만 일본 측에서는 폐백, 향촉, 등롱, 화석, 제수는 가지고 오도록 하였다.[55]

51 일광산에서의 의례 규정은 1643년 때 처음으로 논의되었다. 처음 대마도주는 일광산 의례에 있어 사배를 요구하였으나 조선 사신들은 이를 반대하였다. 일본 측에서는 국서 봉정식에서 장군에게 사배의 예를 표하는 것처럼 묘당에서도 그래야 한다고 주장하였다. 현 권력자인 장군 앞에서의 예와 덕천가강(德川家康)의 묘당 앞에서의 예를 동일시하고 있다. 그러나 사신들은 전례를 이유로 일본의 요구를 거절하였고, 실제로 재배(再拜)를 행하였다(「계미동사일기」, 『국역 해행총재 V』, 민족문화추진회, 1982, 279면).

52 1655년 일광산 제사에 관해서는 한일 양국 간의 기록이 상이하다. 조선 측의 사료에서는 권현당-대유원의 순으로, 일본 측 사료에서는 대유원-권현당의 순서대로 치제를 올렸다고 한다(장혜진, 『에도시대 조선통신사 닛코(日光)행에 관한 일고찰: 17세기중반 류큐 사절의 닛코행 비교를 통하여』, 한양대학교 석사학위논문, 2007, 50~51면).

53 송지원, 「조선통신사의 의례」, 『朝鮮通信使研究』 2, 2006, 44~48면.

54 일광(日光)행은 쇼군의 참배와 관련되기도 하고, 이국 사신의 일광행이 일본 국내의 기근과 재정상의 문제로 중단되었다는 견해도 있다(大滝晴子, 「明暦の朝鮮通信使」, 『朝鮮史叢』, 1980, 193면).

55 『增正交隣志』 권5, 「信行各年例」.

3) 조선 사신이 접대받는 의례

조선 사신이 접대를 받는 의례는 국내에서 거행하는 의례와 일본에 도착한 이후에 받는 의례로 구분할 수 있다.

(1) 조선에서의 연향

통신사 일행이 한양을 출발하면 대체로 양재, 판교, 용인, 양지, 죽산, 충주, 문경, 예천, 풍산, 안동, 의성, 영천, 경주, 울산에 이르는 길을 거쳐 동래와 부산에 이르렀다. 총 거리가 1,950리에 이르는 길이었다. 사신은 하루에 30리에서 60리 정도가 되는 거리를 이동하였고, 곳곳에서 지방관들이 주최하는 크고 작은 연향이 있었다. 초기에 통신사를 위한 정식 연향이 베풀어진 곳은 충주, 안동, 경주, 부산[56] 4곳이었다. 그러나 시간이 지나면서 민폐(民弊)를 없애려고 부산 한 곳에서만 연향을 베풀었다. 부산의 연향은 좌수사(左水使)가 주관하였고, 음식 준비는 그 하인들이 담당하였다. 3사신이 한양을 출발할 때에는 각자 가족을 만나느라 길을 나누어 흩어졌다가 영천에서 합류하였다. 3사신이 모두 영천에 도착하면 경상 관찰사가 이곳으로 와서 전별연(餞別宴)을 베풀기도 하였다.[57]

조선에서의 연향을 조엄의 기록을 통해 살펴보자.

조엄 일행은 1763년 8월 16일에 영천의 조양각(朝陽閣)에서 경상 관찰사 김상철(金相喆)이 주관하는 전별연에 참석하였다. 잔치 자리에는 인근 고을의 수령들이 대부분 참석하였고 풍악이 울리고 잔칫상이 차려졌다. 이날의 전별연은 구경꾼까지 합하면 만여 명이 몰리는 성대한 잔치였다. 그러나 조엄은 상중(喪中)에 있었기 때문에 풍악이 울릴 때 자리를 피하였다.[58]

---

56 조엄은 부산이 아니라 동래라고 하였다[趙曮, 『海槎日記』 권1, 癸未(1763) 9월 10일(甲子)].
57 『通文館志』 권6, 交隣下, 「我境賜宴」; 『增正交隣志』 권5, 「我境賜宴」.
58 趙曮, 『海槎日記』 권1, 癸未(1763) 8월 16일(庚子).

조엄 일행은 부산에 도착한 후 해신제(海神祭)를 지냈다.[59] 해신에게 일본으로 가는 바닷길을 무사히 건널 수 있게 기원하는 제사로, 부산 연향이 열리기 이틀 전이었다. 제단은 영가대(永嘉臺) 앞에 3층으로 설치하였고, 상층에 '대해신위(大海神位)'라 쓴 위패를 모시고 제물을 진설하였다. 중층에는 향로와 향을 놓았고, 하층에는 헌관과 집사가 자리하였으며, 그 아래에 제관이하의 집사들이 늘어섰다. 제사 의례는 『국조오례의』에 나오는 「제해독의(祭海瀆儀)」를 바탕으로 하면서 조금 수정하였다.

9월 10일에는 부산의 객사(客舍)에서 좌수사가 주관하는 전별연이 열렸다.[60] 3사신과 일행의 원역(員役)들이 일제히 모였는데, 객사 건물이 좁아서 임시로 자리를 만들고 기악(妓樂)을 베풀었다. 이 자리에는 3사신과 좌수사가 앉았고, 나머지 사람들은 차례로 정돈하여 앉아서 잔칫상을 받았다. 당시에는 금주령이 내려져 있었기에 술을 마시는 대신에 차(茶)를 마셨고, 9잔7미(九盞七味)의 예를 거행하였다. 전별연에 참석한 사람들은 모두 머리에 채화(彩花) 한 가지씩을 꽂았고, 배가 부르도록 음식을 먹었다.

공식적인 연회가 끝난 다음에는 좌수사가 개최하는 사연(私宴)이 열렸다. 이 잔치에서도 여러 풍악이 교대로 연주되었고 군무(群舞)가 벌어졌다. 이날의 잔치 자리에는 벽마다 청사초롱이 걸렸고, 상 위에는 꽃병이 봄 동산처럼 놓여 있었다. 부산에서의 연향은 한밤중이 되어서야 끝이 났고, 조엄은 이날의 잔치를 '하나의 기이한 구경거리'라고 말하였다.

(2) 일본에 도착한 이후의 연향

조선 사신이 일본에 도착한 이후에는 크게 세 차례의 연향이 있었다.[61] 대

---

59 趙曮, 『海槎日記』권1, 癸未(1763) 9월 8일(壬戌).
60 趙曮, 『海槎日記』권1, 癸未(1763) 9월 10일(甲子).
61 『通文館志』권6, 交隣下, 「彼地宴享」; 「中路問安」; 『增正交隣志』권5, 「彼地宴享」; 「中路問安」.

마도에 도착하였을 때의 하선연(下船宴), 에도(동경)에 도착하였을 때의 별연(別宴), 대마도에 돌아와서 부산으로 떠나기 전의 상선연(上船宴)이었다. 세 가지 연향은 모두 대마도주가 주관하였고, 대마도주의 집에서 거행되었다. 대마도주는 1633년부터 시행된 참근교대제(參勤交代制)에 따라 1년은 대마도에 살고, 1년은 에도에 살았다. 이 때문에 대마도주의 집은 대마도와 에도에 모두 있었고, 대마도주의 처자식들은 에도의 집에서 살고 있었다.

대마도주가 주관하는 연향의 절차는 다음과 같다.[62]

공복을 갖춰 입은 사신이 동쪽에 서고 주인(대마도주)이 서쪽에 선다.

고배(高排)의 상탁(床卓)이 설치되는데 화려하고 사치스럽다. 그릇은 금은과 유리를 사용하고, 초목이나 금수가 날아가고 움직이는 모양을 조각하였다.

찬상(饌床)을 차린 후 술 9작(酌)을 돌림.

밥을 올림.

일행이 물러나와 헐청(歇廳)에서 편복(便服)으로 바꾸어 입음.

소상(小床)을 따로 설치하고 화반(花盤)을 섞어 놓음.

희자(戲子)를 설치하고 음악을 연주하기도 함.

1624년에 강홍중(姜弘重)이 경험한 대마도 하선연은 대마도주의 집에서 교의(交椅)에 앉아 진행되었다. 연회가 시작될 때 대마도주 의성(義成)은 중앙 계단에 서서 사신 일행을 맞이하였고, 당 위에 올라 읍례(揖禮)를 거행하였다. 사신은 동벽에 자리를 잡고 주인 측은 서벽(西壁)에 자리를 잡았으며,

---

62 『通文館志』권6, 交隣下, 「彼地宴享」.

그림 16 대마도에 있는 조선통신사비

술이 반쯤 취하였을 때 어린 희자(戲子)가 나와서 풍악을 울리고 재주를 부
렸다. 또 무동(舞童)이 열을 지어 나왔는데, 모두 비단옷을 입고, 얼굴에는 가
면을 썼으며, 손에는 금부채를 쥐고 절조에 맞추어 노래를 불렀다. 강홍중은
이때의 잔치가 흥미를 돋울 만하다고 평가하였다.[63]

조선 사신이 대마도주의 인도를 따라 에도로 이동하는 동안 현지의 번주
(藩主)가 주관하는 연향도 있었다. 처음에는 적간관(赤間關), 대판성(大坂城),
강호, 미장(尾張), 준하(駿河) 등 5곳에서 연향을 베풀었다. 중간에 적간관의
연향을 우창(牛窓)으로 옮겨서 거행하기도 하였지만, 조선 사신이 에도에서
돌아올 때에도 5곳에서 연향을 베풀었다. 그러나 1719년(숙종 45) 조선 사신
이 파견되었을 때부터는 번주가 주관하는 연향이 대판성과 에도 두 곳으로
줄어들었다.[64]

---

63 姜弘重, 『東槎錄』, 1624년 10월 10일(辛亥).
64 『通文館志』 권6, 交隣下, 「彼地宴享」; 『增正交隣志』 권5, 「彼地宴享」.

그림17 대마도주 번저에서의 마상재. 교토 고려미술관 소장

앞서 보았듯이 조선 사신이 국왕의 국서를 관백에게 전달할 때 관백의 궁성 안에서도 연향이 거행되었다. 국서를 전달한 후 관백이 3사신에게 술 한 잔씩을 내리는 다례(茶禮, 酒禮라고도 함)와 3납언이 사신을 맞아 석 잔의 술을 내리는 연향례가 그것이다. 그런데 1711년(숙종 37)에 조선 사신이 관백을 만났을 때에는 이와 다른 방식으로 진행되었다.

1711년의 연향을 부사 임수간의 기록을 통해 살펴보자. 11월 1일에 조선 사신은 관백의 궁성을 방문하여 국왕의 국서를 전달하였다.[65] 국서를 전달한 후 바로 다례가 거행되어, 3사신이 차례로 관백의 술 한 잔을 받아 마시고 빈 잔을 가지고 자리로 돌아와 소반 위에 놓았다. 다례가 끝난 후 사신의 사폐를 올리는 절차가 진행되었고, 이어서 3사신이 나란히 북향하여 앉은 상황에서 관백이 조선 국왕의 안부를 물었다.

"국왕의 기체(氣體)가 어떠하냐?"
"삼사가 수륙 만리를 무사히 왔으니 실로 기쁘고 다행한 일이다."

65　任守幹, 『東槎日記[乾]』, 1711년 11월 1일.

11월 3일에 조선 사신은 다시 관백의 궁성을 방문하여 내전(內殿)에 들어가 관백과 함께 공연을 보았다.[66] 정전에 들어간 사신이 관백에게 사배(四拜)를 올리자 관백은 "이제 음악을 늘어놓고 연향을 베풀려 하는데 편안히 잘 받아주면 다행이겠다"고 말하였다. 얼마 후 삼사는 내전으로 들어갔으며, 대마도주와 장로가 마주 앉고, 관백은 벽을 사이에 두고 주렴을 걷고 앉았다. 관백의 곁에는 집정(執政)들이 시립하고, 백관들은 동쪽 전상(殿上)에 늘어앉았다.

공연 무대는 뜰에 설치되었고 판옥 안에는 영인(伶人)들이 자리하였다. 사신 일행은 이곳에서 천황이 개벽한 공덕을 형용한 언무악(偃武樂), 삼삼대염(三三臺鹽), 장보악(長保樂), 앙궁악(央宮樂), 인화악(仁和樂), 당악(唐樂)인 태평악(太平樂), 고오(古烏), 감주(廿州), 임가(林歌), 능왕(陵王), 납소리(納蘇利), 장경자곡(長慶子曲)의 연주와 함께 무용을 보았다. 이날 사신들이 감상한 음악에는 고려악(高麗樂)이 다수가 포함되어 있었다. 공연이 진행되는 동안 원여(源璵), 즉 신정백석(新井白石)은 조선 사신의 옆에 앉아서 공연의 뜻을 일일이 설명해 주었다.

공연이 끝난 후 조선 사신은 정전으로 돌아왔고, 제3칸에서 사신들을 위한 연향이 시작되었다. 조선의 사신들은 대마도주와 마주 앉은 가운데 집정 8인, 장로 2인이 자리에 합석하였고, 술 3잔을 함께 나눠 마신 후 헤어졌다.

임수간이 기록한 1711년의 연향은 매우 특별한 사례였다. 일본의 국왕에 해당하는 관백이 조선 사신에게 국왕의 안부를 직접 물은 것, 그다음 날 관백의 다례와 집정의 연향이 거행된 것, 관백과 함께 내정에 들어가 공연을 관람한 것은 모두 처음으로 있는 일이었다. 이날의 연향에는 화상(花床)과 음식도 다른 연향에 비해 훌륭하였으며, 석 잔의 술을 마신 후 밥까지 먹

---

66 任守幹,『東槎日記[乾]』, 1711년 11월 3일.

고 나서 끝이 났다.[67] 이때 일본 측에서는 외교문서에서 관백을 일본의 국왕으로 칭해 줄 것을 요구하며 외교의례의 개정을 시도하였는데,[68] 조선 사신에게 특별한 연향을 베푼 것도 이와 관련이 있었다.

조선 사신이 에도에 가까워지면 관백이 파견한 사신들이 마중을 나와 문안을 올리는 의례도 있었다. 사신 일행이 에도에서 열흘 거리인 강기(岡崎)에 도착하면 중신(重臣) 2인이 마중을 나왔고, 조선 사신이 이들을 만날 때에는 공복을 갖추고 맞았다. 1711년에는 문안 의례에도 특별한 조치가 있었다. 사신의 행차가 대판성(大坂城), 왜경(倭京, 京都), 준하(駿河), 품천(品川)에 이를 때마다 중신이 마중을 나와 문안 인사를 하였고, 돌아오는 길에도 마찬가지였다. 그러나 1719년의 통신사부터는 다시 옛 관례대로 복귀하였다.[69]

---

67 『通文館志』권6, 交隣下,「彼地宴享」;『增正交隣志』권5,「彼地宴享」.
68 김상조,「新井白石의 의례개정과 조선 정부의 대응」,『영주어문』27, 2014 참조.
69 『通文館志』권6, 交隣下,「中路問安」.

3 일본 사신에 관한 외교의례

1) 조선을 방문한 일본 사신

조선전기에 한양을 방문하는 일본 사신은 사신을 파견하는 주체에 따라 구분되었다. 일본에서 파견하는 사신에는 국왕전(國王殿), 전산전(畠山殿), 대내전(大內殿), 소이전(小二殿), 좌무위전(左武衛殿), 우무위전(右武衛殿), 경극전(京極殿), 세천전(細川殿), 산명전(山名殿)의 사신이 있었다. 이 외에도 조선 국왕이 하사한 도서(圖書)를 받은 수도서인(受圖書人)이 파견하는 사신과 조선의 관직을 받은 수직인(受職人)의 방문이 있었다.[70]

국왕전, 즉 관백은 876년(헌강왕 2)에 청화천황(淸和天皇)이 황자(皇子)인 정순(貞純)에게 원 씨(源氏)라는 성을 내려 준 이후 일본 국왕의 성은 원 씨가 되었다. 일본 관백이 파견한 사신은 매번 25인이 한양으로 상경하였고 조선 국왕이 이들을 한 차례 접견하였다. 국왕이 접견하지 않을 때에는 예조에서 접대하였으며, 예조의 정1품 관리가 연회를 베풀었다.

전산전은 1455년(경태 6)에 원의충(源義忠)이 처음으로 사신을 보냈으며, 상경하는 인원이 처음에는 15인이었다가 뒤에는 10인으로 줄어들었다.

대내전은 백제왕 온조(溫祚)의 먼 후손으로 일본에 들어가 다다량포(多多良浦)에 정착하였다. 이 때문에 성을 다다량(多多良)이라 하였으며, 사람들은 이를 대내전이라 불렀다.

소이전은 재부(宰府)의 원 씨가 죄를 얻어 대마도로 도망갔을 때 조선으로

---

70 『通文館志』 권5, 交隣上, 「接待日本人舊定事例」. 『增補文獻備考』 권178, 交聘考 8, 日本交聘 1, 「本朝」. "明宗二年."

세견선을 1~2척 보내와 조회하기로 약속하였다. 훗날 이들이 대마도에서 본토로 돌아간 이후에도 조선에서는 거추(巨酋)의 예로 대우하였다. 소이전이 파견한 사신은 조선 국왕이 접견하는 예가 없었다.

좌무위전은 일본에서 외국 사신을 접대하는 사무를 맡았으며, 1428년(세종 10)에 좌무위 원의순(源義淳)이 처음 사신을 파견하여 조선 국왕에게 조회(朝會)하였다. 우무위전(右武衛殿)은 고려 때부터 우리나라를 왕래하면서 서계(書契)를 보내왔으며, 1409년(태종 9) 우무위 장군이던 구주부(九州府) 탐제(探題) 원도진(源道鎭)이 조선으로 사신을 파견하여 조회하였다.

경극전은 일본에서 형정(刑政)을 담당한 관리로, 1459년(세조 5)에 경조윤(京兆尹) 원지청(源之淸)이 처음으로 조선에 사신을 파견하여 조회하였다.

세천전은 원지지(源持之)가 주관하였다. 1470년(성종 1)에 세천의 우마두(右馬頭) 원지현(源之賢)이 사신을 파견하여 조회하였다. 원지현은 원지지의 아우였다.

산명전은 상대(霜臺) 원교풍(源敎豊)을 가리킨다. 1459년(세조 5)에 처음으로 조선에 사신을 파견하여 조회하였다.

다음으로 조선의 국왕이 하사한 도서를 받은 수도서인은 15인이었다. 수도서인이 조선으로 파견한 선인(船人)은 1년에 한 차례씩 와서 조회하였다. 또한 조선의 관직을 받은 수직인은 26인으로, 본인이 해마다 한 차례씩 조선으로 와서 조회하였다. 대마도에도 수직인 1인이 배정되어 있었다. 이들이 올 때에는 수직인을 수행하는 반종(伴從)이 1인씩 있었다.

임진왜란이 발생한 이후 조선으로 파견되는 일본 사신에는 큰 변화가 있었다. 1609년(광해 1) 기유약조(己酉約條)가 체결된 이후 일본의 관백이나 전산전(畠山殿) 이하 거추(巨酋)들이 조선으로 파견하는 사신은 모두 사라졌다.[71]

---

71 『通文館志』권5, 交隣上, 「接待對馬人新定事例」.

임진왜란이 발생했을 때 일본 사신이 상경하면서 파악하였던 도로가 왜군의 침략 경로로 이용되자, 조선 조정에서는 일본 사신의 상경을 금지시켰기 때문이다. 다만 양국 사이에 문제가 생기면 대마도에서는 관백의 뜻이라고 하여 대차왜(大差倭)를 파견하였다. 조선후기에 조선을 방문한 일본 사신에는 대마도주가 파견하는 사신, 수도서인이 파견하는 사신, 수직인 자신으로 한정되어 있었다.

대마도주가 파견하는 사신은 차왜라 하였다. 이들은 일본에서 청구할 일이 있거나 무역을 요구할 경우에는 서계를 가지고 왔다. 차왜는 서계의 내용에 따라 대차왜와 소차왜(小差倭)로 구분되었다. 이하에서 괄호안의 관직은 차왜가 가져온 서계를 받는 사람을 표시한 것이다.[72]

① 대차왜
관백의 부고(訃告)를 알리는 차왜(예조참판)
관백의 승습(承襲)을 알리는 차왜(예조참판)
대마도주의 승습을 알리는 경축 차왜(예조참판)
도서를 바꾸기를 간청하는 차왜
조선의 통신사를 요청하는 차왜
조선의 통신사를 호위하여 가는 차왜
조선의 통신사를 호위하여 오는 차왜

② 소차왜
표류한 사람을 데리고 오는 차왜(예조참의)
대마도주의 부고를 알리는 차왜

---

72 『通文館志』 권5, 交隣上, 「差倭」.

대마도주가 에도에서 돌아온 것을 알리는 차왜(예조참의)

조위(弔慰)하는 차왜(예조참의)

진하(陳賀)하는 차왜(예조참의)

문위관(問慰官)을 호송(護送)하여 가는 차왜

재판 차왜(예조참의)

조선후기에 수도서인이 파견하는 사신에는 부특송사(副特送使)와 만송원(萬松院), 유방원(流芳院), 이정암(以酊菴), 평언삼(平彦三), 평의진(平義眞)이 파견하는 사신이 있었다. 부특송사는 원래 수직왜(守職倭) 평경직(平景直)이 가졌던 사선(使船)이었다. 1611년(광해 3)에 평경직은 조선 국왕이 내린 도서를 받고 사신을 파견하는 것을 허락받았고, 그가 사망한 후에는 아들 평조흥(平調興)이 그 권한을 계승하였다. 1632년(인조 10) 평조흥이 죄를 얻어 폐출된 이후에는 대마도주 평의성(平義成)이 그 권한을 소유하였다.

조선후기의 수직인에는 등영정(藤永正), 세이소(世伊所), 마감칠(馬勘七), 평지길(平智吉), 평신시(平新時) 등 5인이 있었다. 이들은 임진왜란 이후 공로가 있었기 때문에 조선 정부로부터 상호군(上護軍)이나 부호군(副護軍)의 관직을 받았다.

다음은 일본 사신이 조선을 방문하여 한양까지 올라온 경우를 정리한 것이다. 이를 보면 1609년(광해 1) 기유약조를 체결한 이후 한양으로 올라오는 일본 사신은 1629년의 현방(玄昉)의 경우를 제외하면 완전히 사라졌다.

1399년(정종 원), 일본대장군(日本大將軍)이 사신을 보냄.

방물을 바치고 포로 남녀 100여 인을 보냄.

국왕이 어전에서 만나 보고 사신에게 4품 반열에서 예를 행하게 함.[73]

---

73 『增補文獻備考』 권178, 交聘考 8, 日本交聘 1, 「本朝」. "(定宗元年) 上御殿引見, 命來使, 立四品班, 行禮."

1441년(세종 23), 대장군이 사신을 보내 철쭉꽃 몇 화분을 보냄.

1455년(세조 원), 오도우구수(五島宇久守) 원승(源勝), 사신을 보내 공물 바침.

비전주단후태수(肥前州丹後太守) 원성(源盛), 사신을 보내 공물 바침.

각각 사신을 보내어 공물을 바침.

1464년(세조 10), 승려 수린(秀藺)이 조선을 방문함.

조선 조정에서 서계와 예물을 그에게 부쳤으며 5년간 조선에 머묾.

1466년(세조 12), 사신을 보내 원숭이를 바침.

1470년(성종 원), 관서로구주시소(關西路九州侍所) 종언(宗彦), 사신을 보내 공물 바침.

대마도주월중수(對馬島州越中守) 종성홍(宗盛弘), 사신을 보내 공물 바침.

호군(護軍) 종가무(宗家茂)가 와서 조회에 참석함.

1472년(성종 3), 상송포(上松浦) 원납(源納), 사랑위문(四郞衛門) 정수(正秀)를 보내 공물 바침.

1522년(중종 17), 소이전(小二殿), 공부수좌(功夫首座)를 보내 용경석(龍鏡石) 3매를 바침.

1546년(명종 1), 왜왕(倭王), 사신을 보내 부제(賻祭)함.

소이전, 사신을 보내어 부제함.

1547년(명종 2), 대마도약조(정미조약)를 맺음.

1587년(선조 20), 평부길(平秀吉), 관백이 됨. 귤강광(橘康廣)을 파견하여 통신사 파견 요청.

1588년(선조 21), 평의지(平義智), 승려 현소(玄蘇)와 평조신(平調信)을 보내 통신사 파견 요청.

이조정랑 이덕형(李德馨)을 선위사(宣慰使)로 접대.

평의지는 대장군 평행장(平行長)의 사위이자 대마도주.

1589년(선조 22), 평의지, 김대기(金大璣) 등 116인을 쇄환함.

평의지 등, 인정전에 올라와 술잔을 올리고 잔치를 끝냄.

　왜사(倭使)는 동평관(東平館)에 머묾.

1591년(선조 24), 평조신 현소, 황윤길 등과 함께 옴.

　선조는 이들을 접견하고 돌아갈 때 서계를 보냄.

　평의지, 부산포까지 왔다가 조선의 답변이 없자 돌아감.

1604년(선조 37), 왜사가 와서 통신사를 요구함.

1606년(선조 39), 원가강, 임진왜란 때 선릉(宣陵) 정릉(靖陵)을 범한 적 2명
　보냄.

1608년(선조 41), 원가강, 왜승 현소를 보냄. 현소는 경주까지 올라옴.

1609년(광해 원), 왜차(倭差) 현소, 평의직이 서계를 만들어 옴.

1624년(인조 2), 원가강 아들 원가광에게 전위(傳位).

　승려 현방(玄昉)이 동래로 와서 사신을 청함.

1629년(인조 7), 승려 현방, 한양으로 올라와 인조를 만남.

2) 외교문서를 받는 의례

　조선 국왕이 일본 사신을 만나 국서를 받는 의례는 조선전기에만 거행되었다. 1592년 임진왜란의 발발과 함께 일본군이 침략한 경로가 일본 사신의 이동로와 일치하자, 조선 정부에서 일본 사신의 입경을 거부하였기 때문이다. 1609년(광해 1)에 기유약조가 체결된 이후 일본 사신이 한양을 방문한 경우는 매우 드물었다. 이하에서는 조선전기에 조선 국왕이 일본 국서를 받는 의례와 조선후기에 일본으로 파견된 조선 사신이 일본 국서를 받는 의례로 구분하여 살펴본다.

(1) 조선전기 조선 국왕이 일본 국왕의 국서를 받는 의례

조선 국왕이 일본 국왕의 국서를 받는 의례는 조선전기에만 나타난다. 이 의례는 제한된 시기에만 나타나지만 조선 국왕이 중국 황제의 문서를 받는 의식과 현격한 차이가 있다는 점에서 중요하다. 의례 절차를 정리하면 다음과 같다.[74]

2일 전

예조(禮曹), 내외의 관원들에게 각자의 직책에 따라 준비하도록 명령.

1일 전

액정서(掖庭署), 국왕의 어좌(御座)를 근정전(勤政殿) 북쪽 벽에 남향으로 설치.

액정서, 국왕의 보안(寶案)을 어좌 앞 동쪽 가까이에 설치함.

장악원(掌樂院), 헌현(軒懸)을 전정(殿庭) 남쪽 가까이에 북쪽을 향해 설치함.

당일

전의(典儀), 시신(侍臣)의 자리를 전정 동쪽과 서쪽에 설치함.

전의, 사신(使臣)의 자리를 길 서쪽에 두 줄로 북향하여 서되 동쪽이 상위임.

인의(引儀), 시신의 문외위(門外位)를 영제교 남쪽에 동서로 평상시와 같이
    설치함.

인의, 사신의 문외위를 근정문(勤政門) 밖 길 서쪽에 두 줄로 동향으로 설
    치. 북쪽이 상위임.

인의, 사신의 막차(幕次)를 조당(朝堂) 남쪽 가까이에 설치함.

---

74 『國朝五禮儀』 권5, 賓禮, 「受隣國書幣儀」.

초엄

병조, 노부(鹵簿)와 반의장(半儀仗)을 정계(正階)와 전정에 설치함.

시신, 상복(常服) 차림으로 조당에 모임.

사신, 막차로 나아감.

예조정랑, 사신의 서폐(書幣)를 받아 들어와 전계(殿階) 위에 늘어놓음. 국서
　　북쪽, 폐백 남쪽

이엄

시신, 문외위로 나아감.

상서원(尙瑞院) 관리, 보(寶)를 받들고 사정전 합문 밖에 나아감.

근시·집사관, 전하에게 사배를 올림.

삼엄

시신, 동쪽·서쪽 편문(偏門)으로 들어와 위에 나아감.

인의, 사신을 인도하여 문외위에 나감.

국왕, 익선관(翼善冠)에 곤룡포(袞龍袍)를 입고 여(輿)를 타고 나옴.

국왕, 어좌에 오르면 향로의 연기가 피어오름.

시신, 국왕에게 사배를 올림.

상서원 관리, 보를 안(案) 위에 올려놓음.

시신, 국왕에게 사배를 올림.

인의, 사신을 인도하여 서쪽 편문으로 들어와 배위(拜位)에 나아감.

사신, 사배를 올리고 몸을 바로 함.

전교관(傳敎官), 국서를 가지고 들어가 국왕에게 아뢰고 교지(敎旨)를 받아
　　동쪽 문으로 나옴.

전교관, 계단 위에서 교지를 선포함. "객사(客使)를 맞이하여 전에 오르라."

통사(通事), 사신을 인도하여 서쪽 계단을 통해 궁(宮) 안으로 들어가 전영

　(前楹) 사이에 무릎을 꿇고 부복함.

국왕, 상대 국왕의 안부를 묻고 사신을 위로함.

사신, 부복하였다가 일어나 문밖으로 나옴.

시신, 국왕에게 사배를 올림.

좌통례(左通禮), 예가 끝났음을 아룀.

국왕, 어좌에서 내려와 여를 타고 나감.

　이상의 의례는 『국조오례의』에 수록된 「수인국서폐의(受隣國書幣儀)」를 정리한 것이다. 이때 인국(隣國)에는 일본과 유구국(琉球國)이 해당하였다. 이 의례에서 조선 국왕은 정전 중앙에 위치한 주인(主人)의 자리에 앉아 뜰아래에서 신례(臣禮)를 거행하는 사신으로부터 국서를 받았다.

　조선 국왕과 교린 관계에 있던 국가의 사신 위치를 표시하면 다음의 〈그림 18〉과 같다.

　이를 보면 일본 사신은 ①이라 표시된 자리에서 조선 국왕에게 사배를 올렸다. 사신이 절하는 위치는 무반(武班)이 위치한 서쪽 자리였으며, 정종 연간의 기록을 보면 4품 관리들의 반열에 위치한 것으로 나타난다.[75] 다음으로 전교관은 일본 사신이 가져온 국서를 국왕에게 전달하였고, 사신은 궁전 건물 안으로 들어가 국왕 앞에서 무릎을 꿇고 엎드렸다(②). 조선 국왕이 일본 국왕의 안부를 묻고 먼 길을 온 사신을 위로하는 말을 하면 답변을 하고, 다시 엎드렸다가 건물을 나와 문밖으로 퇴장하였다. 이때 일본 사신이 이동하는 문은 서쪽의 편문이었고, 오르내리는 계단은 서쪽 계단이었다.

75　『增補文獻備考』 권178, 交聘考 8, 日本交聘 1, 「本朝」. "(定宗元年) 上御殿引見, 命來使, 立四品班, 行禮."

御座

殿內　　　寶案

使臣②　↑

階上　　　香案　　　　　　　香案

　　　　　　　　　　　　　　傳敎官

殿庭

使臣拜位 ①　↑

侍臣　　　　　　　　　　　　侍臣

그림 18　조선 국왕이 일본 국왕의 국서를 받는 의례

(2) 조선후기 조선 사신이 일본 국왕의 국서를 받는 의례

　조선후기에 일본 국왕의 국서는 일본을 방문한 조선 사신이 직접 받아서 가져왔다. 일본 국왕의 국서를 가진 사신이 한양을 방문하여 전달하는 방식은 사라졌고, 조선 국왕의 국서를 전달한 사신들이 일본 측에서 주는 답서를 받아오는 방식으로 바뀌었다. 일본 국왕의 국서는 이내 발급되기도 하였지만, 문서의 형식과 내용을 둘러싸고 문제가 생기면 오랫동안 조정을 한 끝에 발급되기도 하였다. 국서를 전달한 후 에도의 숙소에 머물던 조선 사신들은 일본 국왕의 답서를 받아야 귀국길에 오를 수 있었다.

　조선 사신이 일본 국왕의 국서를 받는 의례는 다음과 같다.[76]

　관반, 집을 수리하고 청소함.
　관반, 탁자를 외청(外廳)에 두고 물건들을 배열함.

76　『通文館志』 권6, 交隣下, 「受回答儀」; 『增正交隣志』 권5, 「受回答儀」.

회답하는 국서가 이르면

3사신, 공복 차림으로 계단 아래로 내려가 맞이함.

대마도주, 국서를 받들고 와서 인도함.

집정 2인, 국서를 따라옴.

대청의 안(案) 위에 국서를 올려놓고

3사신·대마도주·집정, 동쪽과 서쪽으로 나누어 마주 보고 앉아 다례를
　　일 순배 거행함.

3사신·대마도주·집정, 중청(中廳)으로 자리를 옮김.

사신 일행에게 사적으로 전별할 물건을 대청 위에 나열함.

사신부터 하관까지, 전별할 물건을 수령함.

집정 이하, 차례로 와서 회답하는 서계를 바침.

대마도주, 회답하는 글은 돌아오는 길에 받음.

이를 보면 일본 국왕의 국서는 조선 사신이 머무는 숙소로 가져와서 전달
되었다. 조선 사신과 일본의 집정 및 대마도주는 중청에 동서로 마주 보고
앉아서 다례를 거행하였고, 대청으로 이동하여 국서와 함께 전별하는 선물
을 받았다.

그런데 1711년에는 일본 국왕의 국서를 받는 의례에도 변화가 있었다.
조선 사신들이 관백의 궁성을 다시 방문하여 관백으로부터 직접 회답하는
국서와 별폭의 예폐를 받았기 때문이다. 이날 조선 사신들이 관백에게 사배
를 올리고 자리에 앉자, 관백은 집정에서 대마도주를 거쳐 "국서의 회답 및
별폭의 예폐 등 물건을 받아 가도록 하라"라고 명령하였다. 이에 조선의 사

신들은 답사(答謝)를 하였다. 사신들은 별전(別殿)으로 이동하여 별폭의 예폐를 확인하였고, 다시 정당으로 돌아와 배례한 다음 영외(檻外)에 나와 앉았다. 그러자 수서관(授書官)이 관백 앞에 들어가 국서반(國書盤)을 받들고 나와 하층에 놓았고, 고관(高官) 한 사람이 이를 조선 정사에게 주었다. 정사는 무릎을 꿇은 채 국서를 받고 영외로 나와 수역(首譯)에게 맡겼다. 3사신은 다시 안으로 들어가 배례를 거행하고 밖으로 나왔다.[77] 이를 보면 조선 사신은 조선 국왕의 국서를 전달하였던 곳에서 동일한 방식으로 회답 국서를 받았다. 그러나 이런 의례는 다시 나타나지 않았다.

(3) 조선후기 일본 사신이 부산 객사의 전패(殿牌)에 숙배(肅拜)하는 의식

조선후기에는 일본 사신이 조선에 와서 국서를 전달하는 의례는 사라졌다. 그러나 대마도에서 파견한 일본 사신이 도착하면, 제일 먼저 부산성의 객사로 가서 전패에 절을 하는 의례가 있었다. 조선시대의 지방관들이 정기적으로 객사로 가서 전패에 절하며 국왕에게 경의를 표하였듯이, 일본 사신도 조선 국왕을 상징하는 전폐에 절을 함으로써 경의를 표하는 의례였다. 이 의례가 끝나면 일본 사신들은 연향청(宴享廳)으로 가서 하선연(下船宴)을 거행하였다.

일본 사신이 부산 객사의 전패에 절하는 절차는 다음과 같다.[78]

별차, 관복(官服)을 갖춰 입은 정관(正官) 이하를 인도하여 객사의 대문에 이름.

정관 이하, 말에서 내려 서쪽 협문으로 들어가 서쪽 마당에 섬.

동래부사(東萊府使)·부산첨사, 흑단령(黑團領) 차림으로 당 안의 동벽에 나

---

77 任守幹, 『東槎日記[乾]』, 1711년 11월 11일.
78 『通文館志』 권5, 交隣上, 「倭使肅拜式」.

아가 서쪽을 향하여 섬.

훈도·별차, 흑단령 차림으로 당 안의 서벽에 나아가 동쪽을 향하여 섬.

예방(禮房), 전패를 열고 촛불을 밝히고 향을 피움.

예방, 의장을 마당의 동서에 배열하고 홍양산(紅陽傘)을 계단 위에 배열함.

소통사, 일본어로 사배례를 외침.

정관 이하, 사배례를 거행함.

이를 보면 정관이라 표현된 일본 사신은 객사의 대문에서 말을 내려 서쪽 협문으로 들어왔고, 마당의 서쪽에 서서 전폐를 향해 절을 하였다. 이때 객사의 북쪽 중앙에는 국왕을 상징하는 전패가 놓였고, 동벽에는 흑단령 차림의 동래부사와 부산첨사가 서 있고, 서벽에는 역시 흑단령 차림의 훈도와 별차가 서 있었다. 전패를 여는 사람은 예방으로 그는 전패를 연 다음 촛불을 밝히고 향불을 피웠다.

이를 보면 조선전기에는 관백이 파견한 사신이 한양으로 올라와 궁궐의 서쪽 뜰에서 국왕에게 사배를 올렸듯이, 조선후기에는 대마도주가 파견한 사신이 부산 객사의 마당에서 국왕을 상징하는 전패에 사배를 올렸음을 알 수 있다.

일본 사신이 부산 객사를 방문하는 것은 1609년(광해 1)부터 시작되었다. 일본 사신이 한양으로 올라와 국왕을 만나는 것이 저지되자, 관백의 차왜로 왔던 현소는 국왕을 만나는 대신에 전패에 절하는 것으로 대체할 것을 요청하였다. 전패는 곧 국왕을 상징하는 물건으로 인식하였기 때문이다.

이미 한양에 입조(入朝)할 수 없습니다. 전패에 숙배하는 것으로 궐내(闕內)

에서 국왕이 인접(引接)하는 의식을 대체하기를 청합니다.[79]

이후로 일본 사신이 부산에 도착하면, 객사의 대문 앞에서 말에서 내린 다음 걸어서 객사 안으로 들어왔고, 마당의 서쪽에 서서 의례를 치렀다.

1637년에 조선을 방문한 차왜 평성련(平成連)은 마당에서 절하는 것에 불만을 가졌다. 그는 조선 사신이 에도에서 관백을 만날 때 당 안에서 의례를 거행하듯이, 자신들도 마당이 아니라 대청 위에서 의례를 거행할 수 있도록 해달라고 요청하였다. 그러나 조선 정부는 이를 허락하지 않았고, 결국은 마당에 판자를 깔고 의례를 거행하였다.[80] 일본 측의 입장에서 보면 매우 굴욕적일 수 있는 의례였다.

79   위 글.
80   위 글.

3) 일본 사신을 접대하는 의례

조선전기에는 일본에서 파견되는 사신의 종류가 많았으므로, 사신을 파견하는 주체에 따라 사신을 접대하는 방법이 달랐다.[81]

먼저 일본 국왕이 파견한 사신을 가장 예우하였다. 조선 정부에서는 3품의 조관(朝官) 중에서 선발된 선위사가 통사와 함께 도착지로 가서 사신을 맞이하고 전송하였다. 일본 사신에게는 포소(浦所)라 불리는 내이포, 부산포, 염포 등 세 곳에서 3차례, 경상도에서 3차례, 충청도에서 1차례, 경기도에서 1차례 연회를 베풀었다. 일본 사신이 한양에 도착하면 남부(南部)의 낙선방(樂善坊)에 위치한 동평관(東平館)에 머물게 되며, 예빈시(禮賓寺)에서 일본 사신을 맞이하였다. 그리고 일본 사신이 조선 국왕에게 숙배하는 날과 배사(拜辭)하는 날에는 대궐 안에서 연회를 베풀고, 사신이 본국으로 돌아가려하면 예조에서 연회를 베풀고 전별연을 내려 주었다. 사신이 돌아가는 길의 연회는 올 때와 같았으며, 포소에서 전별연을 한 차례 베풀어 주었다.

다음은 선위사가 삼포(三浦, 내이포·부산포·염포)로 가서 사신을 전대하는 의례이다.[82]

> 선위사, 선온(宣醞)을 가지고 삼포의 객관(客館)에 도착하여 중문(中門)으로
>   들어옴.
> 객사(客使), 대문(大門) 밖에 나가 공손히 맞이함.
> 선위사, 대청에 이르러 선온을 탁자 위에 안치함.
> 선위사, 동쪽으로 가까이 와서 서쪽을 향해 섬.
> 객사, 서문으로 들어와 서쪽 뜰에 나아가고 동쪽으로 올라와서 북쪽을 향

---

81 『通文館志』권5, 交隣上,「接待日本人舊定事例」.
82 『海東諸國記』「朝聘應接紀」.

한 뒤 사배.

통사, 상관과 부관(副官)을 인도.

상관·부관, 서쪽 계단으로 올라와 탁자 앞에 이르러 꿇어앉음.

선위사, 조금 앞으로 나와 서쪽을 향해 서서 전지(傳旨)를 전달함.

집사자(執事者), 술잔에 술을 따라 선위사에게 줌.

선위사, 술잔을 상관과 부관에게 줌.

상관·부관, 머리를 숙여 엎드렸다가 일어나 술잔을 받아 마심.

정관 이하, 차례로 올라와 술을 마심.

상관 이하, 뜰아래 위차로 내려가 사배함.

상관·부관, 서쪽 계단으로 대청에 올라와 선위사 앞에 가서 재배함.

선위사, 답배(答拜)하고 자기 위차로 감.

정관, 올라와 선위사 앞에 가서 재배함.

정관, 자기 자리에 나아감.

수행원, 처마 밖에서 북쪽을 향해 재배하고 자기 자리에 감.

다음으로 일본의 대신(大臣)이 파견한 사신은 통사를 파견하여 영접하고 조관이 호송을 하였다. 거추가 파견한 사신과 특송사(特送使)는 포소, 경상 도, 충청도에서 각각 1차례 연회를 베풀었다. 이들이 돌아가는 길의 연회는 올 때와 같았으며, 포소에서 전별연을 1차례 베풀어 주었다.

다음의 〈표 10〉은 조선전기에 일본 사신을 위한 연향을 정리한 것이다.

조선 국왕이 일본 사신을 만났을 때에는 연향만으로 끝나지 않을 때도 있 었다. 1399년(정종 1) 6월에 정종은 일본 사신을 만났고, 날이 저물자 군기 감(軍器監)에서 불꽃놀이를 벌여 구경하게 하였다. 불꽃놀이를 관람한 일본 사신은 "이것은 인력(人力)으로 하는 것이 아니고, 천신(天神)이 시켜서 그런

표 10　조선전기 일본 사신을 위한 연향 횟수

장소	일본 국왕의 사신	일본 대신의 사신
내이포, 부산포, 염포	3	1
경상도	3	1
충청도	1	1
경기도	1	
국왕	2(肅拜, 拜辭)	
예조	1(餞別宴)	
경기도	1	
충청도	1	1
경상도	3	1
내이포, 부산포, 염포	1(餞別宴)	1

것이다"라고 감탄하였다.[83] 정종은 사신의 부관들을 직접 불러 만나기도 하였다. 1399년 7월에 정종은 일본 사신의 부관 10여 인을 서쪽 양청(涼廳)으로 불러서 만나보았다. 정종은 이들에게 저포(苧布), 마포(麻布), 인삼, 호피(虎皮), 표피(豹皮)와 같은 물건을 선물로 주었다.[84]

(1) 조선전기 조선 국왕이 일본 사신을 접대하는 의례

조선전기에 일본 사신이 한양에 와서 국왕에게 국서를 바치면, 국왕이 그를 접대하는 의례가 있었다. 이 의례를 살펴보면 다음과 같다.[85]

　전의, 사신의 자리를 어좌 서남쪽에서 동쪽을 향하게 하되 북쪽을 상위
　　로 함.

83　『定宗實錄』 권1, 定宗 1년 6월 庚子(1일).
84　『定宗實錄』 권2, 定宗 1년 7월 己丑(21일).
85　『國朝五禮儀』 권5, 賓禮, 「宴隣國使儀」.

전의, 사신 일행 중에 전에 오르지 못하는 사람의 자리를 전정의 길 서쪽에 남쪽 가까이 겹줄로 배치함.

전의, 사신 이하 절하는 자리를 길 서쪽에 겹줄로 북쪽을 향하게 설치함. 동쪽이 상위가 됨.

사옹원(司饔院), 주정(酒亭)을 전 안쪽 남쪽 가까이에 북쪽을 향하여 설치함.

사옹원, 사신의 주탁(酒卓)을 전 밖 서쪽 가까이에 설치함.

집사자, 사신 일행 중에 전에 오르지 못한 사람의 주탁을 사신 주탁의 앞에 설치함.

통사, 사신 일행을 인도하여 문외위에 나감.

좌통례, 합문 밖에서 중엄(中嚴)을 아룀.

전의·찬의·인의, 각자의 자리로 나아감.

좌통례, "외판(外辦)"을 아룀.

국왕, 익선관에 곤룡포를 입고 여를 타고 나옴.

국왕, 어좌에 앉으면 향로의 연기가 피어오름.

인의, 사신 이하를 인도하여 서쪽 편문으로 들어가 배위에 나아감.

사신, 국왕에게 사배를 올림.

전교관, 국왕의 전교(傳敎)를 받고 동쪽 문으로 나와 계단에 이르러 서쪽을 향해 말함.

"객사(客使)를 맞이하여 전에 오르라."

통사, 꿇어앉아 전교를 받고 일어남.

통사, 사신을 이끌고 서쪽 편계(偏階)를 올라가 좌석에 앉힘.

통사, 전에 오르지 못한 사람을 인도하여 좌석에 앉힘.

사옹원 제조(提調), 국왕의 찬안(饌案)을 올림.

사옹원 제거(提擧), 사신의 찬탁(饌卓)을 설치함.

근시, 국왕에게 꽃을 올림.

집사자, 사신에게 꽃을 나누어 줌.

전악, 가자(歌者)와 금슬(琴瑟)을 거느리고 동서 편계를 올라감.

사옹원 제조, 주정으로 가서 제1잔에 술을 부어 국왕에게 올림.

사옹원 제거, 사신에게 술을 돌림.

사옹원 제조, 국왕에게 탕(湯)을 올림.

사옹원 제거, 사신에게 탕을 돌림.

술 다섯 순배를 돌림.

사옹원 제조, 국왕에게 대선(大膳)을 올림.

사옹원 제거, 사신에게 선(膳)을 돌림.

제조·제거, 찬안과 찬탁을 치움.

통사, 사신 이하를 인도하여 절하는 자리로 내려감.

사신 이하, 사배를 하고 몸을 바로 한 후 인의의 인도를 받아 나감.

좌통례, 어좌 앞으로 가서 예가 끝났음을 아룀.

국왕, 어좌에서 내려와 여를 타고 나감.

조선 국왕은 일본 사신으로부터 일본 국왕의 국서를 받은 이후 사신을 접대하는 의례를 시작하였다. 다음의 〈그림 20〉은 이를 도식화한 것인데, 일본 사신을 접대하는 의례에서 일본 사신이 국왕에게 절하는 자리는 변화가 없었다(①). 가장 큰 변화는 사신이 술과 음식을 대접 받는 위치였다. 일본 국왕의 국서를 전달할 때 사신은 궁 안으로 들어가 전영(前楹) 사이에서 무릎을 꿇고 북쪽을 향해 국왕과 마주보고 앉았다. 그러나 접대를 받을 때 사신은 어좌의 서남쪽에서 동쪽을 향해 앉음으로써 국왕과 마주하지 못하였다(②). 또한 궁 안으로 들어가지 못하는 사신의 수행원들은 마당에서 술을

그림 20 조선 국왕이 일본 사신을 접대하는 의례

받았다. 사신의 수행원들은 길의 서쪽에서 남쪽에 가까운 곳에 자리를 잡았
고, 그곳에서 국왕에게 절을 하고 술을 받았다(③).

　사신이 술을 받는 의례를 보면 국왕에게 찬안을 올린 후 사신에게 찬탁을
올렸고, 국왕에게 꽃을 올린 후 사신에게 꽃을 올렸다. 그리고 국왕에게 술
한 잔을 올리면 사신에게 술 한 잔을 올렸고, 술은 모두 다섯 순배가 돌아갔
다. 이때 국왕에게 술을 올리는 사람은 사옹원 제조였고, 사신에게 술을 올
리는 사람은 사옹원 제거로 구분되어, 국왕이 주는 술잔을 일본 사신이 직
접 받는 경우는 없었다. 이에 비해 조선 사신이 일본 관백(국왕)의 술잔을 받
을 때는 관백이 직접 내리는 술잔을 받았지만 술은 한 잔이라는 차이가 있
었다.

(2) 조선전기 예조가 일본 사신을 접대하는 의례

조선전기에 일본 사신이 조선 국왕에게 국서를 바치고 나면 예조에서 사신들을 접대하는 의례가 있었다. 구체적인 의례를 살펴보면 다음과 같다.[86]

2일 전
예조, 내외 관리에게 각자의 직무를 충실히 하도록 선포함.

당일
집사자, 압연관(押宴官, 연회를 주재하는 사람) 예조판서·예조참판의 좌석을 정청(正廳)의 동쪽 벽에 서쪽을 향해 설치함. 북쪽이 상위
집사자, 정사·부사의 좌석을 서쪽 벽에 동쪽을 향해 설치함. 북쪽이 상위
집사자, 종사관의 자리를 사신의 뒤에 겹줄로 함.
집사자, 반종의 자리를 계단 위에 겹줄로 설치함.
전악, 악기를 전영 밖에 설치함.

사신이 이를 때가 되면
압연관 이하, 좌석 앞에 나아가 섬.
사신, 서쪽 문으로 정청에 올라 압연관과 예조판서 앞으로 가서 공수(控手)하고 재배함.
압연관·판서, 약간 앞으로 나서서 공수하고 재배함.
사신, 예조참판 앞으로 가서 공수 재배함.
예조참판, 약간 앞으로 나서서 공수 재배함.
압연관·판서·참판·사신, 함께 좌석에 앉음.

---

86 『國朝五禮儀』 권5, 賓禮, 「禮曹宴隣國使儀」.

반종, 뜰아래에서 올라와 전영 밖으로 나아가 동쪽을 향해 겹줄로 서서 재
　배하고 물러남.

집사자, 찬탁을 설치함.

집사자, 술잔에 술을 따라 압연관 앞에 올림.

압연관, 좌석에서 약간 앞으로 나와 술잔을 잡고 정사에게 줌.

정사, 술을 마시고 잔을 집사자에게 줌.

집사자, 과반을 정사 앞에 올림.

집사자, 잔에 술을 따라 정사 앞에 올림.

정사, 술잔을 잡고 압연관에게 줌.

압연관, 술을 마시고 집사자에게 줌.

압연관, 부사에게 이런 방식으로 술을 돌림.

압연관, 종사관에게 이런 방식으로 술을 돌림.

종사관, 압연관 앞에 나아가 꿇어앉아 술을 받아 마심.

압연관, 예조판서와 예조참판에게 술을 돌림.

집사자, 꽃을 올리고 탕을 돌림.

술 다섯 순배를 돌림.

첫잔 다음에는 각각 잔을 주어 술을 돌림.

술 세 순배가 돌면 반종에게 앉게 하고 탁자와 꽃을 베풂. 술을 돌리고 탕
　을 베풂.

집사자, 식탁을 치움.

사신 이하, 좌석에서 일어남.

압연관 이하, 좌석에서 일어나 전송함.

조선전기에 예조에서 일본 사신을 접대하는 의례는 양측의 좌석이 동쪽과 서쪽에 마련되었다. 이는 항례(抗禮)에 해당하지만 조선 측이 동쪽을 차지하였으므로 상대적으로 우위에 있었다. 조선 측에서는 연회를 주관하기 위해 파견된 압연관과 예조판서, 예조참의가 동쪽에 자리하였고, 일본 측에서는 정사와 부사는 서쪽에 자리하였다. 이때 일본의 종사관은 정사와 부사의 뒤쪽에 자리를 잡았고, 반종은 계단 위에 위치하였다.

일본 사신이 도착하면 조선의 관리들은 좌석 앞에 섰으며, 일본 사신과 서로 공수하고 재배한 다음 함께 좌석에 앉았다. 찬탁이 설치된 후, 먼저 압연관이 정사에게 술잔을 주면 정사가 이를 받아 마시고, 정사가 압연관에게 술잔을 주면 압연관이 이를 받아 마신다. 다음으로 압연관이 부사에게 술잔을 주면 부사가 마시고, 부사가 압연관에게 술잔을 주면 압연관이 마신다. 다음으로 압연관이 종사관에게 술잔을 주면 종사관이 마시고, 종사관이 압연관에게 술잔을 주면 압연관이 마신다. 그 다음에 압연관은 예조판서와 예조참판에게 술잔을 돌렸다. 첫 잔이 한 차례 돌아가면 연회에 참석한 사람들은 머리에 꽃을 꽂고 탕을 받았다. 이날의 연회에서 양측은 다섯 잔의 술을 마셨으며, 첫 잔 이후로는 각자에게 잔을 주어 술을 올렸다. 또한 조선의 관리와 일본 사신이 석 잔을 마신 후 일본의 반종들도 자리에 앉아 꽃을 꽂고 술잔과 탕을 받았다. 양측이 다섯 잔의 술을 마시고 나면 찬탁을 치웠고, 양측은 좌석에서 일어나 헤어졌다.

조선후기에 일본 사신은 한양까지 올라오지 못했기 때문에 조선 국왕이나 예조에서 이들을 접대할 기회는 없었다.[87] 조선에 도착한 일본 사신들은 부산관(釜山館)에 가서 숙배하고 사례를 하였고, 조선 측에서 이들에게 연향을 베풀어 음식을 접대하고 서계를 접수하였다.

---

87 『通文館志』 권5, 交隣上, 「接待對馬島人新定事例」.

일본 사신이 한양으로 가는 문제를 놓고 양국 사이에는 논란이 있었다. 1609년(광해 1)에 기유약조를 체결할 때 일본에서 파견한 현소 등은 예전처럼 사신의 상경을 요청하였지만 허락하지 않았다. 1622년(광해 14)에는 현방이 다시 상경을 요청하였지만 허락하지 않았다. 조선후기에 일본 사신이 한양으로 올라온 것은 한 번 있었다. 1629년(인조 7)에 일본 관백이 다시 현방을 파견하여 정묘호란으로 인한 문제를 구술(口述)로 직접 전달할 것을 요청하였다.[88] 현방은 숭정문(崇政門) 안으로 들어와 인조에게 숙배를 하였고, 인조는 중사(中使)에게 술을 대접하게 하였다. 조선 정부는 현방에게 예조판서가 주관하는 연회를 병조(兵曹)에서 베풀어 주었다.[89] 이때 조선 정부는 특별한 사정으로 일본 사신의 상경을 허락했지만 이후의 선례가 되지는 못했다.

한편, 기유약조를 체결할 때에는 일본 사신이 조선 국왕의 연회를 받으면서 마당에서 절을 하고 무릎을 꿇는 의례에 대한 논란이 있었다.[90]

박대근(朴大根) 등: 명일에 선온례(宣醞禮)를 행할 것인데, 너희들은 문밖에서 지영(祗迎)하고 뜰아래에서 절하고 꿇어앉는 등의 예절을 아는가? 너희들로 하여금 미리 예를 익히게 하려 한다.

평경직(平景直) 등: (발끈 화를 내며) 어찌 이런 예절이 있는가.

박대근 등: 상(국왕)께서 보내신 물건이라 지영하고 절하고 꿇어앉지 않을 수 없다. 전에 일본 사신이 왔을 때에도 모두 이 예를 행하였으니 이번에도 폐지할 수 없다.

평경직: (현소를 돌아보며) 전에도 이런 예(禮)가 있었는가?

88 『仁祖實錄』권20, 仁祖 7년 3월 癸未(27일); 4월 戊戌(13일).
89 『仁祖實錄』권20, 仁祖 7년 윤4월 壬午(27일). 1629년(인조 7) 현방이 한양을 방문한 기록은 『大東野乘』에 수록된 『續雜錄』(3)에도 잘 나타난다.
90 『光海君日記』권14, 光海君 1년 3월 庚戌(29일).

현소: 잊어서 기억이 없다.

평경직 이하 왜인: (모두 경악하며 서로 돌아보고 말하기를) 이전에 조선 사신이 일본에 왔을 때에는 당에 올라 의례를 거행하였지 뜰에 내려가 절하고 꿇어앉은 일은 없었다.

박대근: 일본에는 일본의 예가 있고 조선에는 조선의 예가 있으니 본디 같을 수가 없다. 우리나라는 상께서 은사(恩賜)하신 물건을 받을 때 신하들은 반드시 문밖에서 지영하고 뜰아래에서 절하고 꿇어앉는다. 우리나라는 예의의 나라이니 너희들이 말한다 하여 구례(舊禮)를 고칠 수 없다. 현소는 전에 누차 왕래하였으면서 우리나라의 예절을 모르는가?

현소: (평경직을 돌아보며) 희미하게 기억되는데 아마 그렇게 하였던 것 같다.

평경직: (정관 이하를 돌아보며) 조선의 예절이 이러하다니 우리는 마땅히 따르겠다.

이를 보면 일본 측에서는 조선 국왕이 하사하는 술잔을 마당에서 받는 것을 수용하였다. 또한 이들은 서계를 올릴 때에도 동일한 의례를 거행하였다. 4월 3일에 평경직 등은 객사에서 말을 타고 부산관에 이르렀으며, 성문 앞에서 말에서 내려 마당에서 의례를 거행하였다.[91]

1638년(인조 16)에는 일본 사신이 서계를 전달할 때 마당에서 의례를 거행하는 것에 대해 논란이 있었다.[92] 당시 대마도주가 파견한 차왜 평성연은 동래부에 와서 마당이 아니라 당 위에서 숙배례(肅拜禮)를 거행하겠다고 하였다. 이에 비변사는 다음과 같이 주장하였다.

숙배례를 뜰아래에서 행하는 것은 천하에 통행하여 변경할 수 없는 법이

---

91 『光海君日記』 권15, 光海君 1년 4월 己未(8일).
92 『仁祖實錄』 권36, 仁祖 16년 1월 丙戌(22일); 戊子(24일); 庚寅(26일).

제3장 조선과 일본의 외교의례

므로, 당 위에서 행하는 것은 결코 이런 이치가 없습니다. 우리 사신이 상
(上, 국왕)의 명령을 받아 국서를 받들고 가면 관백이 우대하는 예로 허락한
것이 이미 구례를 이루었습니다. 예조의 문서 역시 국가에서 보내는 것이
므로, 이를 가져가는 차관(差官)은 왕명을 받든 것과 다름이 없고 수직(受職)
한 일도 없습니다. 지금 이 차관은 대마도주가 보낸 것으로 왕명을 받아 온
사신에 비겨 같이 할 수가 없습니다. 이로써 타이르되 돌이켜 듣지 않으면
숙배례는 애초에 수직인이 사은(謝恩)하는 예에서 나온 것이므로, 늘 왕래
하는 차관에게는 반드시 행하게 할 필요는 없습니다. 지금 수직인과 수직
인의 차인(差人)은 이전대로 거행하고 수직한 사람이 아니면 숙배하지 않
도록 하는 것이 타당합니다.[93]

이를 보면 조선 정부는 기유약조를 통해 일본 사신의 상경을 저지하면서,
일본 사신이 한양으로 올라왔을 때의 외교의례를 유지하기 위해 노력하였
다. 이는 동래부사가 주관하는 외교의례를 조선 국왕이 주관하는 방식과 같
이 하려고 한 것으로, 상대적으로 조선 정부의 위상이 높아지는 효과가 있
었다. 그러나 조선후기에 방문한 일본 사신은 일본 관백이 파견한 사신이
아니라 대마도주가 파견한 사신이라는 점을 고려하면, 관백의 사신이 국왕
에게 하던 의례를 그대로 유지하는 것이 합당하였다.

(3) 조선후기 동래부사(東萊府使)가 주관하는 다례(茶禮) 의식

조선후기에는 일본 사신이 한양으로 올라오는 길이 막혔다. 따라서 조선

---

93 『增補文獻備考』 권178, 交聘考 8, 日本交聘 1, 「本朝」. "(仁祖十六年) 肅拜之行於庭下, 天下通行不易之
典, 行於堂下, 決無此理. 我國使臣, 承上命奉國書而往, 關白許以優禮, 已成舊例. 禮曹文書, 乃是國家, 賫
去差官, 與奉命無異, 又無受職之事. 今此差官, 乃是島主所送, 不可與奉命使臣, 比而同之. 以此開諭, 而如
不回聽, 則肅拜之禮, 初出於受職人謝恩之禮, 常時往來差官, 不必行之. 今受職人及受職人差人, 則依前行
之, 非受職者, 則勿爲肅拜爲當."

국왕이나 예조에서 사신을 접대하는 의례는 사라지고, 동래부사가 접대하는 의례가 나타났다. 조선에 도착한 일본 사신은 제일 먼저 부산 객사를 방문하여 전패에 절하는 의례를 거행하였고, 다음에는 연향청(宴享廳)으로 이동하여 동래부사가 주관하는 다례에 참석하였다.

동래부사가 주관하는 다례 의식은 일본 사신이 가져온 서계를 받은 후 사신에게 술을 주는 행사였다. 구체적인 절차는 다음과 같다.[94]

동래부사·부산첨사, 연향청의 상방(上房)에 이름.

훈도, 송사(送使)의 정관 이하를 인도하여 서쪽 협문을 거쳐 기둥 밖으로 올라감.

서계, 소통사가 받들고 정문으로 들어가 북벽 탁자 위에 놓음.

별차, 동래부사와 부산첨사를 인도하여 동쪽 문을 거쳐 동벽에서 서쪽을 향해 섬.

정관 이하, 서벽에서 동쪽을 향해 섬.

반종, 남쪽 항렬에서 북쪽을 향해 섬.

정관, 동래부사와 마주 보고 두 번 읍례를 함.

정관, 부산첨사와 마주 보고 두 번 읍례를 함.

선주(船主)·압물(押物), 동래부사·부산첨사에게 읍례를 거행하고 교의에 앉음.

반종, 재배례를 거행하고 정관 뒤에 앉음.

소통사, 서계를 받들어 동래부사·부산첨사 앞에 가서 열어 보임.

94 『通文館志』 권5, 交隣上, 「茶禮儀」.

소통사, 다례를 올릴 것을 고함.

찬탁을 바치면 찬(饌)을 세 번 맛보고 술을 다섯 잔 돌림.

소통사, 예가 끝났다고 고함.

다례 의식을 주관하는 관리는 일본 사신의 지위에 따라 그 지위에 차이가 있었다. 만약 일본 사신이 관백의 뜻을 전달하는 대차왜라면 연회를 주관하는 접위관과 동래부사가 함께 참석하였다. 여기서 접위관은 조선전기의 선위사에 해당하였다. 조선전기에 일본 사신이 한양으로 올라올 때에는 3품의 문관을 선위사로 파견하여 사신을 접대하게 하였다. 그런데 1629년(인조7)에 선위사 정홍명(鄭弘溟)이 일본 사신이 한양으로 올라오는 것을 막지 못하자, 그 대신에 이행원(李行遠)을 파견하면서 접위사로 직명을 바꾸었다. 이후 일본에서 대차왜가 오면 이름난 관리를 접위관으로 정하여 파견하였다. 만일 일본에서 소차왜나 재판왜(裁判倭)가 오면, 경상 관찰사가 도내에서 문관 수령을 향접위관(鄕接慰官)으로 임명하여 파견하였고, 신사호행대차왜(信使護行大差倭)가 오면 관찰사 휘하의 도사(都事)를 파견하여 사신을 접대하게 하였다.[95]

조선과 일본 관리들의 복식에도 차이가 있었다. 동래부사와 부산첨사가 흑단령을 착용하면, 일본의 정관 이하는 관복을 착용하였다. 만일 동래부사와 부산첨사가 융복을 입었다면, 일본의 정관 이하는 노정(露頂)에 단의(短衣)를 입었다.

1610년(광해 2)을 전후하여 양측 관리들이 앉는 자리에 변화가 있었다. 그전에는 동래부사와 부산첨사는 북쪽 벽에 앉고, 일본의 정관 이하는 남쪽에 위치하였다. 정관 이하가 남쪽에서 앞으로 나와 먼저 재배를 올리면 동래부

95 『增正交隣志』 권3, 「出使官」.

사와 부산첨사는 이에 답배를 하였다. 다음으로 선주와 압물이 앞으로 나와 재배를 올리면, 동래부사와 부산첨사는 이에 대한 응답으로 읍만 하였다. 다음은 이 의례를 정리한 것이다.[96]

> 동래부사·부산첨사, 북벽에 앉음.
> 정관, 남쪽 행렬에서 앞으로 나와 재배함.
> 동래부사·부산첨사, 정관에게 답배함.
> 선주·압물, 동래부사·부산첨사에게 재배함.
> 동래부사·부산첨사, 읍만 함.

그러나 1610년 이후 북쪽 벽에는 탁자를 놓고 일본 사신이 가져온 서계가 놓였다. 동래부사와 부산첨사는 동쪽 문으로 들어와 동쪽 벽으로 갔고, 일본 사신은 서쪽 협문으로 들어와 서쪽 벽으로 갔다. 일본의 정관은 동래첨사, 부산첨사와 차례로 마주 보고 두 번 읍을 한 다음 좌석에 앉았다. 다음으로 일본의 선주와 압물은 동래부사와 부산첨사에게 읍을 하고 의자에 앉으며, 반종은 재배를 한 후 정관의 뒤에 앉았다.

양측이 자리에 앉으면 소통사는 서계를 가지고 와서 동래부사와 부산첨사에게 보였다. 조선후기에 통상적인 외교문서였던 일본 측의 서계는 이처럼 간단한 방식으로 조선 측에 전달되었다. 일본 측의 서계가 전달된 다음에는 다례가 시작되었다. 찬을 올리고 다섯 잔의 술잔을 올리는 방식이었다.

이를 보면 1610년을 기점으로 동래부사가 주관하는 다례에서 일본 사신의 지위는 이전보다 격상되고 그 의례는 간소화되었다. 1610년 이전까지는 남쪽에 있는 사신이 북쪽에 있는 조선 관리에게 먼저 재배하고 조선 관리는

---

96 『通文館志』 권5, 交隣上, 「茶禮儀」.

답배를 하였지만, 이후로는 양측이 동쪽과 서쪽에서 서로 마주보고 서서 읍을 하는 방식으로 바뀌었다. 또한 일본의 선주와 압물도 조선 관리에게 재배를 하던 것이 읍례를 하는 것으로 바뀌었다. 일본 사신에게 다섯 잔의 술잔을 돌리는 것은 조선전기에 조선 국왕이나 예조판서가 일본 사신을 접대하는 연향(宴享)과 같았다.

(4) 조선후기 동래부사가 주관하는 연향(宴享) 의식

동래부사가 주관하는 다례가 끝나면 이어서 연향이 시작되었다. 연향 의식은 다례와 같았지만 꽃을 꽂고 풍악을 울리며 기생의 정재(呈才)가 공연된다는 점에서 달랐다. 연향의 절차는 다음과 같다.[97]

찬은 7미(味)로 하고 술을 아홉 잔 돌림.
이를 마치고 교의에 앉음.
다상(茶床)을 올림.

통인(通引), 동래부사 앞에 술을 올림.
동래부사, 이를 들어 정관에게 보냄.
통인, 정관 앞에 술을 올림.
정관, 이를 들어 동래부사에게 보냄.
정관·동래부사, 서로 술잔을 돌려가며 마심.
도선주(都船主)·압물·시봉(侍奉), 차례로 이와 같이 하기를 두 번 함.

통인, 부산첨사 앞에 술을 올림.

97 『通文館志』 권5, 交隣上, 「宴享儀」.

부산첨사, 이를 들어 정관에게 보냄.

통인, 정관 앞에 술을 올림.

정관, 이를 들어 부산첨사에게 보냄.

정관·부산첨사, 서로 술잔을 돌려가며 마심.

도선주·압물·시봉, 차례로 이와 같이 하기를 두 번 함.

왜사(倭使), 동래부사·부산첨사·훈도·별차 앞에 상찬(箱饌)을 바침.

술을 여러 순배 돌리고 끝이 남.

동래사신이 주관하는 연향은 양측이 술잔을 바꿔서 마시는 방식으로 진행되었다. 연향이 시작되어 동래부사가 정관에게 술잔을 주면 정관이 마시고, 정사가 동래부사에게 술잔을 주면 동래부사가 마신다. 다음으로 동래부사가 도선주와 압물, 시봉에게 차례로 술잔을 주면 이들이 술을 마시고, 이들이 동래부사에게 술잔을 보내면 동래부사가 마셨다. 다음에는 부산첨사가 나와서 정관, 도선주, 압물, 시봉에게 술잔을 주면 이들이 마시고, 이들이 부산첨사에게 술잔을 주면 부산첨사가 마셨다.

조선후기에 동래부사가 주관하는 연향은 조선전기에 예조가 주관하는 연향과 흡사하였다. 앞서 예조가 주관하는 연향에서는 압연관이 일본의 정사, 부사, 종사관에게 술잔을 주고 이들로부터 술잔을 다시 받았다. 그런데 동래부사가 주관하는 연향에서는 동래부사가 일본의 정관, 선주, 시봉에게 술잔을 주었다가 이들로부터 다시 받았고, 그 다음에는 부산첨사가 정관, 선주, 시봉에게 술잔을 주었다가 이들로부터 다시 받았다. 이를 보면 일본 사신을 대접하는 연향은 조선전기에는 압연관이 주도하였고, 조선후기에는 동래부사와 부산첨사가 주도하였음을 알 수 있다.

(5) 조선후기 훈도(訓導)·별차(別差)가 주관하는 주봉배(晝奉盃) 의식

동래부사가 일본 사신을 접대하는 것과는 별도로 훈도와 별차가 주관하는 연향인 주봉배(晝奉盃)가 있었다. 이 연향은 일본에서 파견된 사신이 대차왜, 재판왜, 특송사일 때에만 특별하게 거행되었다. 주봉배의 절차는 다음과 같다.[98]

훈도·별차, 관복을 갖춰 입고 관소(館所) 대청(大廳)의 교의 앞에 나아감.

훈도·별차, 정관 등과 서로 마주 보고 두 번 읍례를 거행한 후 의자에 앉음.

압물·시봉·반종, 정관 뒤에 앉음.

찬은 3미로 하고 술을 다섯 잔 돌림.

상을 거두고 앉음.

정관, 술과 찬을 내어 대접함.

여기서 훈도와 별차는 동래부사가 주관하는 다례에 참여한 하급관리였다. 다례에서 훈도는 일본 사신을 연회 장소로 인도하고, 별차는 동래부사와 부산첨사를 인도하였다. 훈도는 부산포에 배치된 왜학훈도(倭學訓導) 1인을 말하는 것으로, 관왜(館倭)를 대접하고 왜학 역생(譯生)을 가르치는 임무를 담당하였다. 사역원에 소속된 왜학교회(倭學敎誨)를 파견하였고, 30개월 만에 교체하였다. 법전에 나타나는 규정으로는 종9품의 하급 관리였지만,[99] 왜관에 일이 있으면 당상관을 파견하기도 하였다. 별차는 사역원에 소속된 왜학교회나 역과(譯科)에 급제한 총민(聰敏)한 사람을 파견하였으며, 1년을 주기로 교체하였다. 별차는 훈도와 함께 변방의 업무를 담당하였으며, 일본인

---

98 『通文館志』 권5, 交隣上, 「晝奉盃式」.

99 『大典會通』 권1, 吏典, 外官職, 慶尙道. "倭學訓導一員[從九品. [原]二員, 釜山浦·薺浦. [增]薺浦今革.]"

이 왜관에 출입하는 것을 전담하였다.[100]

훈도와 별차가 주관하는 주봉배 의식을 보면, 훈도와 별차가 정관으로 표현되는 일본 사신과 마주 보고 두 번 읍례를 거행한 후 의자에 앉아 다섯 잔의 술잔을 돌렸다. 이때 정관을 수행하는 압물, 시봉, 반종은 정관 뒤에 자리를 잡았다. 앞서 동래부사가 주관하는 연향에서는 7미의 찬에 아홉 잔의 술잔을 돌렸다. 그런데 훈도와 별차가 주관하는 주봉배에서는 3미의 찬에 다섯 잔의 술잔을 돌렸으므로, 연회의 격식은 매우 간략하였다.

조선후기에 일본에서 파견된 대차왜, 재판왜, 특송사는 상대적으로 격이 높거나 특별한 임무를 띤 사신이었다. 따라서 동래부사가 주관하는 연향과 별도로 훈도와 별차가 주관하는 연향을 추가한 것으로 보인다. 그러나 조선의 하급 관리인 훈도와 별차가 일본 사신과 항례를 한 것을 보면 일본 사신에 대한 예우의 격은 높지 않았다.

조선전기에 한양으로 올라온 일본 사신은 국왕과 예조가 주관하는 연향을 받았지만, 조선후기에 부산포에 도착한 일본 사신은 동래부사와 훈도, 별차가 주관하는 연향을 받았다. 일본 사신을 대접하는 연향에 차이를 둔 것은, 조선전기에 한양으로 올라온 사신은 일본 국왕(관백)이 파견한 사신이고, 조선후기에 부산포에 도착한 사신은 대마도주가 파견한 사신이었기 때문이다. 그러나 조선 측에서 보면 대마도주가 파견한 사신이 바로 일본을 대표하는 사신에 해당하였으므로, 조선후기에 일본 사신을 대접하는 의례는 상대적으로 격이 낮았다고 할 수 있다.

---

100 『增正交隣志』 권3, 任官.

제 4 장

조선왕실 외교의례의 특징

2장과 3장에서는 조선왕실의 외교의례를 조선과 중국의 외교의례와 조선과 일본의 외교의례로 구분하여 살펴보았다. 4장에서는 이를 합하여 동아시아 삼국의 외교 관계를 종합적으로 검토하기로 한다.[1]

1 외교문서에 나타나는 특징

1) 외교문서의 발급자와 접수자

조선에서 중국으로 보낸 외교문서에는 표문(表文), 전문(箋文), 장문(狀文), 자문(咨文), 주문(奏文), 계문(啓文), 신문(申聞), 정문(呈文), 단자(單子) 등이 있었다. 이와 별도로 조선 사신이 현지에서 이동하면서 작성한 문서가 있었다. 조선 사신이 파견된다는 사실을 명 대의 요동도사(遼東都司)나 청 대의 성경(盛京)에 알리는 선문(先文), 압록강을 건널 때 요동도사의 관원에게 알리는 도강장(渡江狀), 책문을 들어설 때 제출하는 입책보단(入柵報單), 중국의 내지를 이동할 때 필요한 표문(票文)을 발급받기 위해 제출하는 자문(咨文)이 이에 해당하였다.

조선에서 중국으로 보낸 외교문서의 발급자와 접수자를 정리하면 다음과 같다.

표문: 조선 국왕 → 중국 황제

---

1 이하의 내용은 김문식, 「조선시대 外交儀禮의 특징」, 『東洋學』 62, 2016을 재정리한 것이다.

전문: 조선 국왕 → 중국 황태자, 황후

장문: 조선 국왕 → 중국 황후

주문: 조선 국왕 → 중국 황제

자문: 조선 국왕 → 중국 예부(會同館 提督 → 禮部 → 儀制司)

계문: 조선 국왕 → 중국 황태자

신문: 조선 의정

정문: 조선 사신 → 해당 아문

단자: 조선 국왕 → 중국 황후

이를 보면 조선에서 보낸 외교문서의 발급자는 국왕, 의정(議政), 사신(使臣)이 있고, 접수자는 황제, 황후, 황태자, 아문(衙門)이 있었다. 다만 황태자에게 보내는 문서는 청 강희제(康熙帝) 이후로 저위비건법(儲位秘建法)이 시행되어 황태자가 부재한 경우가 많았으므로 실제로 발급된 사례는 많지 않았다.

조선에서 중국으로 보내는 외교문서는 사신의 임무에 따라 종류가 다양하였다.[2] 조선에서 파견한 사신에는 '절행(節行)'과 '별행(別行)'이 있었다. 절행은 원단(元旦), 동지, 성절(聖節), 천추(千秋)와 같은 절일(節日)에 정기적으로 파견하는 사절로 처음에는 정조사(正朝使), 동지사, 성절사, 천추사 등이 있었다. 이 중 천추사는 숭덕(崇德) 연간(1636~1643)에 폐지된 대신에 세폐사(歲幣使)를 두었고, 1645년(인조 23)에는 청 황제의 명령으로 원조사(元朝使), 동지사, 성절사와 세폐사를 합하여 '동지사'라 하였다. 동지사는 정사, 부사, 서장관 3원(員)을 갖추었고 일 년에 한 번씩 파견하였다. 다음으로 별행은 일이 있을 때마다 파견하는 사절로 사은사(謝恩使), 주청사(奏請使), 진하사(進

---

2   1780년 乾隆帝의 칠순을 축하하는 陳賀謝恩使가 주고받은 외교문서에 대해서는 구범진, 「조선의 건
      륭 칠순 진하특사와 『열하일기』」, 『인문논총』 70, 서울대학교 인문학연구원, 2013, 9~17면 참조.

賀使), 진위사(陳慰使), 전향사(傳香使)가 있었고, 변무사(辨誣使)와 문안사(問安使)가 추가되었다.

중국에서 조선으로 보내는 외교문서는 발급 주체에 따라 황제문서와 관부문서로 구분되었다. 황제가 보내는 황제문서에는 조(詔), 고(誥), 제(制), 칙(勅), 책문(冊文), 유(諭), 서(書), 부(符), 영(令), 격(檄) 등이 있었고, 주로 한림학사(翰林學士)가 작성하였다. 이 중에서 부, 영, 격은 황제의 명의를 위임받는 관청에서 발행한 것이므로 황제가 발급한 문서는 아니었다. 조선에서 받은 황제문서에서 가장 중요한 것은 국왕을 책봉하는 고명(誥命)이었고, 황제가 조선 국왕을 책봉할 때 내리는 문서에는 책봉조(冊封詔)와 반고명채폐칙(頒誥命彩弊勅)이 있었다.[3] 이와 별도로 중국 관청에서 발급하는 관부문서에는 주본(奏本), 계본(啓本), 조회(照會) 등이 있었다.

중국에서 조선으로 보낸 외교문서의 발급자와 접수자를 정리하면 다음과 같다.[4]

조: 중국 황제 → 조선 국왕, 천하에 포고하는 것.

고: 중국 황제 → 조선 국왕, 5품 이상 관리에 대한 봉전(封典)

제: 중국 황제 → 조선 국왕, 조정 백관에게 선시(宣示)하는 것.

칙: 중국 황제 → 조선 국왕, 6품 이하 관리에 대한 봉전, 특정 사안을 특정 지역에 내림.

책문: 중국 황제 → 조선 국왕

유: 중국 황제 → 조선 국왕

3　『大淸會典』 권39, 禮部, 「主客淸吏司」. "○ 凡封外國, 必錫之詔勅[朝鮮奏請襲封, 勅下部議, 應封世子或世弟世孫某爲國王. 妻某氏爲王妃, 題請頒詔勅各一道. 遣使持節往封]. 初內附, 則錫之印[崇德二年, 朝鮮國王李倧內附, 賜龜鈕金印.]." 여기서 "題請頒詔勅各一道"는 冊封詔 1道와 頒誥命彩弊勅 1道를 의미한다.

4　金暻綠, 「朝鮮後期 事大文書의 종류와 성격」, 『한국문화』 35, 2005, 185~188면; 金暻綠, 「明代 公文制度와 行移體系」, 『明淸史硏究』 26, 2006, 126~131면.

서: 중국 황제 → 조선 국왕

지: 중국 황제 → 조선 국왕

주본: 해당 아문

계본: 해당 아문

조회: 해당 아문

이를 보면 중국에서 보낸 외교문서의 발급자는 황제와 아문이고, 접수자는 대부분 조선 국왕이었다.

다음으로 조선과 일본은 대등한 관계라 외교문서의 위상도 대등하였다. 조선과 일본이 교환한 외교문서에는 국서(國書)와 서계(書契)가 있었다. 조선 후기의 국왕은 일본의 실제 통치자인 관백(關伯)에게 1607년부터 1811년까지 13차례에 걸쳐 국서를 보냈고, 이에 상응하는 일본의 국서를 받았다.[5] 서계는 조선의 예조참판과 막부의 노중(老中), 예조참의와 대마도주, 부산진 첨사와 대마도주 사이에 주고받은 외교문서이다. 현재 국사편찬위원회에 있는 '대마도종가문서'에는 조선에서 대마도로 보낸 서계의 원본이 9,442점 남아 있다.

조선과 일본이 교환한 외교문서의 발신자와 수신자를 정리하면 다음과 같다.

국서: 조선 국왕 ⇄ 일본 관백

서계: 조선 예조참판 ⇄ 일본 노중

　　　조선 예조참의 ⇄ 대마도주

5　조선과 일본이 교환한 國書는 『同文彙考』에 수록되어 있다.

조선 부산첨사 ⇄ 대마도주

전령: 동래부사, 접위관 → 왜관 관수(館守)

각: 동래부사 ← 왜관

동래부 역관 ⇄ 왜관 관수·재판(裁判)·대관(代官)

조선을 중심에 두고 동아시아 삼국이 교환한 외교문서를 정리하면 〈표 11〉과 같다.

이를 보면 조선과 중국이 교환한 외교문서의 종류는 다양하였지만, 조선과 일본이 교환한 외교문서는 매우 제한되었다. 중국으로는 매년 정기적으로 사신을 파견하고, 황실 가족의 길흉사가 있을 때마다 사신을 파견하였다. 그러나 일본으로는 관백의 경사나 교체가 있을 때만 사신을 파견하였기 때

표11 조선시대 동아시아 삼국의 외교문서

중국	외교문서	조선	외교문서	일본
황제	表文, 奏文(←) 詔, 誥, 制, 勅, 冊文, 諭, 書, 旨(→)	국왕	國書(⇄)	관백
황태자	箋文, 啓文(←)	국왕		
황후	箋文, 狀文(←)	국왕		
예부	咨文(←)	국왕		
	申文(←)	의정		
아문	呈文(←) 奏本, 啓本, 照會(→)	사신		
		예조참판	書契(⇄)	老中
		예조참의	書契(⇄)	대마도주
		접위관 동래부사	傳令(→) 覺(←)	왜관
		부산첨사	書契(⇄)	대마도주
		동래 역관	覺(⇄)	왜관

문에 외교문서의 종류도 제한될 수밖에 없었다. 조선과 일본이 교환한 외교문서 중 국왕문서는 국서 하나였고, 나머지는 모두 관리들 사이에 교환하는 실무 문서였다.

조선 국왕은 중국의 예부와 대등한 입장에서 외교문서를 보냈고, 황제, 황후, 황태자에게는 신하의 지위에서 외교문서를 올리는 입장이었다. 반면 조선 국왕은 일본 관백과 대등한 지위에 있었고, 일본의 노중은 조선의 예조참판, 대마도주는 예조참의와 부산첨사, 왜관의 관수는 동래부사, 역관과 문서를 교환할 수 있었다. 일본의 노중이 예조판서가 아닌 예조참판과 문서를 교환한 것은 조선 관리의 위상이 상대적으로 높아지는 효과가 있었다. 또한 조선과 일본의 외교문서는 국왕과 관백의 국서를 제외하면 모두 실무 문서였다. 이를 보면 조선과 중국은 의례적으로 정형화된 관계라면 조선과 일본은 실무적 관계였다고 할 수 있다.

명·청 교체기에 조선에서 일본으로 보낸 국서와 서계는 연호 표기에 중대한 변화가 나타났다. 조선의 국서에서는 1643년까지 명의 연호(崇禎)를 썼지만 1645년 정월 이후로는 간지(干支)만 사용하였다. 1644년에 청이 북경을 장악한 상황에서 명의 연호를 그대로 쓰는 것이 곤란하였고, 청의 연호를 쓰는 것도 곤란하였기 때문이다. 조선 정부에서는 당분간 간지를 사용하다가 일본에서 청이 중원을 장악한 것을 알게 되면 청의 연호를 사용하자고 결정하였다. 그러나 실제로 조선에서 일본으로 보낸 국서와 서계에서는 1645년부터 1872년까지 간지만 쓰고 청의 연호는 쓰지 않았다.

2) 외교문서를 전달하는 의례

조선의 외교문서를 중국으로 전달하는 과정은 출발할 때부터 특별한 의례가 있었다. 조선 국왕이 황제에게 표문이나 전문을 보낼 때 신하의 입장에서 의례를 거행하였기 때문이다. 국왕은 식장의 서쪽 문으로 이동하여 계단 중앙에 있는 배위(拜位)에서 표문이나 전문을 향하여 절을 하였고, 표문이나 전문은 식장의 중앙 문을 통해 밖으로 나갔다. 또한 표문은 황의장(黃儀仗)이 배치된 가운데 황옥용정(黃屋龍亭)에 실려 이동하고, 전문은 홍의장(紅儀仗)이 배치된 가운데 청옥용정(靑屋龍亭)에 실려 이동하였다. 조선 국왕이 황제에게 올리는 표문과 전문은 황제와 같은 대우를 받았다.

조선 사신이 북경에 도착하면 다음날 예부로 가서 조선에서 가지고 온 외교문서를 제출하였다. 이때 조선 사신은 공복(公服)을 갖추어 입었다. 조선 사신이 외교문서를 전달하는 과정은 명 대와 청 대에 차이가 있었다. 명 대에는 조선 사신이 예부상서를 만나 무릎을 꿇고 자문을 올렸고, 통사(通事)는 의제사(儀制司)로 가서 표문을 전달하였다. 청 대에는 조선 사신이 예부상서나 예부시랑을 만나 표문과 자문을 한꺼번에 전달하였다. 이때에도 조선 사신은 무릎을 꿇고 표문과 자문을 올렸다. 외교문서를 전달할 때 중국의 예부상서나 예부시랑은 북쪽에서 남쪽을 향하여 섰고, 조선 사신이 올리는 표문이나 자문을 받는 사람은 예부낭중(禮部郎中)이었다. 외교문서를 전달할 때 조선 사신은 예부상서에게 군신(君臣)의 예를 하였고, 예부낭중에게는 항례(抗禮)를 하였다.

예부에 제출한 외교문서는 조선 사신이 황제의 조회에 참석할 때 황제에게 전달되었다. 조선 사신이 황제의 조회에 참석하는 의례는 명 대와 청 대가 달랐다. 먼저 조회에 참석하기 전 의례를 연습하는 장소가 명 대에는 조천궁(朝天宮)의 중문(中門) 안이었고, 청 대에는 홍려시(鴻臚寺)의 패각(牌閣) 앞이었다. 이때 조선 사신의 동작이 제대로 나오지 않으면 늦은 밤까지 연습을 거듭해야 하였다.

명 대의 조회 의례에 참석한 사신은 오문(午門) 앞에서 명나라 13성(省)의 관리들과 함께 반열을 이루고 대기하였으며, 어로(御路) 위에서 오배삼고두례(五拜三叩頭禮)를 거행하고 우액문(右掖門)으로 들어가 황제를 만났다. 황제를 만날 때 조선 사신은 어로 위에 꿇어앉았고, 홍려시 관원이 황제에게 사신을 소개하면 자리에서 일어나 삼고두(三叩頭)를 하였다. 황제가 음식을 권하면 다시 삼고두를 한 다음 우액문을 통해 밖으로 나왔다. 이후 조선 사신은 광록시(光祿寺)로 가서 차, 술, 밥을 대접받았다. 청 대의 조회 의례에서 조선 사신은 청의 관리들과 함께 서쪽 액문(掖門)으로 들어가 서반(西班)의 말석에 섰다. 조선 사신은 뜰에 있는 배위에서 황제에게 삼궤구고두(三跪九叩頭)를 하였고, 각국 사신의 윗자리에 위치하였다. 황제가 조선 사신을 부르면, 사신은 황제가 있는 전내(殿內)로 들어가 5등 제후의 말석에서 차 한 잔을 마실 수 있었다.

조선 사신이 중국에 외교문서를 전달하는 과정은 북경에 도착한 직후 외교문서를 예부에 제출하고, 중국 황제의 조회에 참석하여 신하로서의 예를 갖춘 상태에서 외교문서가 황제에게 전달되었다. 이때 조선 사신의 위치는 전정(殿庭)에 있는 각 품계의 말석이었다.

한편 중국 황제의 외교문서를 받는 의례는 조선 국왕이 한양 교외에 있는 모화관(慕華館)으로 나가서 맞이하는 것으로 시작되었다. 국왕은 조서(詔書)를 맞이할 때 면복(冕服)을 입었고, 칙서(勅書)를 맞이할 때는 익선관과 곤룡포를 입었다. 중국 사신이 가져온 조서와 칙서는 황옥용정에 안치되어 궁궐로 이동하였고, 용정(龍亭)이 이동하는 동안 그 앞에서는 황의장과 향정(香亭)이 배치되었다. 궁궐에 도착하면 국왕은 동쪽 문으로 들어가 정문으로 들어오는 조서와 칙서를 맞이하였고, 중국 사신에게 조서와 칙서를 받을 때에도 뜰 중앙에서 사배(四拜)한 후 무릎을 꿇은 상태에서 받았다.

국왕이 조서와 칙서를 받는 의례는 약간의 차이가 있었다. 조서를 받을 때는 뜰의 중앙에 위치하지만, 칙서를 받을 때는 건물 안으로 들어가 남쪽 가까이에서 받았다. 국왕의 위치가 변하면서 조서는 중국 사신으로부터 여러 사람을 거쳐 받았지만, 칙서는 사신으로부터 바로 국왕에게 전달되었다. 또한 조선전기에는 조서를 받은 후 국왕이 삼고두와 산호(山呼)를 하였지만 칙서에는 이러한 절차가 없었다. 그런데 조선후기에는 국왕이 칙서를 받을 때도 삼고두와 산호를 하여 의례가 강화되었다. 국왕이 황제에게 외교문서를 올리거나 황제의 외교문서를 받을 때에는 군신 의례가 철저하게 적용되었다.

조선 국왕과 일본의 관백이 외교문서를 교환할 때에는 서로 항례를 하였다. 에도(江戸, 동경)에 도착한 조선 사신은 궁성 안으로 들어가 관백에게 외교문서를 직접 전달하였다. 조선 사신은 9개의 문 가운데 7번째 문에서부터 걸어서 갔고, 조선의 국서는 8번째 문에서 용정에서 내려 일본 측 수당상(首堂上)이 손으로 받들고 들어갔다. 이 국서는 사신이 관백을 마주한 상황에서 수당상, 대마도주, 집정의 손을 거쳐 관백에게 전달되었고, 조선 사신은 자신이 가져온 폐백을 진열한 앞에서 관백에게 사배하고 물러나는 것으로 국서를 전달하는 의례가 끝났다.

조선에서 일본 관백의 국서를 접수하는 의례는 조선전기와 조선후기가 달랐다. 전기에는 일본 사신이 조선 국왕의 조회에 참석하여 외교문서를 전달하였다. 이때 일본 사신은 뜰의 서쪽에 있는 무반 자리에서 국왕에게 사배를 올렸고, 건물 안으로 들어가 꿇어앉은 상황에서 일본 국왕의 안부를 묻고 사신을 위로하는 국왕의 목소리를 들었다. 이후 일본 사신은 다시 뜰로 내려와 사배한 후 물러나는 것으로 의례는 끝이 났다. 조선 사신이 관백의 정당(正堂) 안으로 들어가 국서를 전달하였다면, 일본 사신은 국왕의 조회에 참석하여 관백의 국서를 전달하였다.

조선후기에 일본 사신은 한양으로 올라오는 것이 금지되었고, 관백의 국서는 일본을 방문하여 국서를 전달한 조선 사신에게 바로 내려졌다. 조선 국왕이 보낸 국서에 회답하는 형식의 국서였다. 일본 관백의 국서는 집정과 대마도주가 조선 사신의 숙소로 가져와 전달하였고, 양국의 관리들은 동쪽과 서쪽에서 마주 보고 다례를 거행하였다. 조선후기에 조선과 일본의 국서 교환이 조선 사신을 통해 이뤄지고 조선 국왕과 일본 사신의 접촉이 사라진 것은 임진왜란 이후 양국의 외교 관계가 상대적으로 소원해졌음을 의미한다.

2 사신의 접대 의례에 나타나는 특징

1) 조선 사신의 접대 의례

조선 사신이 북경에 도착하면 중국 측에서 이들을 접대하는 의례가 있었다. 사신이 북경에 도착한 직후 거행하는 하마연(下馬宴), 사신에게 선물을 주는 상사(賞賜), 사신이 북경을 출발할 때 거행하는 상마연(上馬宴), 사신이 북경을 출발함을 알리는 사조(辭朝)가 그것이다.

하마연은 중국의 예부상서가 조선 사신을 위해 개최하는 연회로 명 대와 청 대에 차이가 있었다. 명 대의 하마연은 사신의 숙소인 회동관(會同館)에서 진행되었고, 황제에 대한 예로 회동관의 서쪽 계단 위에 설치된 용정에 일궤삼고두(一跪三叩頭)를 올린 후 시작되었다. 예부상서는 북쪽, 정사는 동쪽, 서장관은 서쪽에 위치한 상황에서 조선 사신이 예부상서에게 재배하고 읍례를 하면 예부상서는 답으로 읍례를 하였다. 연회 동안 음악이 연주되고 공연이 베풀어졌으며, 양측은 7잔의 술잔을 나누고 용정 앞에서 일궤삼고두를 하는 것으로 잔치가 끝났다. 청 대의 하마연은 예부에서 거행하고, 황제에 대한 예로 예부의 월대 위에서 황제의 궁궐을 바라보며 삼궤구고두를 하였다. 연회장에서 조선 사신이 예부상서에게 일궤삼고두를 하면 예부상서는 읍례를 하였다. 청 예부의 낭중(郎中)은 동쪽에 앉고 조선 사신은 서쪽에 앉은 상황에서 술잔을 돌렸고, 연회가 끝나면 다시 월대 위에서 삼궤구고두를 하는 것으로 끝났다.

이를 보면 중국의 예부상서와 조선 사신은 군신 의례를 거행하였다. 두 사람이 만날 때 예부상서는 북쪽에서 남면하고, 조선 사신이 상급자에게 올리는 예를 거행하면 예부상서가 읍례를 답하는 것이 그러하였다. 다만 황제에 대한 의례에서 명 대에는 일궤삼고두이던 것이 청 대에 삼궤구고두로 늘어났고, 연회장의 사신 자리가 명 대에 동쪽에서 청 대에는 서쪽으로 바뀌었다. 또한 명 대에는 조선 사신이 7잔의 술을 받았지만 청 대에는 타락차(駝酪茶) 한 잔과 술 3잔에 다시 한 잔을 받았다. 하마연에서 조선 사신의 위상은 명 대보다 청 대에 격하되었다.

상사는 중국 황제가 조선 사신에게 상을 내리는 것이다. 명 대에는 사신이 조참례에 참석한 후 다시 황제의 조회에 참석하여 상을 받았다. 명 황제가 직접 상을 준 것은 아니고, 황제의 조회에 참석한 후 주객사(主客司)의 낭중을 통해 전달받는 방식이었다. 이때 조선의 정사는 주객사의 낭중과 항례를 하였지만, 상통사(上通事) 이하는 상하의 예를 거행하였다. 황제의 상을 받은 사신들은 이튿날 궁궐로 가서 상을 준 은혜에 감사하는 사은례를 거행하였다. 청 대에는 조선 사신이 황궁의 오문 밖에서 예부 관리가 참석한 가운데 통관을 통해 상을 받았다. 상을 받는 방식은 조선 국왕에게 회송하는 선물을 받은 다음 3사신(정사, 부사, 서장관), 대통관(大通官) 3인, 압물관(押物官) 24인, 종인(從人) 30명이 차례로 받았고, 그 자리에서 바로 사은례를 거행하였다.

조선 사신이 북경을 출발할 때에는 상마연이 개최되었다. 상마연 의례에 관한 기록은 청 대에만 나타난다. 상마연은 조선 사신이 머물던 관소(館所)에서 진행되었고, 의례 절차는 예부에서 거행된 하마연과 같았다. 다만 좌석의 위치에는 변화가 있었다. 하마연에서 북쪽에 있던 예부상서가 동쪽에 위치하고 예부낭중은 그 뒤에 자리하였다. 예부상서가 동쪽에 위치하여 상위이긴 하였지만, 예부의 관리와 조선 사신이 동서에서 마주 봄으로써 대등한 위상이 되었다. 청 대의 상마연은 조선 사신이 북경에 도착한 후 가장 예우를 받는 자리가 되었다.

사조는 조선 사신이 궁궐로 가서 황제에게 하직 인사를 올리는 의례이다.

명 대에는 홍려시에 참석자 명단을 보고하고 다음날 궁궐로 가서 사조 의례를 거행하였다. 의례를 마치면 조선 사신은 광록시로 가서 차와 술, 음식을 먹었고, 예부로 가서 당상관에게 배례를 하였다. 그러나 청 대에는 이런 의례가 모두 면제되고, 조선 상통사가 예부에 가서 회자(回咨)를 받는 것으로 끝이 났다.

이상에서 조선 사신이 북경에서 접대받는 의례를 보면, 청 대에 들어와 의식 절차는 간소화되었지만 사신의 위상은 더 격하된 것으로 판단된다.

한편 조선 사신이 일본에 도착하면 크게 세 차례의 연향이 있었다. 사신이 대마도에 도착하였을 때의 하선연(下船宴), 에도에 도착하였을 때의 별연(別宴), 대마도로 돌아와 부산으로 떠나기 전의 상선연(上船宴)이 거행되었다. 세 연향은 대마도주의 집에서 대마도주가 주관하였다.

대마도주가 주관하는 연회에서 조선 사신과 대마도주는 서로 읍례를 하였고, 사신은 동쪽, 대마도주는 서쪽에 앉았다. 연회에서 모두 아홉 잔의 술잔이 돌았고, 희자(戱子)가 재주를 부리고 무동(舞童)이 춤추고 노래를 불렀다. 조선 사신은 대마도주와 항례를 하였지만 동쪽에 앉는 것으로 우대를 받았다.

조선 사신이 대마도주의 인도를 따라 에도로 이동하는 동안 현지 번주(藩主)가 주관하는 연향이 있었다. 처음에는 적간관(赤間關), 대판성(大坂城), 강호, 미장(尾張), 준하(駿河) 등 5곳에서 연향을 베풀었고, 중간에 적간관 연향을 우창(牛窓)으로 옮겼다. 사신이 돌아올 때에도 5곳에서 연향이 있었다. 그러나 1719년(숙종 45)부터 번주가 주관하는 연향은 대판성과 에도 두 곳으로 줄어들었다.

일본에서 조선 사신을 접대하는 의례 가운데 가장 주목되는 것은 관백이 사신을 접대하는 의례이다. 조선 사신이 관백을 만나 국서를 전달하면, 관백은 조선의 3사신에게 술을 한 잔씩 내리는 주례(酒禮)가 있었다. 관백이 주관하는 주례는 관백이 정당 3층에 앉은 상황에서 조선 사신이 차당(次堂)의 동쪽에 앉았다. 관백이 술 한 잔을 마신 다음 정사에게 술을 권하면 정사가 2층으로 올라가 이를 받아 마시고 재배하며, 부사, 종사관의 순서로 술을 마셨다. 관백의 주례가 끝나면 사신은 자리를 옮겨 일본의 세 납언(納言)이 주관하는 연향에 참석하였고, 술 석 잔을 돌리는 것으로 끝났다.

조선 사신이 중국 황제의 조회에 참석하였을 때에는 특별한 명령이 있어야 사신이 황제가 있는 건물 안으로 들어가 차를 마실 수 있었다. 이에 비해 일본에서는 조선 사신이 관백의 술잔을 직접 받았으므로, 상대적으로 대접이 극진하였다고 할 수 있다.

중국과 일본에서 조선 사신을 접대하는 의례를 보면, 조선 사신은 중국의 예부상서와 일본의 관백에게 군신의 예를 거행하였다. 또 조선 사신은 중국의 예부낭중이나 주객사 낭중과 항례를 하였고, 일본의 납언이나 대마도주와도 항례를 하였다. 이는 조선 국왕이 일본의 관백이나 중국의 예부상서와 항례를 하는 상대임을 의미한다. 이를 정리하면 다음과 같다.

중국 예부상서 ⇄ 조선 사신(君臣禮) ⇄ 일본 관백
중국 예부낭중 ⇄ 조선 사신(抗禮) ⇄ 일본 납언
중국 주객사 낭중 ⇄ 조선 사신(抗禮) ⇄ 일본 대마도주

2) 외국 사신의 접대 의례

중국 사신이 파견되면 조선 정부는 이들을 맞이할 빈사(儐使)를 파견하였다. 빈사의 명칭은 사신의 위상에 따라 달라졌다. 사신의 지위가 정경(正卿)이면 빈사를 원접사(遠接使)라 하였고, 사신이 차관(差官)이면 접반사(接伴使)

라 하였다. 중국 사신이 돌아갈 때에는 원접사가 반송사(伴送使)로 바뀌었다.

중국 사신이 압록강을 건너오면 원접사와 평안감사는 의주의 의순관(義順館)까지 나가서 맞이하였다. 처음에는 평안감사가 안주까지 나갔지만 1675년(숙종 1)부터 의주로 바뀌었다. 조선 정부에서는 사신이 통과하는 의주, 정주, 안주, 평양, 황주, 개성 등 6곳에 영위사(迎慰使)를 파견하였다.

황제의 칙서가 도착하면 조선 관리들은 칙서를 맞이하는 의례를 거행한 다음 중국 사신을 맞이하는 현관례(見官禮)를 거행하였다. 이때 중국 사신은 북쪽 의자에 앉았고, 조선의 관리들은 차례로 명첩(名帖)을 드린 후 재배하고 읍하였으며, 사신은 읍례로 답하였다. 중국 사신은 영위사가 국왕의 어첩(御帖)을 전달할 때만 자리에서 일어나 두 손으로 받았다.

의주에서 연향을 베풀 때 중국 사신은 북쪽, 조선의 원접사와 영위사는 서쪽에 앉았다. 영위사는 중국의 정사와 부사에게 연속해서 두 잔의 술을 올렸고, 정사와 부사는 그 답으로 영위사에게 한 잔의 술을 주었다. 다음으로 원접사가 두 사신에게 두 잔의 술을 올린 후 답으로 한 잔을 받았고, 그 다음에 원접사는 영위사에게 한 잔의 술을 주었다. 이날의 연향은 원접사와 영위사가 다시 두 사신에게 술잔을 올리는 것으로 끝이 났다. 중국 사신이 한양으로 오는 동안 의주, 정주, 안주, 평양, 황주, 개성, 홍제원에서 사신을 위한 연향이 있었다.

중국 사신이 한양에 도착하면 하마연, 익일연(翌日宴), 인정전 초청연, 회례연(會禮宴), 별연(別宴), 상마연, 전연(餞宴) 등 7차례의 연향이 진행되었다. 조선 정부는 중국 사신의 접대에 만전을 기하기 위해 영접도감(迎接都監)을 설치하여 연향을 미리 연습하기도 하였다. 중국 사신을 위로하는 연향은 대부분 사신의 숙소인 태평관에서 이뤄졌다. 조선 국왕이 태평관에 가서 연향을 열 때, 중국 사신은 동쪽, 국왕은 서쪽에 앉았다. 중국 사신은 조선 국왕과 항례를 하였지만 상대적으로 우대를 받았다.

조선 국왕이 사신에게 술잔을 올리는 주례는 절차가 매우 복잡하였다. 국왕이 정사에게 첫 번째 술잔을 주고, 정사가 술을 마시는 동안 국왕이 잔대를 들고 있었다. 이어서 정사가 국왕에게 술잔을 주고 국왕이 마시는 동안 정사가 잔대를 들고 있었다. 다음으로 국왕은 부사와 이와 동일한 방식으로 술잔을 주고받았다. 왕세자는 중국 사신에게 두 번째 술잔을 올리고 나서 국왕에게 술잔을 올렸고, 종친이 들어와 중국 사신에게 세 번째 술잔을 올렸다. 이날 총 7잔의 술잔을 돌렸다. 중국 사신을 위한 연향에는 왕세자, 종친, 의정부, 육조가 주관하는 것도 있었다. 이를 보면 조선 국왕과 중국 사신은 항례를 하였고, 상대적으로 중국 사신이 국왕보다 우위에 있었다.

조선에서 일본 사신을 접대하는 의례는 전기와 후기가 달랐다. 조선전기에는 일본에서 파견되는 사신의 종류가 많아 사신을 파견하는 주체에 따라 접대 방법이 달랐다. 여기서는 일본 국왕이 파견한 사신의 경우를 보자.

일본 사신이 도착하면 조선 정부에서 3품 조관(朝官)인 선위사(宣慰使)가 현지로 내려가 사신을 맞이하였다. 일본 사신에게는 포소(乃而浦, 釜山浦, 鹽浦)에서 3차례, 경상도에서 3차례, 충청도에서 1차례, 경기도에서 1차례 연회를 베풀었다. 한양에 도착한 일본 사신은 남부의 낙선방(樂善坊)에 위치한 동평관(東平館)에 머물렀고, 예빈시에서 이들을 맞이하였다. 일본 사신이 조선 국왕에게 숙배(肅拜)하는 날과 배사(拜辭)하는 날에는 대궐 안에서 연회를 베풀고, 예조는 일본 사신이 돌아갈 때 연회를 베풀고 전별연을 내려 주었다. 사신이 돌아가는 길의 연회는 올 때와 같았고, 포소에서 전별연을 한 차례 열었다.

조선전기에 일본 사신이 조선 국왕에게 국서를 올리면, 국왕이 사신을 접대하는 의례가 진행되었다. 일본 사신은 건물 안으로 들어가 남쪽에서 동쪽을 향해 앉은 채 국왕이 내리는 술잔을 받았다. 이때 국왕이 사신에게 술을 주는 방식은 일본 관백이 조선 사신에게 술을 주는 방식과 비슷하였다. 다만 조선 사신은 관백을 마주 보고 앉았지만, 일본 사신은 국왕을 마주 보지 못하고 동쪽을 바라보는 점이 달랐다.

조선의 예조판서가 일본 사신을 접대하는 연회도 있었다. 조선의 압연관, 예조판서, 예조참의가 동쪽에 있고, 일본의 정사와 부사는 서쪽에 서서 항례를 하였다. 연회가 시작되면 압연관이 정사에게 술잔을 주었고, 정사는 그 답으로 압연관에게 술잔을 주었다. 다음으로 압연관은 부사와 종사관에게 차례로 술잔을 주었고, 부사와 종사관은 압연관에게 술잔을 주었다. 그 다음에 압연관은 예조판서와 예조참판에게 술잔을 돌렸다. 이날 양측 관리들은 총 5잔의 술잔을 돌렸다.

조선 국왕이 중국 사신을 접대하는 연회와 조선의 예조판서가 일본 사신을 접대하는 연회는 매우 유사하였다. 연회에서 국왕은 중국 사신에게 7잔의 술잔을 주었지만, 예조판서는 일본 사신에게 5잔의 술잔을 준 점이 달랐다. 조선 국왕과 중국 사신, 예조판서와 일본 사신은 서로 항례를 하면서 조선을 방문한 사신을 대접하였다.

조선후기에 파견된 일본 사신은 한양까지 오지 못하였으므로 국왕이나 예조에서 접대할 기회가 없었다. 사신이 배에서 내리면 부산의 객사(客舍)로 가서 조선 국왕을 상징하는 전패(殿牌)에 사배를 올렸다. 조선전기에 일본 사신이 한양으로 올라와 궁궐의 서쪽 뜰에서 국왕에게 사배를 올렸듯이, 부산 객사의 마당에서 전패를 향해 사배를 올린 것이다. 이후 사신은 연향청(宴享廳)으로 이동하여 동래부사가 주관하는 다례에 참석하였다.

동래부사가 주관하는 다례는 대마도주의 서계를 받은 후 거행하였으며, 초기에는 군신의 예로 거행하였다. 동래부사와 부산첨사는 북쪽에 앉고, 일본 사신이 남쪽에서 재배하면 답으로 읍례를 하였다. 그러나 1610년(광해 2) 이후 이 의례가 변하여 서로 항례를 하였다. 동래부사와 부산첨사가 동쪽에

서고 일본 사신은 서쪽에 서서 함께 읍례한 후 자리에 앉았다. 동래부사는 다례에서 총 5잔의 술잔을 돌렸다.

동래부사가 주관하는 다례 다음에는 연향이 있었다. 동래부사가 일본 사신에게 술 한 잔을 주면, 일본 사신이 동래부사에게 술잔을 주었다. 이후 동래부사가 도선주, 압물, 시봉(侍奉)에게 한 잔씩 돌렸고, 처음부터 다시 한 잔씩을 돌렸다. 다음으로 부산첨사가 동래부사와 같은 방식으로 술잔을 돌렸다. 이 연향에서는 총 9잔의 술잔을 돌렸다. 조선후기에 동래부사가 주관한 연향은 조선전기에 예조판서가 주관한 연회에 해당하였다.

일본 사신을 접대하는 연회는 전기와 후기가 비슷하였다. 그러나 연회를 주관하는 관리의 위상에는 큰 변화가 있었다. 조선후기에는 조선 국왕이나 예조판서가 주관하는 연회는 없어지고, 동래부사와 훈도, 별차가 주관하는 것만 남았다. 일본 사신은 모두 대마도주가 파견한 차왜였으므로 부득이한 일이었다. 덕천(德川) 막부는 조선과의 교섭 업무를 대마도주에게 일임하였고, 조선 정부는 그 위상에 맞게 의례를 조정하였다. 조선후기에도 조선과 일본의 교섭은 계속되었지만, 최고 지도자를 만나는 의례는 일본을 방문한 조선 사신만 가능하였다.

지금까지 살펴본 조선시대 외교의례의 특징을 정리해 보면 다음과 같다.

첫째, 중국 황제와 조선 국왕은 철저하게 군신 관계에 있었으며, 사대 관계란 바로 군신 관계를 의미하였다. 조선에서 중국으로 보낸 외교문서는, 조선을 출발할 때부터 황제와 같은 대우를 받았고, 북경에 도착한 이후 예부를 통해 황제에게 전달되었다. 그러나 조선 국왕이 황제의 문서를 받을 때는 한양의 교외에서 맞이하였고, 궁궐에 도착하면 군신의 예를 거행한 후 문서를 받았다. 중국 황제와 조선 국왕은 대등하게 문서를 주고받는 관계가 아니었다.

조선 사신과 중국 사신을 접대하는 의례에서도 군신 관계가 확연히 나타났다. 중국에서 조선 사신을 접대하는 관리는 예부상서였고, 예부상서와 조선 사신의 위상은 군신 관계였다. 조선 사신이 중국 황제의 술을 직접 받는 경우는 없었고, 사신이 황제가 있는 전내로 들어가 중국 대신들의 말석에서 차 한 잔을 받는 것이 최고의 예우였다. 이에 비해 조선에서 중국 사신을 접대할 때에는 국왕과 사신이 동격이 되었고, 그나마 상석에 해당하는 동쪽 자리를 사신에게 양보하였다. 중국 사신은 의주에서 한양까지 오는 동안 국왕의 어첩(御帖)을 받을 때만 좌석에서 일어났고 그 외에는 항상 앉아 있었다.

둘째, 중국을 방문한 조선 사신의 지위는 명 대보다 청 대에 더 낮아졌다. 조선 사신을 위한 하마연을 보면 연회 장소가 사신의 숙소인 회동관에서 예부로 바뀌었고, 연회를 시작하기 전 황제를 향해 올리는 예도 일궤삼고두에서 삼궤구고두로 강화되었다. 또한 연회 중에 조선 사신이 앉는 자리는 동쪽에서 서쪽으로 바뀌었고, 사신이 받는 술잔은 7잔에서 5잔(술 4잔, 타락차 1잔)으로 줄어들었다. 다음으로 사신이 황제의 상을 받을 때 명 대에는 황제의 조회(朝會)에서 받았지만 청 대에는 황궁의 오문 앞에서 받았다. 명 대에는 상을 받은 후 다시 궁궐로 가서 사은례를 올렸지만 청 대에는 상을 받은 자리에서 사은례를 올렸으므로, 그 의례는 간소화되었다. 그렇지만 조선 사신이 받은 예우는 더 격하되었다.

셋째, 조선 국왕과 일본 관백은 항례를 하였고, 교린 관계란 바로 대등한 관계를 의미하였다. 조선 국왕과 일본 관백이 주고받은 외교문서는 국서뿐이었다. 양국이 교환한 외교문서에 서계가 있었지만 이는 조선의 예조참판 이하 관리와 일본 막부의 노중과 대마도주 사이에 주고받은 문서에 불과하였다. 사신이 국서를 전달할 때에는 국왕이나 관백을 직접 만나 전달하였고, 이때 국왕이나 관백에게 군신의 예를 거행하였다. 그러나 조선후기에는 조선 사신이 국서를 전달한 후 답서를 직접 받았으므로, 조선 국왕이 일본 사신을 만날 일은 없었다.

조선과 일본의 사신을 접대할 때에도 대등한 항례였다. 일본에서 조선 사신을 접대하는 관리는 대마도주였고, 조선 사신과 대마도주는 대등한 가운데 사신이 우대를 받았다. 조선 사신이 국서를 전달할 때에는 관백이 주는 술잔을 받았고, 막부의 관리들과 어울릴 때에는 항례를 하였다. 조선 사신에 대한 접대를 기준으로 할 때, 일본 관백의 지위는 중국의 예부상서와 같았고, 일본의 납언은 중국의 예부낭중에 해당하였다. 조선에서 일본 사신을 접대하는 의례는 일본에서 조선 사신이 받았던 의례와 비슷하였다.

넷째, 조선전기와 후기에는 일본 사신을 접대하는 의례가 확연히 달랐다. 전기에는 일본 관백이 파견한 사신이 조선 국왕을 만났지만, 후기에는 대마도주가 파견한 사신이 동래부사를 만났다. 이에 따라 사신을 접대하는 관리도 달라졌다. 전기에는 예조판서가 일본 사신과 항례를 하였다면, 후기에는 동래부사와 일본 사신이 처음에는 군신의 예를 하다가 항례로 바뀌었다. 일본 사신이 동래부사에게 항례를 한 것은 1610년부터였다.

조선시대의 외교의례를 보면 중국과 조선은 군신 관계였고, 조선과 일본은 대등한 관계였다. 조선 국왕은 중국 황제에게 군신의 예를 거행하고 일본 관백에게 항례를 하였으며, 그들의 신하들 사이에도 위상의 차이가 동일하게 나타나 외교의례에 반영되었다. 그런데 1864년에 일본 천황(天皇)이 복권되면서 동아시아 삼국의 위상에 중대한 변화가 생겼다. 이제 일본에는 황제에 해당하는 천황이 존재하였고, 조선 국왕은 천황에게 군신의 예를 갖출 것을 요구받았다. 조선에서 중국 황제나 일본 천황과 대등한 항례를 한 것은 대한제국(大韓帝國)의 황제가 등장한 이후에야 가능하였다.[6]

6   본서 제5장을 참조.

제 5 장

대한제국의 외교의례

조선 정부가 체결한 최초의 근대식 조약은 1876년에 일본과 체결한 수호조규(修好條規)였다. 이 조약은 조선에 불리한 조항이 있는 불평등 조약이긴 하지만 대조선국(大朝鮮國) 군주(君主)와 대일본국(大日本國) 황제(皇帝)의 위임을 받은 양국 대표가 함께 서명한 근대식 조약이다. 전통적인 외교 관계는 한쪽이 우호를 원하는 국서(國書)를 보내면, 해당국에서 이에 답하는 국서를 보내는 방식으로 이뤄졌다. 1876년 이후 조선은 미국, 영국 등 서양 국가들과 근대식 조약을 체결하면서 외교 관계를 맺어 나갔다.

조선 정부가 근대식 외교 관계를 맺으면서 새로운 형식에 부합하는 외교 의례를 마련해야 할 필요성이 나타났다. 전통적 외교 관계는 사대와 교린으로 이뤄졌고, 이에 적합한 외교의례가 확립되어 있었다. 『국조오례의』를 비롯한 국가전례서에 수록된 빈례(賓禮)와 가례(嘉禮)의 일부가 그것이며, 조선을 방문한 외국 사신의 접대는 예조에서 전담했다. 그러나 이러한 전통식 예제를 근대식 외교 관계에 적용할 수는 없었다. 양국이 대등한 관계를 가지는 교린 관계의 예제는 근대식 외교 관계와 유사한 점이 많았지만, 외교관이 국왕을 만날 때에는 반드시 땅바닥에 엎드려 절을 올리는 국궁례(鞠躬禮)를 거행해야 했다. 그러나 서양 국가에는 이런 인사법이 없었다.

고종이 대한제국을 건설하여 황제가 된 것은 근대식 외교 관계를 의식한 측면이 다분히 있었다. 조선이 서양 국가들과 대등한 외교 관계를 맺는 데에는 국가의 최고지도자가 국왕이든 황제이든 큰 차이가 없었다. 상대국 사이에는 대등한 위상을 가지도록 규정되어 있었기 때문이다. 그러나 전통적으로 중국과 조선은 사대 관계에 있었고, 외교의례에서 양국이 군신 관계에 있음이 분명하게 나타났다. 또한 일본은 1868년 메이지유신(明治維新) 이후 천황이 집권력을 회복했으므로, 동아시아 삼국 사이에서 국왕과 황제가 대등한 위상을 가지는 것은 명분상 문제가 있었다. 새롭게 정비해야 할 근대식 외교의례는 서양 국가는 물론이고 사대와 교린 관계에 있던 중국이나 일본과도 대등한 국가임을 보여 주는 형식을 갖춰야 했다.

이 장은 대한제국의 외교의례를 검토하기 위해 작성되었다. 여기서 외교의례란 고종 황제가 외국에서 파견된 외교관을 만나 국서를 받을 때의 의식 절차를 말하며, 여기에는 국서를 교환하는 양국의 대등한 위상이 잘 나타난다. 자료는 주로 『예식장정(禮式章程)』을 이용했다. 이는 1902년 예식원(禮式院)에서 작성한 책자로 고종 황제가 외교관을 접견(陛見)할 때의 의례가 사례별로 정리되어 있다.[1]

---

1   이하의 내용은 김문식,「高宗 皇帝의 외교관 접견 의례」,『日本學研究』 32, 2011을 재정리한 것이다.

1 예식원의 설치와 『예식장정』

조선 정부는 1876년(고종 13) 2월에 일본과 수호조규를 체결했다. 조선 정부가 체결한 최초의 근대식 조약이었다. 조선은 1882년부터 미국, 영국, 독일, 이태리, 러시아, 프랑스, 오스트리아와 차례로 수호조약(修好條約) 혹은 수호통상조약(修好通商條約)을 체결했다. 1897년에 성립된 대한제국 정부는 청국, 벨기에, 덴마크와 외교 관계를 맺었다. 청국과는 청일전쟁이 발발하기 직전인 1894년 6월에 전통적 사대 관계를 단절했다가 1899년 9월에 통상 조약을 체결하면서 새로운 외교 관계를 맺었다.[2]

조선과 대한제국 시기에 외국과 체결한 근대식 조약을 정리하면 〈표 12〉 와 같다.

조선 시대에 전통적 외교 업무는 예조와 그 부속기관인 전객사(典客司)에 서 담당했다.[3] 그런데 개항 이후 근대식 조약을 체결하면서 외교 업무를 담 당하는 기관은 통리기무아문(統理機務衙門)→통리교섭통상사무아문(統理交涉 通商事務衙門)→외무(外務)→외부(外部)로 바뀌었다.

통리기무아문은 1880년(고종 17) 12월에 외교 및 군사 업무를 총괄하기 위해 설치된 기관으로, 외교 업무는 사대사(事大司)와 교린사(交隣司)에서 담 당했다. 이 중 사대사는 사대 문서 및 중국 사신의 접대를 관장하는 부서

2　玄光浩, 『大韓帝國의 對外政策』, 신서원, 2002, 145~149면.
3　『大典會通』 권1, 吏典, 正二品衙門, 「禮曹」 "掌禮樂, 祭祀, 宴享, 朝聘, 學校, 科擧之政. … ○[典客司]掌使 臣倭野人迎接, 外方朝貢, 宴設賜與等事." 이 외에도 事大 문서와 交隣 문서는 承文院에서 작성했고, 외 국어의 번역과 통역은 司譯院에서 담당했다.

표 12 조선과 대한제국 시기의 근대식 조약[4]

국가	조약명	조약 체결	비준 교환	전권대신	
				조선/대한제국	외국
日本	修好條規	1876.2.2. (양 2.26)	1876.2.2. (양 2.26)	申櫶 判中樞府事	黑田淸隆
亞美理駕合 衆國 미국	朝美條約	1882.4.6. (양 5.22)	1883.4.13. (양 5.19)	申櫶 經理統理機務衙門 事	薛斐爾 R.W.Shufeldt.
英國	朝英修好 條約	1883.10.27. (양 11.26)	1884.4.4. (양 4.28)	閔泳穆 督辦交涉通商事務	巴夏禮 Harry Parkes
德國 독일	朝德修好 條約	1883.10.27. (양 11.26)	1884.10.1. (양 11.18)	閔泳穆 督辦交涉通商事務	擦貝 Ed. Zappe
義太利國 이태리	朝義條約	1884.윤5.4. (양 6.26)	1886.6.23. (양 7.24)	金炳始 督辦交涉通商事務	盧嘉德 Ferd de Luca
俄羅斯國 러시아	朝俄條約	1884.윤5.15. (양 7.7)	1885.9.7. (양 10.14)	金炳始 督辦交涉通商事務	韋貝 Cod.Waeber
法國 프랑스	朝法條約	1886.5.3. (양 6.4)	1887.윤4.9. (양 5.31)	金晩植 漢城府判尹	戈可當 F.G. Cogordan
奧國/澳地利 國 오스트리아	朝奧修好 通商條約	1892.5.29. (양 6.23)	1893.8.26. (양 10.5)	權在衡 駐日本署理辦事大 臣	洛蕊特畢格勒本 Roger de Biegeleben
淸國	韓淸通商 條約	1899.9.11.	1899.12.14.	朴齊純 外部大臣	徐壽朋 太僕寺卿
比利時 벨기에	韓比修好 通商條約	1901.3.23.	1901.10.17.	朴齊純 外部大臣	方葛 Leon Vincart
丹國 덴마크	韓丹修好 通商條約	1902.7.15.	?	兪箕煥 外部大臣	巴禹路厚 A. Pavlow

였고, 교린사는 교린 문서 및 사신의 왕래를 관장하는 부서였다.[5] 1881년 11월에 통리기무아문의 사대사와 교린사는 동문사(同文司)로 통합되었다.[6]

4　『高宗實錄』과 강상규, 『19세기 동아시아의 패러다임 변환과 한반도』, 논형, 2008, 192면의 〈표 4-2〉를 참조함.

5　『高宗實錄』 권17, 高宗 17년 12월 甲寅(21일). "一, 衙門稱號, 以統理機務衙門爲之. 一, 旣設衙, 則凡干機務, 不容區別勾檢, 差定堂郞, 各掌其事. 一, 事大司, 掌事大文書, 接待中國使臣, 差送軍務邊政使臣等事. 一, 交隣司, 掌交隣文書, 迎送往來使臣等事." 이 외에도 중국 및 隣國의 通商은 通商司, 각국 언어 문자의 번역은 語學司에서 담당했다.

6　『高宗實錄』 권18, 高宗 18년 11월 丁酉(9일); 11월 丁未(19일).

1882년(고종 19) 11월에는 외무를 담당하는 '통리아문(統理衙門)'과 내무를 전담하는 '통리내무아문(統理內務衙門)'이 설치되었고, 1882년 12월에 이들은 '통리교섭통상사무아문'과 '통리군국사무아문(統理軍國事務衙門)'으로 개칭되었다.[7] 1880년부터 1882년 사이에 외교를 담당하는 기관은 예조→통리기무아문→통리교섭통상사무아문으로 변화했다. 이는 사대와 교린으로 이원화되었던 외교 관계가 '동문(同文)' 내지는 '외무'로 일원화되는 과정이라 할 수 있다.

1894년 6월에 갑오개혁이 진행되면서 정부 조직은 궁내부(宮內府)와 의정부(議政府)로 이원화되었고, 통리교섭통상사무아문의 업무는 의정부 외무아문에 흡수되었다.[8] 외무아문은 교섭 통상에 관한 사무와 공사(公使), 영사(領事)를 감독하는 일을 담당했고, 소속 부서에는 총무국(總務局), 교섭국(交涉局), 통상국(通商局), 번역국(繙繹局), 기록국(記錄局), 회계국(會計局)이 있었다. 이 중에서 교섭국은 외교 사무, 만국공법(萬國公法) 및 사법(私法)을 심사하는 일을 담당했다.[9] 1895년 3월에 외무아문은 외부로 개칭되었고, 소속 부서로는 대신관방(大臣官房), 교섭국, 통상국이 설치되었다. 그중에서 외교 업무는 역시 교섭국에서 담당하였다.[10] 이제 외교 업무는 외부에서 전담했고, 대한

---

7 『高宗實錄』 권19, 高宗 19년 11월 己亥(17日); 11월 庚子(18일); 12월 丙辰(4일).
   統理交涉通商事務衙門의 조직과 활동에 대해서는 田美蘭, 「統理交涉通商事務衙門에 관한 연구」, 『梨大史苑』 24·25, 1989, 223~235면 참조.

8 갑오개혁의 초기에는 宮內府, 宗正府, 宗伯府, 議政府가 있고, 議政府의 산하에 8개 衙門이 있었다. 의정부의 8개 아문은 內務, 外務, 度支, 法務, 學務, 工務, 軍務, 農商衙門이다. 이 중에서 각 廟殿宮의 祭禮를 담당한 宗正府와 宗親府를 계승한 宗伯府는 1896년 을미개혁 때 궁내부로 통합되었다. 이들의 조직과 활동에 대해서는 徐榮姬, 「1894~1904년의 政治體制 變動과 宮內府」, 『韓國史論』 23, 서울대학교 국사학과, 1990, 346~349면.

9 『高宗實錄』 권31, 高宗 31년 6월 癸酉(28일). "外務衙門. 一, 外務衙門, 掌交涉通商事務, 監督公使領事等官. 一, 大臣一員, 協辦一員, 參議五員, 主事二十員. 分設各局如左. 一, 總務局, 掌末及設置之各局庶務. 參議一員, 主事二員, 兼祕書官. 一, 交涉局, 掌外交事務, 兼審查萬國公法私法. 參議一員, 主事四員. 一, 通商局, 掌通商航海事務. 參議一員, 主事二員. 一, 繙繹局, 掌繙繹外國公文公牘. 參議一員, 主事四員. 一, 記錄局, 掌保管條約書兼保存外交文書. 參議一員, 繙繹局長, 兼之. 主事六員. 一, 會計局, 掌本衙門出納財簿. 參議一員, 主事二員."

10 『高宗實錄』 권33, 高宗 32년 3월 丙申(25일).

제국이 건설된 이후에도 외부의 활동은 계속되었다.

1905년 11월에 대한제국은 일본과 한일협상조약(을사조약)을 체결하면서 외교권을 상실했고,[11] 그해 12월에 외국에 주재하던 외교관을 모두 소환함으로써 외교 관계가 단절되었다.[12] 그리고 1906년 1월에는 외부가 폐지되었고, 그 업무는 의정부 외사국(外事局)으로 이관되었다.[13] 따라서 근대식 외교 업무는 1880년 통리기무아문이 설치된 이후 1906년 외부가 폐지될 때까지 계속되었다고 할 수 있다.

한편, 외국과의 교섭이 이뤄지면서 외교의례를 담당하는 기관도 정비되었다. 먼저 예악(禮樂)을 담당했던 예조는 전통적인 외교 업무와 함께 외교의례를 전담하는 기관이었다. 1894년 6월 갑오개혁으로 관제가 전면 개편되면서 예조의 업무는 종백부(宗伯府), 궁내부의 통례원(通禮院)과 장악원(掌樂院)에서 담당하는 것으로 분산되었다. 1895년 4월에 궁내부에 장례원(掌禮院)이 설치되었으며,[14] 이는 종백부, 통례원, 장악원의 기능을 통합한 기관이었다. 그러나 예조, 통례원, 장례원 등에서 담당한 의례는 전통 의례였지 외교와 관련된 근대식 의례는 아니었다.

근대식 외교의례를 전담한 기관은 1900년(고종 37, 광무 4) 12월에 궁내부에 설치된 예식원(禮式院)이다. 이보다 앞서 외교의례는 1895년 3월에 궁내

---

11 『高宗實錄』 권46, 高宗 42년 11월 17일(양력). "第二條, 日本國政府는 韓國과 他國間에 現存하는 條約의 實行을 完全히 하는 任에 當하고 韓國政府는 今後에 日本國政府의 仲介에 由치아니하고 國際的性質을 有하는 何等條約이나 又約束을 아니함을 約함."
12 『高宗實錄』 권46, 高宗 42년 12월 14일(양력).
13 『高宗實錄』 권47, 高宗 43년 1월 17일(양력). 外部가 폐지된 이후 議政府 外事局은 대외관계 문서와 조약 원본들을 보관했다. 통감부에서 이 문서들을 내놓으라고 요구하자 고종은 조카인 趙南升을 통해 프랑스 주교 뮈텔(閔德孝, Gustave Charles Marie Mutel)의 성당에 보관했는데, 1910년 6월에 통감부에 압수되었다고 한다(서영희, 『대한제국 정치사 연구』, 서울대학교 출판부, 2003, 340~341면).
14 『高宗實錄』 권33, 高宗 32년 4월 癸卯(2일). "掌禮院.[宮中儀式, 祭祀及廟, 社, 殿, 宮, 各陵, 園, 墓에 關한 事務와 宗室, 貴族에 關한 事務를 掌理홈. 卿一人, 勅任. 掌禮三人以下, 奏任. 主事八人以下, 判任. ○ 奉常司. 祭禮를 掌하고 樂工을 監督홈. 長一人, 奏任. 主事四人, 協律郎二人, 判任. ○ 諸陵司. 陵, 園, 墓事務를 掌홈. 長一人, 奏任. 主事二人, 判任. ○ 宗正司. 宗室事務와 御譜修正을 掌홈. 長一人, 奏任. 主事四人, 判任. ○ 貴族司. 貴族事務와 爵品을 掌홈. 長一人, 奏任. 主事三人以下, 判任.]"

부에 설치된 외사과(外事課)에서 담당했다. 이는 1895년 4월에 서울에 주재하는 각국의 외교관들이 흥선대원군을 만날 때 외사과에서 이들을 인도하고 통역을 담당하게 한 것,[15] 1896년 새해에 고종이 외국 공사들을 접견할 때 외사과장이 대신들과 함께 배석하고 공사들을 인도하는 것에서 확인된다.[16] 그런데 1899년 6월에 덕국(德國, 독일) 친왕(親王)이 방문했을 때의 의식절차는 장례원에서 마련하라고 명령하는 것으로 보아,[17] 이때까지 외교의례를 전담하는 기관이 따로 있지는 않았다.

1900년에 설치된 예식원은 궁내(宮內) 교섭에 관한 일체의 예식과 친서(親書)·국서·외국문서의 번역을 담당하는 기관이었다. 소속 부서로는 외무과(外務課)와 번역과(繙譯課)가 있었으며, 궁내부에 있던 외사과와 번역과의 기능을 모두 흡수했다. 처음 예식원 소속의 관리는 칙임관(勅任官)인 장(長) 1인과 부장(副長) 1인을 비롯하여, 주임관(奏任官)인 외무과장 1인, 번역과장 1인, 참리관(參理官) 6인, 번역관 3인, 판임관(判任官)으로 주사(主事) 5인, 번역관보(繙譯官補) 5인이 있었다.[18] 1902년에는 문서과장 1인과 회계과장 1인이 추가되었다.[19] 1902년의 시점에서 예식원의 조직을 정리하면 다음과 같다.

15 『高宗實錄』 권33, 高宗 33년 4월 甲子(23일). "命定大院君晉奉儀節. … [九, 各國公使等官이 敬禮를 致코져 ᄒᄂᆞᆫ 時에ᄂᆞᆫ 可히 外部로 照會ᄒᆞ야 宮內府外事課로셔 轉通ᄒᆞ야 先導通辯ᄒᆡ 게 홈.]"

16 『承政院日記』 高宗 32년(1895) 11월 17일(양력 1월 1일). "上御恭黙齋, 各國公使接見入侍時, 外事課長兪箕煥, 秘書郎申弼熙, 摠理大臣金弘集, 宮內府大臣李載冕, 內部大臣兪吉濬, 外部大臣金允植, 度支部大臣魚允中, 農商工部大臣鄭秉岐, 以次侍立訖. 上, 西向立交椅前, 仍命外事課長, 引接公使. 公使等, 由東階陞堂, 行打恭禮. 上答揖."

17 『高宗實錄』 권39, 高宗 36년 6월 5일(양력). "詔曰, '聞德國親王, 今將到境. 諸般儀節, 令掌禮院, 考例擧行.'"

18 『高宗實錄』 권40, 高宗 37년 12월 16일(양력). "布達第七十一號. 宮內府官制中, 內事課, 以文書課改稱. 外事課, 繙譯課, 竝廢止. 禮式院增置, 掌宮內交涉一切禮式·親書·國書及外國文書繙譯事務[長一人, 副長一人, 勅任. 外務課長·繙譯課長, 各一人, 參理官六人, 繙譯官三人, 奏任. 主事五人, 繙譯官補五人, 判任.]件." 궁내부에 繙譯課가 增設된 것은 1899년 8월 24일이다[『高宗實錄』 권39, 高宗 36년 8월 24일(양력)].

19 文書課長과 會計課長이 임명된 시기에 대해서는 〈부록 3〉에서 1. 宮內府 禮式院(1900.12.20.~1905. 3.8.)을 참조.

이 시기에 예식원과 장례원은 의례를 담당하는 기관으로 병립했다. 근대식 외교의례는 예식원에서 담당하고, 전통 의례는 장례원에서 담당하는 방식이었다.

1905년 3월에 궁내부 관제가 개정되면서 예식원은 장례원의 기능까지 통합했다. 예식원은 제실(帝室)의 의식 제의(祭儀) 전례를 담당하고, 음악에 관한 사무를 관리했다. 이는 칙임관인 예식경(禮式卿) 1인과 장례경(掌禮卿) 1인이 주관하는 기관이었다. 1905년의 시점에서 예식원 관제를 예식원과 장례원 계통으로 구분하여 정리하면 〈표 13〉과 같다.[20]

1906년 8월에 예식원이 폐지되고 장례원이 다시 설치되었다. 1905년 11월 한일협상조약(韓日協商條約)이 체결되면서 대한제국의 외교권이 상실되어,[21] 외교의례를 담당하던 예식원의 기능은 크게 약화되었고 전통 의례를 담당하던 장례원은 여전히 기능했기 때문이다. 이때 장례원은 제실의 제의(祭儀)와 전례, 음악에 관한 사무를 담당했고, 예식원의 기능은 궁내부 예식과로 옮겨졌다. 1906년에 개정된 장례원과 예식과의 관제(官制)를 정리하면 〈표 14〉와 같다.[22]

〈표 13〉과 〈표 14〉를 보면, 1906년 장례원과 궁내부 예식과의 관리는

---

20 『高宗實錄』 권45, 高宗 42년 3월 4일(양력). "禮式院[掌帝室儀式祭儀典禮, 管理樂事. 禮式卿一人, 勅任. 副卿一人, 勅任. 禮式課長, 記錄課長, 各一人, 禮式官, 十四人以下, 奏任. 掌禮卿一人, 勅任. 稽制課長一人, 掌禮五人, 相禮一人, 贊儀, 掌儀, 各一人, 樂師長一人, 奏任. 主事二十六人以下, 樂師二人以下, 判任.]"
21 『高宗實錄』 권46, 高宗 42년 11월 17일(양력).
22 『高宗實錄』 권47, 高宗 43년 8월 23일(양력).

286   제5장 대한제국의 외교의례

표 13   1905년 예식원의 관제

구분	장례원 계통	예식원 계통
칙임관	掌禮卿 1인	禮式卿 1인 副卿 1인
주임관	稽制課長 1인 掌禮 5인 相禮 1인 贊儀 1인 掌儀 1인 樂師長 1인	禮式課長 1인 記錄課長 1인 禮式官 14인 이하
판임관	主事 26인 이하 樂師 2인 이하	

표 14   1906년 장례원과 예식과의 관제

구분	장례원		궁내부 예식과
	掌禮	掌樂	
칙임관	掌禮卿 1인 掌禮副卿 1인	掌樂提調 2인 (掌禮卿兼, 不常置)	
주임관	稽制課長 1인 記錄課長 1인 掌禮 5인(專任 2, 兼任 3) 相禮 1인 贊儀 1인 掌儀 1인 樂師長 1인		禮式課長 1인(勅任/奏任) 禮式官 8인
판임관	主事 15인	樂師 2인 主事 3인	主事 4인

총 47인이었다. 이는 1905년 예식원의 총 56인보다 9인이 줄어들었다. 그런데 예식원 계통의 관리는 예식경 1인, 부경(副卿) 1인, 기록과장(記錄課長) 1인, 예식관(禮式官) 6인이 줄어들어, 외교의례를 담당하던 관리들이 대폭 축소되었음을 알 수 있다.

한편, 1902년 6월에 예식원에서는 외교의례 지침서인 『예식장정』1책을 신연활자(新鉛活字)로 간행하여 외부 및 외국 공관으로 배포하였다. 이 책자가 작성된 것은 1902년(고종 39) 가을에 있을 예정이던 고종 즉위 40주년 기념 칭경예식(稱慶禮式)을 준비하기 위해서였다. 1902년 3월에 고종은 즉위 40주년을 기념하는 예식을 준비하라고 지시했다. 해당 의절(儀節)을 준비하던 기관은 의정부, 궁내부, 예식원, 장례원이었다.[23] 이 중 의정부와 궁내부는 대한제국 정부를 구성하는 2대 기관이고, 예식원은 외교의례를, 장례원은 전통 의례를 전담하는 기관이었다. 5월 13일에 의정(議政) 윤용선(尹容善)은 궁내대신 윤정구(尹定求)를 비롯한 고위 관리들이 의논하여 정리한「외빈폐현급영송식(外賓陛見及迎送式)」을 황제에게 보고했다.[24] 6월 23일에는 예식원에서 『예식장정』을 인쇄하여 외국 공관에 배포했으며,[25] 7월 20일에 의정 윤용선은 칭경예식의 절차들을 마련하여 황제에게 보고했다.[26] 이날 윤용선의 보고를 보면 외부대신은 서울에 있는 각국 공사 및 영사에게 칭경예식 날짜를 미리 알려 본국에 통보하게 했고, 예식원은 칭경예식사무위원회(稱慶禮式事務委員會)를 조직하여 관련 업무를 분장(分掌)하게 했다. 또한 예식 당일에 거행할 환구단(圜丘壇) 고유제에는 각국 사신들도 반열(班列)에 따라 참석하고, 부대 행사인 관병식(觀兵式), 원유회(苑遊會), 각종 연회는 예식원에

---

23 『高宗實錄』권42, 高宗 39년 3월 19일(양력). "詔曰, '朕荷上帝祖宗垂佑景命, 申之以百福, 今年乃朕御極之四十年也. 東宮, 以知年愛日之忱, 遇玆國家罕有之慶會, 屢請賁飾, 誠意懇摯, 大小廷臣, 一辭同聲, 又固請不已. 玆於本年秋間, 將行御極四十年稱慶禮式矣. 應行儀節, 其令議政府·宮內府·禮式院·掌禮院, 參互議定, 磨鍊以入.'"

24 宋炳基 등 編著, 『韓末近代法令資料集』Ⅲ, 大韓民國國會圖書館, 1971, 375~406면, 「奏本 外賓陛見 및 迎送式」(光武 6년 5월 13일).

25 『禮式院去來案』제1책, 「照會第1號」(光武 6년 6월 23일). 배포 대상이 된 외국 공관은 日本, 美國, 英國의 公使館, 德國(독일)의 領事館, 俄國(러시아), 法國(프랑스), 淸國의 공사관, 比國(벨기에), 美國의 영사관이었다. 이 순서는 근대식 조약이 체결된 순서와 동일한데, 義國(이태리), 澳國(오스트리아)이 누락되어 있다.

26 『高宗實錄』권42, 高宗 39년 7월 20일(양력).

관계된 각급 기관에서 규례대로 시행하게 했다.[27] 『예식장정』은 이런 행사들의 원만한 진행을 위해 외교의례를 종합한 지침서였다.

---

[27] 고종 즉위 40주년 稱慶禮式은 1902년 10월 18일(음력 9월 17일)에 거행될 예정이었지만 콜레라 때문에 1903년으로 연기되었다가 끝내 거행되지 못했다. 칭경예식의 준비와 연기에 대해서는 李潤相, 「고종 즉위 40년 및 망육순 기념행사와 기념물 ― 대한제국기 국왕 위상제고사업의 한 사례」, 『韓國學報』 111, 2003, 116~120면 참조.

2 『예식장정』의 외교의례

『예식장정』은 1902년 고종 즉위 40주년 칭경예식을 준비하는 과정에서 작성되었다. 그러나 이 책자는 1900년에 설치된 예식원이 주관하던 근대식 외교의례를 종합 정리했다는 점에 더 큰 의의가 있다. 대한제국의 외교의례는 1898년에 작성된 『대한예전(大韓禮典)』 빈례(賓禮)에 관련 규정이 있었으며, 이는 『예식장정』의 바탕이 되었다.

『대한예전』의 빈례 규정을 보면 「각국사정국서시접견의(各國使呈國書時接見儀)」와 「각국사신연향의(各國使臣宴饗儀)」가 있다.[28] 전자는 각국 외교관이 고종 황제에게 국서를 올릴 때 접견하는 절차를 규정한 것이고, 후자는 각국 외교관이 황제와 접견한 후 연회에 참석할 때의 절차를 규정한 것이다.

『대한예전』의 접견 의례를 보면, 외교관이 사전에 외부로 국서의 부본(副本)을 보내고, 외부에서는 이를 궁내부를 통해 황제에게 보고한다. 황제가 접견 일시를 결정하면 궁내부는 이를 알리는 조회(照會)를 외부로 보내고, 외부에서는 해당 외교관에게 일시를 통보한다. 접견 당일에 외교관이 경운궁(慶運宮) 정문인 인화문(仁化門)에 도착하면 입궐(入闕) – 휴식 – 황제 접견 – 휴식 – 퇴궐(退闕)의 순서로 진행된다. 외교관이 인화문에서 대후소(待候所)에 이를 때까지는 궁내부 관리가 인도하고, 대후소에서 황제 접견실로는 궁내부대신과 외부대신이 인도하며, 황제를 만날 때 외교관은 세 번 국궁례를 거행한 후 국서를 올린다. 외교관이 가져온 국서를 황제에게 직접 올리

---

28 『大韓禮典』 권10, 「各國使呈國書時接見儀」; 「各國使臣宴饗儀」.

　　　　　　　　　　　　　　　제5장 대한제국의 외교의례

표 15　각국 사신이 국서를 올릴 때 접견하는 의례[28]

차례	담당 부서 및 관원	내용
國書 副本	외교관→外部→궁내부	
接見 日時	궁내부→外部→외교관	
入闕	궁내부 관리	慶運宮 仁化門 통과
休息	궁내부대신	待候所
皇帝 接見	궁내부대신, 외부대신	正階를 거처 殿으로 들어감
休息	궁내부대신, 외부대신	待候所
退闕	궁내부 관리	慶運宮 仁化門 西夾門 통과

고 받는 것은 궁내부대신이며, 황제가 국서 읽기를 마치면 외교관은 치사(致辭)를 한 후 물러난다. 만일 외교관의 지위가 공사가 아니라 영사라면 궁내부협판(宮內府協辦)과 외부협판(外部協辦)이 궁내부대신과 외부대신의 역할을 대신한다. 이상의 접견 의례를 정리하면 〈표 15〉와 같다.

『대한예전』의 연회 절차를 보면, 외부대신이나 각 대신이 연회 일시를 정하여 외교관을 초청한다. 연회 당일이 되면, 장무관(掌務官)은 객실(客室)과 향실(饗室)에 상(床)과 의자를 설치하고 붉은 종이에 ○○공사(公使), ○○대신(大臣)을 써서 좌차(座次)를 표시한다. 손님이 도착하면, 주인은 문에서 읍례(揖禮)를 하며 맞이하고, 상대가 서양 외교관이면 집수(執手, 악수)를 한다. 주인은 손님을 객실로 인도하여 차를 권하고, 차를 마신 다음에는 문까지 전송한다. 외교관의 좌차에 대한 규정도 있다. 공사 – 영사 – 영사 이하의 순서로 하며, 공사 중에서는 전권공사(全權公使) – 판리공사(辦理公使) – 대리공사(代理公使)의 순으로 하여 외교관의 등급을 따랐다.[30] 또한 공사의 등급

29 이정희, 『개항기 근대식 궁정연회의 성립과 공연문화사적 의의』, 서울대학교 박사학위논문, 2010, 72~76면.
30 구체적으로는 大使(特命大使) – 全權公使 – 辦理公使 – 代理公使(臨時代理公使) – 總領事 – 領事 – 副領事 – 參贊官 – 繙譯官 – 書記生의 순서였다(『大韓禮典』 권5, 賓禮序例, 「使臣等級」).

이 같으면 국서를 올린 순서로 하고, 대리공사인데 국서가 없는 사람은 서울에 주재한 경력 순으로 차례를 정했다.

『예식장정』의 외교의례는 1902년 5월 13일에 고종에게 보고된 「외빈폐현급영송식」을 바탕으로 작성되었으며, 『대한예전』에 비해 훨씬 다양한 사례가 나타난다.[31]

먼저 『예식장정』의 내용은 다음의 5가지 예식으로 구성되었다.

① 외국사신폐현급영송식(外國使臣陛見及迎送式)

② 신년급경절일배하식(新年及慶節日拜賀式)

③ 외국황족계현급영송식(外國皇族階見及迎送式)

④ 특파대사계현급영송식(特派大使階見及迎送式)

⑤ 외국인회장식(外國人會葬式)

이상 5가지 예식은 황제나 황태자가 ① 외교관을 접견하여 국서를 받거나 만나는 경우, ② 외교관이나 고용 외국인을 만나 신년이나 경절(慶節, 萬壽聖節·千秋慶節·繼天紀元節을 말함)의 축하를 받는 경우, ③ 외국 황족을 접견하는 경우, ④ 특파대신(特派大使)을 접견하는 경우, ⑤ 외교관이나 고용 외국인의 장례식에 관리를 파견하는 경우를 말한다. 이 중에서 ①, ②, ⑤는 일상적인 외교의례에 해당하며, ③과 ④는 고종의 칭경예식 때 외국에서 특별히 파견한 황족이나 대사를 접견하기 위해 만든 예식이었다.

『예식장정』에서는 5가지 예식이 더욱 세분되었다. 이를 정리하면 다음과 같다.

---

31 『禮式章程』 1冊(31張)은 新鉛活字本으로 현재 藏書閣에 3件이 소장되어 있다(2-2130, 2-2131, 2-2699). 『外賓階見及迎送式』(2-2699)은 標題만 다르고 내용은 동일하다.

① 外國使臣陛見及迎送式

①-1. 皇帝陛下께 特命全權公使 辦理公使가 國書를 奉呈 陛見하는 規則

①-2. 皇帝陛下께 特命全權公使 辦理公使가 內陛見하는 規則

①-3. 皇帝陛下께 外國紳士가 陛見하는 規則

①-4. 各國公使國書奉呈圖(勳章을 奉呈할 때도 동일)

①-5. 各國公使內陛見圖(各國紳士 陸海軍將軍도 동일)

①-6. 勳章親授時班列圖

② 新年及慶節日拜賀式

②-1. 外交官 및 勅奏任相當官雇外國人(勅任 奏任에 해당하는 고용 외국인)의
新年拜賀式

②-2. 新年拜賀節次

②-3. 新年宴會式/附請牒

②-4. 正殿拜賀之圖

②-4-1. 上午 10시 各國 公使 및 公使館員이 皇上陛下 皇太子殿下를 만
날 때 班列圖

②-4-2. 上午 11시 勅奏任相當官雇外國人이 皇上陛下 皇太子殿下를 만
날 때 班列圖

③ 外國皇族陛見及迎送式

③-1. 外國皇族 來到時 接待節次

③-2. 最近한 皇族 接待節次

③-3. 皇族陛見圖

③-4. 稍遠皇族陛見圖

③-5. 梢遠한 皇族 接待節次

④ 特派大使階見及迎送式

④-1. 特派大使陛見圖

④-2. 特派大使 階見 接待 迎接節次

⑤ 外國人會葬式

⑤-1. 全權公使 葬禮時 會葬人員과 儀註

⑤-2. 雇傭人員 葬禮時 會葬人員과 儀註

⑤-3. 派巡檢例, 本人이 本國勅任을 거친 경우 巡檢 30명 파견

⑤-4. 派儀兵例, 本人이 本國勅任을 거친 경우 儀兵 30명 파견

　이상에서 『예식장정』은 5가지 예식을 세분한 다음, 각 예식의 절차를 정리하고, 관련 도식(①-4, ①-5, ①-6, ②-4, ③-3, ③-4, ④-1)을 덧붙였다. 각 도식은 외교관이 황제를 만나는 경우, 황태자를 만나는 경우, 황제와 황태자를 동시에 만나는 경우로 구분하여 작성되었다.

　『대한예전』의 외교의례와 비교하기 위해 『예식장정』의 「외국사신폐현급영송식」에 나타나는 접견 의례를 집중적으로 분석해 보자.

　먼저 외교관(전권공사, 판리공사)은 한국에 도착하는 대로 국서를 올릴 것을 외부대신에 요청하고, 외부대신은 예식원장에게 조회를 보내 이를 황제에게 보고할 것을 요청한다. 황제가 접견 일시를 결정하면 예식원장은 조복(照覆)을 통해 외부대신에게 알리고, 외부대신은 이를 외교관에게 알린다. 접견 당일이 되면, 예식원의 참리관(參理官) 1원(員)은 교자(轎子), 하사(下士) 1원, 병정(兵丁) 9명, 총순(總巡) 1원, 순검(巡檢) 4인을 인솔하고 공사관으로 가서 외교관을 반접(伴接)하여 온다. 외교관이 황궁(皇宮, 慶運宮) 정문으로 들어오면, 이후의 순서는 입궐 – 휴식 – 황제 접견 – 휴식 – 퇴궐의 순서로 진행되었다. 공사가 탄 가마가 휴게소(休憩所) 계단 아래에서 멈추면, 예식원 참

리관 1원이 휴게소로 안내하고, 휴게소에서 황제 접견실까지는 예식원장이 인도한다. 황제를 접견할 때 외교관은 세 번 절을 한 후 국서를 올리고, 황제는 이를 받아 읽어 보고 외부대신에게 되돌려 준다. 만일 외교관의 등급이 전권공사가 아니라 판리공사라면 반접하는 인원으로 교자, 총순, 순검, 하사, 병정만 보내며, 국서는 없고 폐현(陛見)만 하는 경우에는 외교관 본인의 교자를 이용한다.

『대한예전』과 『예식장정』의 외교의례를 비교하면 〈표 16〉과 같다.

표 16 『대한예전』과 『예식장정』의 외교의례

차례	『대한예전』	『예식장정』	비교
국서 副本	외교관→외부→궁내부	외교관→외부→예식원장	궁내부→예식원장
접견 일시	궁내부→외부→외교관	예식원장→외부→외교관	궁내부→예식원장
입궐	궁내부 관리	예식원 참리관	궁내부 관리→예식원 참리관
휴식	궁내부대신	예식원장	궁내부대신→예식원장
황제 접견	궁내부대신, 외부대신	궁내부대신, 외부대신	국서, 궁내부대신→외부대신
휴식	궁내부대신, 외부대신	예식원장	궁내부대신→예식원장
퇴궐	궁내부 관리	예식원 참리관	궁내부 관리→예식원 참리관

이를 보면 고종이 외교관을 접견할 때 이전까지 궁내부에서 담당하던 업무를 예식원의 원장과 참리관이 담당하는 것으로 나타난다. 이는 예식원에서 외교의례를 전담했음을 의미한다.

또한 『예식장정』의 도식에는 고종이 외교관을 접견할 때 배석한 관리들의 명단이 나타난다. 이를 정리하면 〈표 17〉과 같다.

표 17 접견 의례의 배석자 명단

도식	各國公使國書奉呈圖			各國公使內陛見圖			勳章親授時班列圖			비고
주인	황제	황태자	공동	황제	황태자	공동	황제	황태자	공동	
親王							1	1	1	
君							1	1	1	
元帥府總長	2	2	2	2	2	2	2	2	2	경호
領官	2		2	2		2	2		2	경호
宮內大臣	1	1	1				1	1		
外部大臣	1	1	1							
宮內協辦										
禮式院長	1	1	1	1	1	1	1	1	1	
禮式院副長	1		1							
禮式院官員	2	1	2	2	1	2	2	1	2	
御譯參理官	1	1	1	1	1	1	1	1	1	
詹事		1	1		1	1		1	1	황태자
侍從官		1	1		1			1		황태자
內大臣							1		1	宗室, 君
表勳院摠裁							1	1	1	훈장
계	11	9	13	8	7	9	13	11	14	

〈표 17〉의 배석자 명단을 보면 몇 가지 특징이 나타난다. 먼저 배석자의 숫자는 황제와 황태자가 공동으로 접견할 때가 가장 많았고, 황제가 접견할 때, 황태자가 접견할 때의 순으로 줄어들었다. 이는 황제와 황태자의 위상에 차이가 있음을 반영한 것이다. 다음으로 접견 예식에 항상 배석한 관리는 원수부총장(元首府總長), 예식원장, 예식원관원이었다. 원수부총장은 경호를 맡고, 예식원장과 관원은 의례를 담당했다. 배석자가 소속된 기관을 기준으로 본다면 예식원의 관리가 가장 많았다. 세 번째로 궁내대신은 국서를 전달하거나 훈장(勳章)을 줄 때 반드시 참석했다. 외부대신은 국서를 전달할 때, 친왕(親王)이나 군(君), 표훈원총재(表勳院摠裁)는 훈장을 줄 때에만 참석

했다. 이는 담당 사무와 관련이 있었다. 마지막으로 내대신(內大臣)과 영관(領官)은 황제가 참석할 때, 첨사(詹事)와 시종관(侍從官)은 황태자가 참석할 때에만 배석했다.

1902년에 작성되어 외부와 외국 공관에 배포된 『예식장정』은 예식원이 존속하는 동안 계속 활용된 것으로 보인다. 1903년 3월에 일본 공사관에서 산해궁(山偕宮)의 국마여왕(菊麻呂王)이 고종의 칭경예식에 참석하려고 한국을 방문한다고 통보해 왔다. 이에 따라 일본 황족을 접견하는 절차가 문제되자, 예식원장 민영환(閔泳煥)은 『예식장정』에 나오는 「외국황족계현급영송식」을 준수하면 된다고 했다.[32] "『예식장정』의 의례는 고종의 재가를 거쳐 마련된 것이므로 다른 예식이 있을 수 없다"는 민영환의 발언에서 『예식장정』이 외교의례의 지침서였음을 확인할 수 있다.

---

32 『禮式院去來案』제2책, 「閔泳煥 公函」(光武 7년 3월 25일). "敬啓者, 日本國派使菊麿王接待節次, 一依按照本院『章程』目錄中, 第三項「外國皇族階見迎送式」, 准行者也. 而該式已經昭載磨鍊, 更無另式矣. 若有日使之探問儀節, 外國皇族階見迎送式考閱之意, 轉夏爲盼, 專此順頌日祉."

3 대한제국 외교의례의 특징

대한제국의 외교의례는 『예식장정』에서 가장 정비된 모습으로 나타난다. 그러면 그 특징은 무엇일까?

첫 번째 특징은 대한제국의 외교의례가 『예식장정』을 통해 전반적으로 정비되었다는 점이다. 고종은 대한제국을 건설하면서 황제국의 위상에 부합하는 국가전례서를 편찬하려고 노력했다. 일반적으로 통치체제를 정비하는 것과 국가전례서를 편찬하는 것은 동시에 진행된다. 조선은 국가를 건설한 지 80년이 지난 1474년(성종 5)이 되어서야 『국조오례의』를 편찬했고, 18세기 영·정조대에 이를 보완하는 국가전례서를 집중적으로 편찬할 수 있었다. 그런데 고종이 대한제국을 건설한 시기에는 열강들의 압력이 강해서 국가의 통치체제를 정비하거나 국가전례서를 편찬하는 일이 매우 어려운 상황이었다.

고종은 1897년 6월에 사례소(史禮所)를 설치하여 국가전례서를 편찬하는 일에 착수했다. 그러나 이듬해 10월에는 사례소를 해산시켰는데, 국가전례서를 마무리할 조건이 갖춰지지 않았기 때문이다. 대한제국의 국가전례서인 『대한예전』은 1898년 연말에 사례소 직원(直員)으로 활동한 장지연(張志淵)에 의해 마무리되었다.[33] 그러나 『대한예전』의 체제와 내용에는 부족한 점이 많았다. 먼저 체제의 문제를 보면, 국가전례서는 서례(序例)와 의주(儀註)로 구성되는 것이 일반적이지만, 『대한예전』은 '서례'(권2~권5)와 '의주'(권6~

---

33 『大韓禮典』의 편찬 과정에 대해서는 김문식, 「장지연이 편찬한 『대한예전』」, 『문헌과해석』 35, 2006, 111~118면.

권10) 앞에 대한제국을 건설할 때 의례들이 덧붙여진 형식이었다. 내용에도 문제가 있어, 오례 가운데 길례와 가례가 중심이고 흉례, 빈례, 군례의 내용은 매우 소략했다.[34] 특히 외교의례에 해당하는 빈례가 빈약하여, '빈례서례(賓禮序例)'에 사신등급(使臣等級), 접대원수(接待員數), 연향도(宴饗圖), 국서식(國書式)이 있고, '빈례'에 「각국사정국서시접견의」와 「각국사신연향의」가 있는 것이 전부였다. 이러한 규정만으로 10여 개국의 공관이 상주하는 상황에서 발생할 다양한 외교의례들을 감당하기는 사실상 어려웠다. 1902년에 『예식장정』이 편찬된 것은 이런 미비점을 보완하여 사례별로 적합한 외교의례를 갖추었음을 의미한다.

두 번째 특징은 외교 업무를 전담하는 외부와 외교의례를 전담하는 예식원의 업무가 분명하게 구분되었다는 점이다. 조선이 일본과 근대식 조약을 체결한 이후 외교 업무를 담당하는 기관은 통리기무아문 → 통리교섭사무아문 → 외무아문 → 외부로 변화했다. 그러나 외교의례를 담당하는 기관은 분명하지 않았다. 조선의 외교 관계는 사대와 교린으로 이원화되어 있었고, 통리기무아문에서도 사대사와 교린사로 이원화하여 외교의례를 거행했다. 그러나 1881년 11월에 사대사와 교린사는 동문사로 통합되고, 1882년 4월에 미국과 수호조약이 체결되면서 외교의례를 어떻게 정비할지 문제가 되었다.

『승정원일기』를 보면 1880년대의 외교의례는 전통식 의례였다. 외교관을 접대하는 관리는 반접관이었고,[35] 외교관이 국서를 올려 접견을 요청하는 기관은 예조나 통리교섭통상사무아문이었다.[36] 접견 일자를 외교관에게

---

34 『大韓禮典』의 체제와 내용에 대해서는 임민혁, 「대한제국기 『대한예전』의 편찬과 황제국 의례」, 『역사와 실학』 34, 2007, 166~178면.
35 『承政院日記』 高宗 17년 11월 26일(庚寅); 高宗 20년 4월 15일(乙丑).
36 『承政院日記』 高宗 19년 12월 1일(癸丑); 高宗 21년 4월 5일(己酉).

통보하는 관리는 승지였고,[37] 국왕과 외교관이 접견하는 자리에는 도승지와 사관[假注書]이 배석하였으며,[38] 외교관을 접견 장소로 안내하는 관리는 사관(史官)이나 사알(司謁)이었다.[39]

전통식 외교의례에 변화가 생긴 것은 1894년 6월 갑오개혁 때였다. 1894년 8월 1일, 고종은 함화당(咸和堂)에서 일본 공사를 접견할 때 도승선(都承宣, 金學洙), 기주(記注, 李守寅), 궁내부대신(李載冕), 외무아문대신(金允植)이 배석하고 도승선이 안내를 맡았다.[40] 도승선과 기주는 승정원의 후신인 승선원(承宣院)의 관리였으므로 별다른 변화가 없었다. 그러나 국가 의례를 총괄하던 궁내부대신과 외교 업무를 담당한 외무아문대신이 배석하고, 외교관의 안내는 고위직으로 격상되는 변화가 일어났다. 이는 국왕이 외교관을 접견할 때 궁내부와 외무아문의 최고 책임자가 배석하는 의례가 생겼음을 의미한다.[41]

그 다음의 변화는 1895년 3월에 있었던 을미개혁 때 일어났다. 이때 외무아문은 외부로 개칭되고, 외교의례는 궁내부 외사과에서 담당했다. 고종이 외교관을 접견할 때 궁내부대신, 외부대신과 함께 외사과장이 배석하는 사례가 나타났으며,[42] 외사과장은 외교의례를 담당하는 실무자 자격으로 배석한 것으로 판단된다.

마지막 변화는 1900년에 예식원이 설치되면서 일어났다. 예식원은 궁내

---

37 『承政院日記』高宗 21년 10월 1일(壬申); 11월 20일(庚申).

38 『承政院日記』高宗 21년 11월 21일(辛酉); 高宗 22년 5월 8일(丙午).

39 『承政院日記』高宗 25년 8월 11일(庚寅); 11월 16일(癸亥); 12월 4일(辛巳); 高宗 26년 2월 8일(甲申).

40 『承政院日記』高宗 31년 8월 1일(乙巳); 9월 28일(辛丑).

41 1894년 9월 28일에도 동일한 접견 의례가 이뤄졌다[『承政院日記』高宗 31년 9월 28일(辛丑)].

42 『承政院日記』高宗 32년 11월 17일(癸丑, 양력 1월 1일); 11월 20일(丙辰, 양력 1월 4일); 11월 28일(甲子, 양력 1월 12일). 이상에서 11월 17일은 양력으로 1896년 새해가 되는 날이었다. 이날 고종은 恭黙齋에서 각국 외교관을 접견했는데, 總理大臣(金弘集), 宮內府大臣(李載冕), 內部大臣(兪吉濬), 外部大臣(金允植), 度支部大臣(魚允中), 農商工部大臣(鄭秉岐) 같은 고위직 관리들이 모두 배석했다.

부 외사과의 업무를 흡수하여 외교의례를 전담하고, 외교관과 접촉하는 외부와 외교관이 궁에 도착한 이후 의례를 담당하는 예식원 사이에 업무 분장이 이뤄졌다. 다음의 자료는 1902년(광무 6) 외부에서 예식원으로 보낸 문서(照覆 제27호)로서, 진하게 표시한 부분에 외부와 예식원의 업무 분장에 관한 내용이 있다.[43]

本日에 貴照會를 接到ᄒ온즉 現에 掌禮院卿 李源逸의 第一号照會를 接准ᄒ온즉 內開에 '御極四十年稱慶禮式日字를 更以陰曆癸卯(1903)四月初四日노 推擇奏下ᄒ왓기로 玆庸仰佈ᄒ오니 照亮하시고 知照于禮式事務所 暨各國公館ᄒ심을 爲要'等因이온바

此를 査ᄒ온즉 知照于禮式事務所ᄂ 係是本院事務오ᄂ 知照于各國公館은 係是貴部事務이온 故로 玆庸照會等因이온바

此를 査ᄒ오니 稱慶禮式日字를 各國使館에 陽曆으로 聲明ᄒ올터이온듸 陰曆癸卯四月初四日이 陽曆何日이온지 新曆이 姑未頒布이온즉 本部에셔 無以預知이기로 玆에 照會ᄒ오니 査照示明ᄒ심을 爲要

이는 고종 즉위 40주년을 기념하는 칭경예식의 일자가 연기되었음을 알리는 공문이다. 통보하는 순서는 장례원→예식원→외부 순이고, 행사 일정에 관한 업무는 전통 의례를 담당한 장례원, 예식사무소와 관련된 업무는 예식원, 외교관에게 직접 통보하는 업무는 외부가 분담한 것으로 나타난다. 이때에도 예식원은 외교의례를 전담하는 기관이었다.

예식원과 외부의 협조는 공문에서도 나타난다. 『예식원거래안(禮式院去來案)』은 예식원에서 발송하거나 접수한 공문을 편집한 책자인데, 예식원과

---

43 『禮式院去來案』 제1책, 「照覆 第37號」(光武 6년 10월 7일).

표 18　예식원과 외부의 대응 관직

예식원	외부	공문	비고
禮式院長	外部大臣	照會/照覆	外部照會, 交涉課長 起案
外務課長	參書官	通牒	
主事	主事	通牒	

외부의 대응 관직은 〈표 18〉과 같다.[44]

이를 보면 예식원장과 외부대신, 예식원 외무과장과 외부 참서관이 대등한 관직이었고, 외부의 공문은 교섭과장이 기안하여 외부대신의 명의로 발송했다. 그런데 1905년 3월에 예식원이 장례원을 통합한 이후 예식경과 장례경이 외부대신과 동급이 되었고, 예식원의 외무과장이나 예식과장이 외부의 참서관과 주고받은 공문에도 조회·조복이 나타나 기존 체제가 흐트러진 것으로 보인다.[45] 대한제국의 외교권이 흔들리던 시기에 나타난 변화였다. 이를 정리하면 외교에서는 업무를 전담하는 외부와 의례를 전담하는 예식원, 의례에서는 전통 의례를 담당하는 장례원과 근대식 의례를 담당하는 예식원 사이에 업무 분장이 있었음을 알 수 있다.

세 번째 특징은 근대식 외교 의례를 정비하면서 서양의 사례를 많이 참고

44　『禮式院去來案』(4책, 규17808)은 1901년(光武 5) 12월 16일부터 1905년(光武 9) 11월 16일까지 禮式院에서 발송, 접수한 공문서가 편집되어 있다.

45　禮式院과 外部의 대응 관직을 1905년 이후까지 표시하면 다음과 같다.

禮式院	外部	공문	비고
禮式院長	外部大臣	照會, 照覆	外部照會 交涉課長 起案 秘書課長 起案(1905.1.10.)
禮式院 禮式卿	外部大臣	照會	1905.3.7.~11.16.
禮式院 掌禮卿	外部大臣	照會, 照覆	1905.5.31.~10.19.
參理官	外部大臣	訓令	1904.11.19.
外務課長	參書官	通牒, 照會	照會 1905.9.15~11.21.
禮式課長	參書官	照會, 照覆	1905.9.16.~9.17.
主事	主事	通牒	

했다는 점이다. 조선시대의 국가전례는 고려와 중국의 제도를 참조했으며, 중국 제도에서는 특히 명나라 제도를 중시했다. 조선과 명의 사신이 만나 의례에 이견이 있으면 『국조오례의』는 물론이고 명의 『대명집례(大明集禮)』와 『대명회전(大明會典)』의 규정을 대조했다.[46] 그런데 1876년 개항 이후 서양 국가와 맺은 관계는 대등한 관계였으므로, 이에 적합한 사례를 중국이나 조선의 전례에서 찾기는 어려웠다. 부득이 서양의 의례를 참고할 수밖에 없었는데 특히 미국의 사례를 주목한 것으로 나타난다.

조선 보빙사(報聘使)가 미국의 아더(Chester A. Arthur) 대통령에게 국서를 올린 장소는 1883년 9월 18일 피버스 에버뉴 호텔이었다.[47] 미국 공사인 푸트(Foote, 福德)가 고종에게 국서를 올리자 그 답례로 파견된 사절단이었다. 이날 민영익(閔泳翊) 등 일행은 사모관대(紗帽冠帶)를 갖추고, 일렬로 호텔의 대접견실로 들어가 바닥에 엎드려 절을 하고 국서를 올렸다. 전통식 외교의례를 거행한 것이다. 이때 미국 대통령은 자리에 서서 허리를 굽혀 답례하고 답사를 했다.[48]

1887년 8월 18일(음 6월 29일)에 고종은 박정양(朴定陽)을 초대 주미공사로 파견했다. 워싱턴에 도착한 박정양은 베이야드(T. F. Bayyard) 국무장관을 만나 국서의 부본과 영문 역문(譯本)을 주면서 접견 일자를 협의했다. 1월 17일에 박정양은 흑단령(黑團領)에 사모관대를 갖추고 백악관에 도착하여 국무장관과 차관의 안내를 받았고, 접견실에서 모닝코트 예복 차림의 클리

---

46 『仁祖實錄』 권29, 仁祖 12年 6月 戊辰(14일). "禮曹啓曰, '卽見遠接使狀啓, 天使問, 今番儀註, 何無五拜三叩頭及開讀禮云. 卽取『五禮儀』及『大明集禮』·『會典』等書, 考之. … 蓋彼之所言, 只要重其禮而有此詰問. 我國唯當據前例以待, 何可以過禮, 而承奉乎? 宜令問禮官, 齎『大明集禮』·『會典』等書, 從速發去.' 上從之."

47 보빙사 일행은 全權大臣 閔泳翊, 부대신 洪英植, 종사관 徐光範, 外國人 參贊官 겸 고문관 로웰(Percival Rowell), 수행원에 兪吉濬, 崔景錫, 邊燧, 高永喆, 玄興澤, 중국어통역 吳禮堂 등 10명이었다.

48 金源模, 「한미 수교와 조선보빙사의 미국 사행」, 『開化期 韓美交涉關係史』, 단국대학교 출판부, 2005, 524~528면.

블랜드(Grover Cleveland) 대통령을 만났다. 이날 박정양은 대통령과 악수한 다음 진사(陳詞)를 낭독하고 국서를 올렸다.[49] 조선의 외교관이 서양식 의례를 거행한 날이었다.

1889년 7월 24일(양력 8월 20일)에 고종이 박정양을 만났을 때 미국의 외교의례를 물었다.

고종: 그 나라에 주재할 때 대통령이 접대하는 절차는 어떠했는가? 매번 접견할 때마다 악수로 예(禮)를 했는가?

박정양: 그들이 접대하는 절차는 다른 나라와 같으며 매우 친절했습니다. 서양 풍속에는 악수가 접견할 때의 예이므로, 신(臣)도 그 나라에 들어가서는 그들의 예를 따라 악수로 예를 했습니다.[50]

고종: 대통령이 접견할 때의 예는 어떠했나? 일본과 같지 않던가? 일본은 다른 나라의 공사를 접견할 때 곁에 칼을 찬 사람이 있다고 하는데 과연 그러한가?

박정양: 대통령이 접견할 때의 예는 매우 간략하여 좌우에 시립(侍立)하는 사람이 별로 없습니다. 다만 외부장관과 그 차석(次席) 1원이 있어 앞에서 인도합니다. 일본은 비록 성대한 의례는 아니지만 좌우에 시립한 사람들이 있으며, 대체로 그 예는 민주국(民主國)과는 조금 차이가 있다고 합니다.[51]

---

49 金源模, 「朴定陽의 대미 자주외교와 상주공사관 개설」, 『開化期 韓美交涉關係史』, 단국대학교 출판부, 2005, 629~633면.

50 『高宗實錄』 권26, 高宗 26년 7월 戊辰(24일). "敎曰, '駐該國時, 大統領接待之節, 果何如? 而每於接見時, 以握手爲禮乎?' 定陽曰, '其接待之節, 與各國一例, 極其和洽. 而西俗以握手爲接見之禮, 故臣亦以其邦遵其禮, 以握手爲禮矣.'"

51 『日省錄』 1889년(고종 26) 7월 24일. "召見回還駐箚美國全權大臣朴定陽于興福殿. … 予曰, '大統領接見時禮儀何如, 而與日本不同耶? 日本則接見他國公使時, 傍有佩刀人云, 果然否?' 定陽曰, '大統領接見時禮儀, 極其簡約, 別無左右侍立之人, 只有外部長官, 其次一員前導. 而日本, 雖不盛儀, 略有左右侍立之人,

이상의 대화를 보면 고종은 서양식 접견 의례에 관심을 보였고, 특히 대통령과 외교관이 악수하는 것에 주목했다.[52] 이때 고종은 근대식 외교의례를 갖춰 나가던 일본의 의례에도 관심을 보였다.

이 무렵 조선의 외교의례에도 변화가 나타났다. 1882년 10월에 고종은 중국인과 일본인을 접견했다. 이때 외국인이 접견실 기둥 밖에서 삼국례(三鞠禮)를 거행하고 기둥 안으로 들어오면, 고종이 자리에서 일어나 읍양(揖讓)을 청하고, 외국인이 타공례(打恭禮)를 행하면 고종은 답읍(答揖)을 했다.[53] 비록 고종은 사양했지만 땅바닥에 엎드려 세 번 절하는 삼국례가 남아 있는 상황이었다. 그런데 1882년(고종 19) 11월에 청국 사신 원세개(袁世凱)를 접견할 때에는 원세개가 타공례를 하자 고종이 답읍했고,[54] 1889년 2월에 일본 공사를 만날 때도 같은 방식이었다.[55] 1882년 연말을 기점으로 외교의례에서는 국궁례가 사라졌다.

한편 『대한예전』에는 외교관이 세 번 '국궁례'를 거행하는 것으로 나타난다. 그러나 실제 접견 기록을 보면 외교관은 모두 '타공례'를 거행했는데, 이는 상반신을 굽혀서 인사하는 서양식 예법이었다.[56] 근대식 외교의례를 정비할 때 서양식 의례는 중요한 근거가 되었고, 특히 조선 외교관이 서양에서 직접 경험한 의례가 큰 영향을 미친 것으로 보인다.

네 번째 특징은 외교의례에는 완전한 독립국으로서의 위상이 반영되어 있다는 점이다. 조선의 외교 관계는 사대와 교린으로 구분되었고, 중국과

蓋其禮儀有與民主國稍殊云矣.'"
52 고종은 1904년 駐淸公使 朴齊純이 귀국했을 때에도 청 황제와 악수를 했느냐고 물었다(『承政院日記』高宗 4년 2월 10일(己未, 양력 3월 26일).
53 『承政院日記』高宗 19년 10월 1일(甲寅); 10월 2일(乙卯); 10월 3일(丙辰).
54 『承政院日記』高宗 19년 11월 7일(己丑).
55 『承政院日記』高宗 20년 2월 8일(己未).
56 접견 의례에서 세 번 머리를 조아리는 叩頭禮를 거행했다는 기록도 있다[『承政院日記』高宗 29년 1월 1일(辛酉); 高宗 31년 5월 10일(丙戌)]. 鞠躬禮와 打恭禮의 실행 여부에 대해서는 이정희, 『개항기 근대식 궁정연회의 성립과 공연문화사적 의의』, 2010, 77~79면 참조.

의 사대 의례에는 양국이 군신 관계에 있음이 분명하게 나타났다. 가령 중국 황제가 조서나 칙서를 내리면, 조선 국왕은 교외에 있는 모화관(慕華館)까지 나가서 사신을 영접했다. 궁궐로 돌아온 국왕은 중국 사신으로부터 조서와 칙서를 받았는데, 조서는 궁궐의 뜰에서, 칙서는 궁궐 안 남쪽에 임시로 마련한 자리에서 받았다. 이때 궁궐 안의 중앙에는 황제를 상징하는 궐정(闕廷)을 모셨고, 중국 사신은 궁궐 안 동쪽에 위치했으며, 국서를 받는 순간 국왕은 무릎을 꿇었다.

그런데 1882년 이후 이런 의례가 사라졌고, 『예식장정』에서도 황제는 건물 북쪽의 중앙에서 남면(南面)하여 주인으로서의 위치를 분명히 했다.[57] 중국 황제를 상징하는 궐정이 놓였던 자리가 바로 고종 황제의 자리였던 것이다. 다음의 〈그림 21〉은 고종 황제가 외교관을 접견하는 장면이고,[58] 〈그림 22〉는 조선 국왕이 교린 관계에 있던 인근 국가들의 사신을 접견하는 장면이다.[59] 이를 비교하면 사신의 배위(拜位)와 배석한 신하들의 자리가 궁궐의 뜰에서 건물 안으로 옮겨진 것을 제외하면 모두 동일하게 나타난다. 고종의 외교의례는 전통적인 교린 의례와 비슷했음을 알 수 있다.

1897년에 고종은 청나라 사신이 머물던 남별궁(南別宮) 자리에 환구단(圜丘壇)을 건설하고, 그 자리에서 황제 등극의(登極儀)를 거행했다. 중국 황제만이 천단(天壇, 圜丘壇)에서 제천례(祭天禮)를 거행해 왔지만 이제는 대한제국의 황제가 거행한다는 의미가 있었다. 비슷한 시기에 독립협회는 조선의 국왕이 중국 사신을 맞이하던 모화관과 영은문(迎恩門)을 허물고 그 자리에 독립관(獨立館)과 독립문(獨立門)을 세웠다. 이 역시 자국의 독립성을 보여 주기

---

57 고종 황제가 外國 皇族을 접견할 때 皇族의 자리는 동쪽, 皇帝와 皇太子의 자리는 서쪽에 위치하여 황족을 예우했는데, 황제의 자리를 황족보다 조금 북쪽에 두어 그 위상을 구분했다(『禮式章程』「外國皇族陛見及迎送式・皇族陛見圖」).

58 『禮式章程』「外國使臣陛見及迎送式・各國公使國書奉呈圖」.

59 『國朝五禮儀』 권5, 「受隣國書幣儀」.

皇帝		
國書案		
元帥府 總長	譯 拜	元帥府 總長
領官	↑↓	領官
宮內大臣	拜	外部大臣
禮式院長	↑↓	禮式院副長
禮式院官員	拜	禮式院官員

그림 21 황제가 외교관을 접견하는 의례

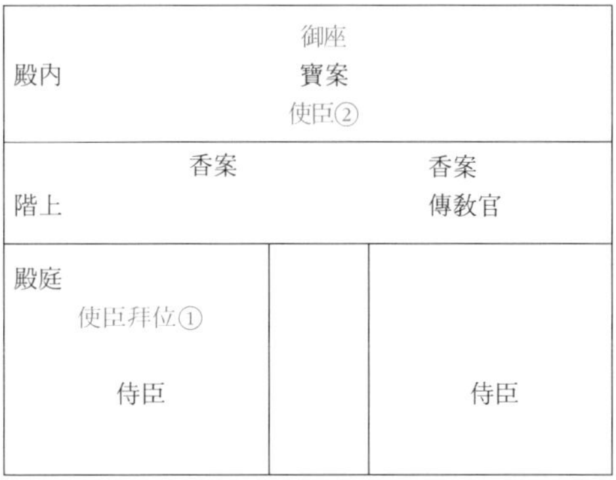

殿內	御座 寶案 使臣②	
階上	香案	香案 傳敎官
殿庭 使臣拜位① 侍臣		侍臣

그림 22 국왕이 인국(隣國)의 국서를 받는 의례

위한 조치였다.

　1902년 8월에 고종은 주청공사 박제순(朴齊純)을 청국으로 파견했다.
1899년에 양국이 조약을 체결한 이후 처음으로 파견하는 외교관이었다. 고
종은 박제순을 만난 자리에서 다음과 같이 대화했다.[60]

---

60 『承政院日記』高宗 39년 8월 20일(丁未, 양력 9월 21일).

고종: 경은 주진독리(駐津督理, 天津에 주재하는 督理)를 지낸 적이 있으므로 사무에는 익숙할 것이다. 새로 조약을 맺은 이후 이번 사행은 처음 있는 일이므로, 반드시 교린의 정도로 양국 간의 우호를 다지도록 하라. (중략)

고종: 4천 년 뒤에 대등한 나라가 된 것은 유쾌한 일이다. 이제부터 힘쓸 일은 오직 우호 관계를 잘 유지하는 것이다.

박제순: 임금의 명을 욕되게 하지 않는 것이 옛 사신의 도리였는데, 신은 어떻게 해야 할지 잘 모르겠습니다. (중략)

고종: 황제를 폐현(陛見)하면 국서를 직접 받기도 하는가?

박제순: 우리 한국은 이제 대등한 나라가 되었으니 직접 받을 것 같습니다.

고종과 박제순은 대한제국과 청국이 대등한 국가가 되었고, 고종의 국서를 청 황제가 직접 받는 것에 큰 의미를 부여했다.[61] 1904년 2월에 고종은 귀국한 박제순을 다시 만났으며, 이날의 대화에서도 외교관 접견 의례가 관심사였다.[62]

고종: 황제를 폐현할 때 태후(太后)도 알현하였는가?

박제순: 국서를 봉정(奉呈)할 때만 태후가 접견하지 않았지, 평상시 황제를 폐현할 때에는 태후가 자리에 오르고 황제는 그 곁에 앉았습니다.

고종: 황제를 폐현할 때에 자리를 내주던가? 악수를 하던가?

박제순: 전부터 그런 일은 없었습니다. (중략)

고종: 13개국 공사가 함께 황제를 폐현하면 차를 내려 주는가?

박제순: 황제를 폐현한 뒤 외무대신이 남서방(南書房)으로 인솔해 가서 술과 차를 대접합니다. 남서방은 바로 한림원(翰林院) 안에 있는 직소(直所)입

---

61 事大 관계가 유지될 때 朝鮮 國王의 國書는 동급에 해당하는 淸 禮部尙書가 받아서 황제에게 보고했다.
62 『承政院日記』高宗 41년 2월 10일(己未, 양력 3월 26일).

니다.

고종: 정전(正殿)은 남서방과 얼마나 떨어져 있는가?

박제순: 어림잡아 40~50보 정도입니다. (중략)

고종: 공사가 황제를 폐현할 때 궁문 안에서 가마를 타는 것을 허락하는
가?

박제순: 공사는 대교(大轎)를 타고 대청문(大淸門)과 천안단문(天安端門)을 거
쳐 오문(午門)까지 갑니다. 그곳에서 의교(椅轎)로 갈아타고 건청문(乾淸門)
밖까지 가는데, 건청문 안에서는 걸어서 갑니다.

이상에서 보듯 근대식 외교의례는 자국이 다른 국가와 대등한 위상을 가
진 독립국임을 상징적으로 보여 주는 의식이었다. 고종 황제와 대한제국의
관리들은 특히 중국과의 관계를 중시했다. 중국은 오랫동안 외교적으로 우
월한 지위를 가졌던 국가였기 때문이다.

지금까지 고종 황제가 1900년에 외교의례를 전담하는 예식원을 설치하
고, 1902년에 예식원에서 외교의례를 정리한 『예식장정』을 작성하는 과정
과 그 내용을 살펴보았다. 조선 정부는 1876년에 일본과 수호조규를 맺으
면서 근대식 외교 관계를 시작했고, 새로운 외교의례를 정리할 필요를 느꼈
다. 전통적인 사대·교린의 의례를 근대식 외교의례로 활용할 수는 없었기
때문이다.

새로운 외교의례를 갖추는 동안 외교 업무를 담당하는 기관에 변화가 많
았고, 외교의례를 정리하는 과정도 순탄하지 않았다. 담당 기관의 설립이나
외교의례의 정리로만 해결되지 않고, 국가체제의 전반적인 정비가 필요했
기 때문이다. 조선이라는 왕국은 대한제국이라는 황제국으로 변화하였고,
이에 따른 국가전례의 정비도 필요했다. 대한제국의 외교의례 지침서라 할

『예식장정』이 작성된 1902년은 황제국으로서의 국가체제가 정비된 시기임을 의미하기도 한다.

대한제국의 외교의례를 보면 조선시대의 교린 의례와 유사한 점이 많다. 황제가 중앙에 있는 주인 자리에서 외교관이 올리는 국서를 받는 모습이 동일하기 때문이다. 그러나 외교관은 궁궐의 뜰에서 국궁례를 올리는 대신 접견장 안에서 타공례를 올렸고, 주인도 옥좌에서 예를 받기만 하는 것이 아니라 교의 앞에 서서 답읍을 했다. 국서를 주고받는 양국의 위상이 대등함을 보여 주는 의례였다. 근대적인 외교의례를 정비하는 동안 서양 국가의 의례가 기준이 되었고, 특히 미국에 파견된 외교관의 경험은 중요한 근거가 되었다. 이와 함께 조선보다 앞서 서양식 외교의례를 채택한 일본의 사례도 참고했다.[63]

그러나 1905년 11월에 대한제국은 외교권을 상실했고, 이후 해외에 설치된 공관들을 철수시키고, 한국 내에 설치된 외국 공관을 폐쇄시키는 조치가 뒤따랐다. 1906년 8월에 외교의례를 담당한 예식원이 폐지되고 장례원이 다시 설치되었다. 이는 예식원에서 『예식장정』의 외교의례를 거행할 대상이 사라졌음을 의미한다.

대한제국이 쇠퇴기에 들어갔음은 다른 정황에서도 나타난다. 1905년 5월부터 예식원에는 일본인이 황실의 능원(陵園)에 들어와 사초(莎草)를 뽑아가거나 벌목을 하고, 집을 짓거나 농사를 지으며, 석편(石片)을 팔아넘기는 일이 있으므로, 일본 공사에게 이를 중지해 줄 것을 요청하는 공문들이 접수되었다.[64] 대한제국의 국가 기능이 제대로 작동했다면 황실의 존엄을

---

63 明治政府와 大韓帝國의 西洋式 大禮服에 대해서는 연구 성과가 있다. 이경미, 『대한제국의 서구식 대례복 패러다임』, 서울대학교 박사학위논문, 2008.
64 『禮式院去來案』 제4책, 「照會 第1號」(光武 9년 5월 31일); 「照會(覆의 誤字)」(光武 9년 6월 15일); 「照會 第2號」(光武 9년 5월 31일); 「照覆 第1號」(光武 9년 6월 1일); 「照會 第4號」(光武 9년 9월 7일); 「照覆 第2號」(光武 9년 9월 27일); 「照會 第5號」(光武 9년 10월 6일); 「照會 第6號」(光武 9년 10월 19일).

해쳤다는 이유로 가장 엄벌에 처해야 할 범죄가 공공연히 일어나고 있었다.

『예식장정』의 외교의례는 대한제국의 전성기에 실제로 거행된 의례로 판단된다. 대한제국의 외교의례는 대한제국이 동서양 국가들과 대등한 외교관계를 맺은 독립국이었음을 상징적으로 보여 주는 의례였다.

부록 1

『대당개원례(大唐開元禮)』의 빈례(賓禮)

1. 「蕃國往來朝 以束帛迎勞」

前1일

守宮, 候館의 문밖 도로 오른쪽에 남향으로 幕次 설치.

其日

使者, 도착하면 掌次者가 인도하여 막차로 나아감.

蕃主, 그 나라의 服을 입음. 所司가 이들을 인도하여 동쪽 계단 아래에서 西面하여 섬[蕃主가 움직일 때 所司가 앞에서 인도함, 使者가 움직일 때는 모두 謁者가 先導함].

使者, 朝服을 입고 막차를 나와 門 서쪽에 東面하여 섬.

從者, 束帛을 잡고 使者의 남쪽에 섬.

蕃主有司, 문밖으로 나와 문의 동쪽에서 西面하여 서서 "敢請事"라 함.

使者, "奉制勞某主"(制를 받들어 ○國의 主를 위로합니다)라고 함.

有司, 들어가 告함.

蕃主, 館門 밖 동쪽에서 西面하여 맞이함. 再拜함.

使者와 蕃主가 함께 들어감.

使者, 먼저 올라가 서쪽 계단 위에 섬.

執束帛者, 따라 올라가 使者의 북쪽에 섬. 모두 東面함.

蕃主, 올라가 동쪽 계단 위에 西面하여 섬.

使者, 幣를 잡고 "有制"(制가 있습니다).

蕃主, 下拜하려고 하면

使者, "有後制 無下拜"(後制가 있으므로 下拜하지 마십시오).

蕃主, 이내 北面하여 再拜하고 稽首함.

使者, 宣制를 마치면

蕃主, 나아가 幣를 받고[綵 5匹이 1束. 蕃主가 使者를 答勞할 때는 각각 土物로 하되 분량을 기준대로 하며 勞幣보다 많으면 안 된다. 遠郊를 위로할 때도 禮는 동일하다. 蕃主가 遠郊에 遺贈을 보낼 때도 이와 같다. 蕃使를 위로할 때는 束帛이 없다], 물러나 位로 돌아감.

　幣를 左右에 주고 다시 再拜 稽首함.

使者, 계단을 내려와 나와서 館門 밖 서쪽에 東面하여 섬.

蕃主, 관문 밖에서 西面하여 보냄. 使者를 멈추게 하고 揖을 함.

使者, 함께 들어가 올라가는 것을 사양함.

蕃主, 먼저 동쪽 계단 위로 올라가 西面함.

使者, 서쪽 계단 위로 올라가 東面함.

蕃主, 土物로 使者를 償(대접)함.

使者, 再拜하고 받음.

蕃主, 再拜하고 送物함.

使者, 계단을 내려옴.

蕃主, 따라 내려옴.

문밖에서는 처음과 같이 함.

蕃主, 再拜하고 보냄.

使者, 돌아감.

蕃主, 들어감.

鴻臚, 맞이하고 인도하여 朝堂에 나아감. 방향에 따라 北面하여 섬.

所司, 奏聞.

舍人, 勅을 받들고 나와 "有勅"이라 함.

蕃主, 再拜함. 宣勞를 마치면 다시 再拜함.

所司, 인도하여 관으로 나아가기를 常儀와 같이 함.

2.「遣使 戒蕃王見日」

前1일

守宮, 候館의 문밖 도로 오른쪽에 남향으로 幕次 설치.

其日

使者, 도착하면 掌次者가 인도하여 막차로 나아감.

蕃主, 그 나라의 服을 입고 동쪽 계단 아래에서 西面하여 섬.

蕃國諸官, 蕃主 뒤에 西面하여 섬. 북쪽이 上位.

使者, 朝服을 입고 막차를 나와 門 서쪽에 東面하여 섬.

蕃主有司, 문밖으로 나와 문의 동쪽에서 西面하여 서서 "敢請事"라 함.

使者, "奉制戒某主見日"(制를 받들어 ○國의 主가 알현할 날짜를 알립니다)라고 함.

有司, 들어가 告함.

蕃主, 館門 밖 동쪽에서 西面하여 맞이함. 再拜함.

使者와 蕃主가 함께 들어감.

使者, 서쪽 계단을 올라가 東面함.

蕃主, 동쪽 계단을 올라가 西面함.

使者, "有制."

蕃主, 再拜함.

使者, 宣制하기를 "某日某主見"(모일에 모국의 主는 알현하라).

蕃主, 다시 再拜하고 稽首함.

使者, 계단을 내려와 나옴.

蕃主, 館門 밖에서 西面하여 보냄. 再拜함.

使者, 돌아감.

蕃主, 들어감.

3.「蕃王奉見」(奉辭禮도 동일함)

前1일

尙舍奉御, 太極殿 北壁에 御幄을 남향하여 설치.

守宮, 幕次를 설치.

太樂令, 上下에 宮懸을 전개하고 擧麾位를 설치.

鼓吹令, 12案을 설치.

乘黃令, 車輅를 陳(진설)함.

尙輦奉御, 輿輦을 진설함.

尙舍奉御, 蕃主의 牀座를 御座의 서남쪽에 東向하여 鋪(늘어놓음)함. 모두 常儀대
　　로 함.

其日

典儀, 蕃主의 版位를 懸南道 서쪽에 北面하여 설치함.

　　蕃國諸官의 位를 蕃主 위의 뒤에 설치하되 반열에 따라 重行, 北向, 서쪽이 上
　　位.

　　典儀의 位를 懸의 동북쪽에 설치함.

贊者 2인, 남쪽으로 조금 물러나 모두 西面함.

諸衛, 각 군사를 黃麾杖을 屯門에 배열, 들어가 殿庭에 진설.

太樂令, 工人을 이끌고 들어와 位로 나아감.

協律郎, 擧麾位로 나아감.

所司, 蕃主를 맞이하고 인도하여 承天門 밖에 이르면,

通事舍人, 蕃主를 인도하여 막차로 들어감.

本司, 들어가 아룀.

鈒戟近杖, 들어와 평상시대로 진열.

典儀, 贊者를 이끌고 먼저 들어와 위로 나아감.

侍中, 版에서 "中嚴"을 奏請.

侍衛之官은 각자의 器服을 입고, 符寶郎은 寶를 받들고 모두 閤에 나아가 奉迎함.

蕃主, 그 나라의 服을 입고, 幕次를 나옴.

通事舍人, 인도하여 閤 밖 西廂에서 東面하여 섬[여러 蕃이 있으면, 나라의 大小에 따
　　라 순서를 지음].

蕃國諸官, 각자의 복을 입고 蕃主의 뒤에 섬. 모두 東面하며 北上.

侍中, 版에서 "外辦"을 奏.

皇帝, 通天冠 絳紗袍를 입고 輿를 타고 나옴. 曲直 華蓋 警蹕 侍衛는 常儀대로 함.

太樂令, 黃鐘을 치게 하고 右五鐘이 모두 응함.

협률랑, 麾를 들고

鼓柷, 太和之樂을 姑洗之均으로 연주.

황제, 西房에서 나와 御座로 나아가 남향하여 앉음.

符寶郎, 寶를 받들어 御座에 놓음.

侍衛, 평상시와 같음.

麾를 눕히고 敔를 憂(두드려)하여 樂을 그침[樂은 協律郎이 휘를 들고 工人이 柷을 두
　　드린 이후에 시작하고, 휘를 눕히고 敔를 두드린 이후에 그침].

通事舍人, 蕃主를 인도하여 門을 들어감. 舒和之樂을 연주하다가 位함에 이르면
　　멈춤.

典儀, "再拜."

贊者, 承傳함.

蕃主, 再拜하고 稽首함.

侍中, 制를 받아 내려와 蕃主의 西北쪽으로 가 東面하고 "有制"라 함.

蕃主, 再拜하고 稽首하며, 宣制를 마치면 다시 재배 계수함.

侍中, 돌아가 아뢰고 다시 制를 받아 내려와 위로하고, 勅令으로 升座하게 함.

蕃主, 재배 계수함.

舍人, 蕃主를 인도함. 음악 연주.

蕃主, 계단에 이르면 음악 그침.

舍人, 맞이하여 인도하여 올라가 座席 뒤에 이름.

蕃主, 좌석에 나아가 俛伏하고 앉음.

侍中, 制를 받아 勞問함.

蕃主, 俛伏하고 자리를 피하여 下拜하려고 함.

侍中, 制를 받아 "無下拜"라 함.

蕃主, 復位하여 拜하고 對하기를 평상시대로 함.

侍中, 回奏하고 다시 制를 받아 勞하고 館으로 돌아가게 함.

舍人, 蕃主를 인도하여 서쪽 계단을 내려옴.

典謁者, 承引하면 음악을 연주하고, 懸 남쪽의 位에 이르면 음악을 그침.

蕃主, 재배 계수함.

舍人, 蕃主를 인도하면 음악 연주. 蕃主가 門을 나오면 음악 그침.

(蕃主가 올라가 좌석에 앉으면)

舍人, 蕃國諸官을 인도하여 차례로 位로 나아가 立定함.

典儀, "再拜."

贊者, 承傳함.

蕃國諸官, 모두 再拜하고 稽首함.

舍人, 勅을 받아 서쪽 계단을 내려와 蕃國諸官의 서북쪽에 나아가 東面하고 "勅
　　旨"라 함.

蕃國諸官, 모두 재배 계수하고, 對를 마치면 다시 재배 계수함.

舍人, 回奏하고 다시 勅을 받아 내려와 勞하고 館으로 돌아가게 함.

蕃國諸臣, 모두 재배 계수함.

(蕃主가 나갈 때)

舍人, 蕃國諸官을 인도하여 차례로 나옴. 끝남.

侍中, 앞에서 跪하고 "侍中臣某 言禮畢"이라 奏稱함. 俛伏하고 일어나 侍位로 돌
　　아감.

皇帝, 일어남.

太樂令, 蕤賓의 鐘을 치게 하면 左五鐘이 모두 응함.

　　鼓을 두드리면 太和之樂을 연주.

황제, 어좌에서 내려와 輿를 타고 東房으로 들어감.

　　侍衛 警蹕 올 때의 儀와 같음.

侍臣, 황제를 따라 閤에 이름. 음악 그침.

4. 「受蕃國使表及幣」

前1일

尙舍奉御, 所御之殿 北壁에 御幄을 남향하여 설치.

守宮, 使者의 次를 설치.

太樂令, 上下에 宮懸을 전개하고 擧麾位를 설치.

其日

典儀, 使者의 位를 懸南에 重行으로 北向하여 설치함. 서쪽이 上位.
　庭實位는 客의 앞. 典儀의 位는 懸의 동북쪽에 설치.

贊者 2인, 남쪽으로 조금 물러나 모두 西面함.

諸衛, 각 군사를 黃麾半杖을 屯門에 배열. 들어가 殿庭에 진설.

太樂令, 工人을 이끌고 들어와 位로 나아감.

協律郎, 擧揮位로 나아감.

所司, 客을 인도하여 承天門 밖에 이르면,

典謁, 客을 인도하여 막차로 들어감.

本司, 들어가 아룀.

鈒戟近杖, 들어와 평상시대로 진열.

典儀, 贊者를 이끌고 먼저 들어와 位로 나아감.

侍中, 版에서 "中嚴"을 奏請.

侍衛之官은 각자의 器服을 입고, 符寶郎은 寶를 받들고 모두 閤에 나아가 奉迎함.

使者, 그 나라의 服을 입고, 書를 받들고 幕次를 나옴.

通事舍人, 인도하여 閤 밖 西廂에서 東面하여 섬.

從者, 幣를 들고 庭實는 그 뒤에 섬. 모두 東面하며 北上.

侍中, 版에서 "外辦"을 奏.

皇帝, 通天冠 絳紗袍를 입고 輿를 타고 나옴. 曲直 華蓋 警蹕 侍衛는 常儀대로 함.

太樂令, 黃鐘을 치게 하고 右五鐘이 모두 응함.

협률랑, 麾를 들고

鼓柷, 太和之樂을 姑洗之均으로 연주.

황제, 西房에서 나와 御座로 나아가 남향하여 앉음.

符寶郎, 寶를 받들어 御座에 놓음.

侍衛, 평상시에 같음, 樂을 그침[麾를 눕히고 敔를 憂(두드려)하여 樂을 그침].

中書侍郎 1인, 令史 2인, 案을 들고 미리 서쪽 계단 아래에서 기다림. 東面하고 北
　上.

舍人, 使者와 庭實人을 인도하여 懸南의 位로 인도함.

使者, 문을 들어갈 때 太和之樂을 연주하다가 立定하면 멈춤[大蕃大使는 음악 연주,

次蕃大使와 大蕃中使 이하는 모두 樂懸과 黃麾仗을 설치하지 않음].

中書侍郎, 案을 든 사람을 인솔하여 使者 앞에 나아가 東面함.

　書를 받아 案에 두고 서쪽 계단으로 돌아감.

　書를 가지고 올라가 奏함, 案을 든 사람은 물러남.

(侍郎이 書를 奏할 때)

有司, 각자 소속을 거느리고 庭에서 幣와 馬를 받음.

典儀, "再拜."

贊者, 承傳함.

使者 이하, 모두 再拜함.

舍人, 制를 받아 내려와 使者 앞으로 蕃國主를 물음.

使者, 再拜하고 대답하기를 마치고 다시 再拜함.

舍人, 돌아가 아뢰고 다시 勅을 받아 그 臣下를 물음.

使者, 再拜하여 대답하고, 또 使者 이하를 勞하면 拜하고 대답함.

舍人, 돌아가 奏하기를 모두 평상시와 같이함.

　回奏하고 다시 勅을 받아 勞하고 館으로 돌아가게 함.

使者 이하, 모두 再拜함.

舍人, 使者 이하를 인도하여 나오면 음악 연주하고 멈추기를 평상시대로 함.

侍中, 앞에서 跪하고 "侍中臣某 言禮畢"이라 奏稱함. 俛伏하고 일어나 侍位로 돌아감.

皇帝, 일어남.

太樂令, 蕤賓의 鐘을 치게 하면 左五鐘이 모두 응함.

　柷을 두드리면 太和之樂을 연주.

황제, 어좌에서 내려와 輿를 타고 東房으로 들어감.

　侍衛 警蹕 올 때의 儀와 같음.

侍臣, 황제를 따라 閤에 이름. 음악 그침.

5. 「皇帝燕蕃國王」

前1일

尙舍奉御, 所御之殿의 北壁에 御幄을 남향하여 설치.

尙食奉御, 太官令, 각자 饌을 갖춤.

守宮, 幕次를 설치.

太樂令, 登歌를 殿上에 설치하고, 宮懸을 殿庭에 늘어놓음.

　擧麾位를 上下에 설치.

鼓吹令, 12案을 설치.

乘黃令, 車輅를 陳(진설)함.

尙輦奉御, 輿輦을 진설함, 모두 常儀대로 함.

其日

尙舍奉御, 蕃主의 狀座를 御座의 서남쪽에 鋪(늘어놓음)함.

　蕃國諸官으로 殿에 오르는 자의 座를 蕃主 뒤에 설치.

　蕃國諸官으로 殿에 오르지 않는 자의 座席을 西廊 아래에 설치. 모두 東面 北
　上.

尙食奉御, 御酒奠을 설치.

太官令, 蕃主 이하의 酒奠을 설치.

典儀, 蕃主의 版位를 懸南에 설치.

　蕃國諸官의 位를 蕃主의 뒤에 설치, 모두 重行 北面 西上.

　典儀의 位를 懸의 東北에 常儀대로 설치.

諸衛, 각 군사를 黃麾杖을 屯門에 배열, 들어가 殿庭에 진설.

太樂令, 工人 2舞를 이끌고 들어와 位로 나아감.

協律郎, 들어와 擧揮位로 나아감.

所司, 蕃主를 맞이하고 인도하여 承天門 밖에 이르면,

通事舍人, 蕃主를 인도하여 막차로 들어감[蕃客이 出入 升降할 때 모두 掌客이 監引].

所司, 들어가 아룀.

鈒戟近杖, 들어와 평상시대로 진열.

典儀, 贊者를 이끌고 먼저 들어와 위로 나아감.

侍中, 版에서 "中嚴"을 奏請.

侍衛之官은 각자의 器服을 입고, 符寶郎은 寶를 받들고 모두 閣에 나아가 奉迎함.

蕃主, 그 나라의 服을 입고, 幕次를 나옴.

通事舍人, 인도하여 閣 밖 西廂에서 東面하여 섬.

蕃國諸官, 각자의 복을 입고 蕃主의 뒤에 섬, 모두 東面하며 北上.

侍中, 版에서 "外辦"을 奏.

皇帝, 通天冠 絳紗袍를 입고 興를 타고 나옴. 曲直 華蓋 警蹕 侍衛는 常儀대로 함.

太樂令, 黃鐘을 치게 하고 右五鐘이 모두 응함.

협률랑, 麾를 들고 柷을 치면 太和之樂을 姑洗之均으로 연주. 鼓吹가 振作[樂은 協
　律郎이 麾를 들고 工人이 柷을 鼓(두드린)한 이후에 시작하고, 麾를 눕히고 敔를 두드린
　이후에 그침].

황제, 西房에서 나와 御座로 나아가 남향하여 앉음.

符寶郎, 寶를 받들어 御座에 놓음.

侍衛, 평상시대로 함.

樂을 그침.

典儀 1인, 동쪽 계단 위에 올라섬.

贊者 2인, 계단 아래에 섬. 모두 西面함.

通事舍人, 蕃主를 인도하여 들어옴. 蕃國諸官이 따라 들어옴.

蕃主가 門을 들어오면, 舒和之樂을 연주.

蕃主가 位에 이르면 음악 그침.

獻物이 있으면, 따라 들어와 蕃主의 앞에 진열. 西上으로 立定.

典儀, "再拜."

贊者, 承傳함.

蕃主 蕃國諸官, 再拜하고 稽首함.

蕃主, 贄(폐백)를 받들고[폐백은 그 나라에 있는 것 중 한 가지 가벼운 것] "某國蕃臣某
　敢獻壤奠."

侍中, 올라가 奏함.

　旨를 받아 내려와 "朕其受之."

　蕃主 東北쪽으로 가 西向하고 "有制"라 함.

蕃主, 再拜하고, 宣制를 마치면 다시 재배함.

　贊를 侍中에게 줌.

侍中, 贊를 所司에게 줌.

所司, 餘幣를 받아 동쪽에 갖추어 둠.

舍人, 旨를 받아 내려가 蕃國諸臣들의 座에 勅.

蕃國諸官, 모두 再拜함.

通事舍人, 蕃主를 인도하고, 蕃國諸官 중에 應升殿者를 인도하여 서쪽 계단으로
　나아감.

蕃主가 처음 움직일 때 음악을 연주하였다가 계단에 이르면 멈춤.

通事舍人, 각각을 인도하여 올라가 座의 뒤에 섬.

蕃國諸官이 서쪽 계단을 올라갈 때 不升殿者, 通史舍人이 나누어 인도하여 廊下
　席 뒤에 세움.

殿上典儀, "就座."

階下贊者, 전달함(承傳).

蕃主 이하, 모두 位에 나아가 俛伏하고 앉음.

太樂令, 歌者와 琴瑟을 인도하여 계단 아래에서 신을 벗고(脫屨) 올라가 位로 나
　아가 앉음.

笙管者, 계단에 나아가 사이를 두고 北面하여 섬.

尙食奉御, 進酒하여 계단에 이름.

殿上典儀, "酒至興"(술이 왔으니 일어나시오).

殿下贊者, 전달함(承傳).

蕃主 이하, 모두 俛伏했다가 일어나 座 뒤에 섬.

殿中監, 계단에 도착하여 술을 살핌.

尙食奉御, 술을 받들고 황제에게 나아가 술을 올림.

良醞令, 또한 술을 돌림(行酒).

殿上典儀, "再拜."

殿下贊者, 전달함(承傳).

蕃主 이하, 모두 再拜를 마치고 摺笏하고 觶(술잔)를 받음.

殿上典儀, "就座"(좌석에 나아가시오).

殿下贊者, 전달함(承傳).

蕃主 이하, 모두 좌석에 나아가 俛伏하고 앉음.

皇帝, 처음 술을 듦/登歌, 昭和 三終을 연주함.

尙食奉御, 나아가 빈 觶를 받아 坫에 놓음.

　　登歌가 끝나면 내려가 位로 돌아감.

觶가 세 번 돌면(觶行三周)

尙食奉御, 御食을 드림.

食이 계단을 올라오면

殿上典儀, "食至興"(음식이 왔으니 일어나시오).

殿下贊者, 전달함(承傳).

殿中監, 계단에 도착하여 案을 살핌.

尙食奉御, 品嘗食을 마치면 차례로 御前에 놓음.

太官令, 또한 蕃主 이하의 食案을 설치하기를 마침.

殿上典儀, "就座"(좌석에 나아가시오).

殿下贊者, 전달함(承傳).

蕃主 이하, 모두 좌석에 나아가 俛伏하고 앉음.

皇帝, 음식을 먹음/休和之樂이 연주됨.

蕃主 이하, 모두 먹음.

御食을 마치면 음악이 그침.

蕃主 이하, 먹기를 마침.

尙食 太官, 상을 물리고 다시 술을 돌림.

드디어 庶遂二舞를 설치함, 차례로 들어와 연주함.

(술을 내리면)

舍人, 앞으로 나와 旨를 받아 受賜者 앞으로 나아감.

蒙賜者, 執笏하고 俛伏하고 일어나 座 뒤에 섬.

舍人, "賜酒"(술을 내리십니다).

蒙賜者, 再拜함.

술이 이르면

蒙賜者, 搢笏하고 觶를 받아 좌석에 나아가 俛伏하고 앉음.

　觶 마시기를 마치면 俛伏하고 일어나 서서 빈 觶를 주고 다시 再拜
　　좌석에 나아가 俛伏하고 앉음.

모임이 끝나면

通事舍人, 蕃主 이하가 일어나도록 贊함.

蕃主 이하, 모두 俛伏하고 일어나 좌석 뒤에 섬.

通事舍人, 인도하여 내려감.

음악을 연주하여 懸南의 位에 돌아가면 연주를 멈춤.

廊下에 있던 사람, 通事舍人이 인도하여 懸南의 位에 돌아가서 섬.

典儀, "재배."

贊者, 전달함.

蕃主 이하, 모두 재배함.

(筐篚가 있으면)

舍人 앞으로 나와 旨를 내려가 宣勅함.

蕃主 이하, 모두 再拜함.

太府, 그 소속을 거느리고 衣物을 차례로 주기를 마침.

번주 이하, 다시 再拜함.

通事舍人, 인도하여 나옴/음악을 연주하고 문을 나오면 그침.

侍中, 앞에서 무릎을 꿇고 "侍中臣某 言禮畢"이라 奏稱함, 俛伏하고 일어나 侍位
　　로 돌아감.

皇帝, 일어남.

太樂令, 葵賓의 鐘을 치게 하면 左五鐘이 모두 응하고, 太和之樂을 연주.

　鼓吹가 振作.

황제, 어좌에서 내려와 輿를 타고 東房으로 들어감.

　侍衛 警蹕 올 때의 儀와 같음.

侍臣, 황제를 따라 閤에 이름. 음악 그침.

6.「皇帝燕蕃國使」

前 1일

尚舍奉御, 所御之殿의 北壁에 御幄을 남향하여 설치.

太官令, 饌을 갖춤.

守宮, 使者의 幕次를 설치.

太樂令, 宮懸을 殿庭에 늘어놓음.

　　擧麾位를 上下에 설치. 평상시 의례와 같음[大蕃中使 小蕃大使 이하는 음악과 黃
　　麾杖을 설치하지 않음].

其日

尚舍奉御, 使者의 牀座를 御座의 서남쪽에 鋪(늘어놓음).

　　殿에 오르지 않는 자의 坐席을 西廊 아래에 설치. 모두 東面 北上.

典儀, 使者의 版位를 懸南에 설치. 重行 北面 西上.

　　典儀 贊者의 位를 懸의 東北에 常儀대로 설치.

諸衛, 각 군사를 黃麾半杖을 屯門에 배열, 殿庭에 진설.

太樂令, 工人 2舞를 이끌고 차례로 들어와 位로 나아감.

所司, 使者를 맞이하고 인도하여 承天門 밖에 이르면,

通事舍人, 使者를 인도하여 막차로 들어감.

所司, 들어가 아룀.

鈒戟近杖, 들어와 평상시대로 진열.

典儀, 贊者를 이끌고 먼저 들어와 위로 나아감.

侍中, 版에서 "中嚴"을 奏請.

侍衛之官은 각자의 器服을 입고, 符寶郎은 寶를 받들고 모두 閤에 나아가 奉迎함.

蕃使 이하, 그 나라의 服을 입고, 幕次를 나옴.

通事舍人, 인도하여 閤 밖 西廂에서 東面하여 섬.

從者, 使者의 뒤에 섬, 重行 東面 北上.

侍中, 版에서 "外辦"을 奏.

皇帝, 通天冠 絳紗袍를 입고[樂이 없으면 常服] 輿를 타고 나옴. 曲直 華蓋 警蹕 侍
　　衛는 常儀대로 함.

太樂令, 黃鐘을 치게 하고 右五鐘이 모두 응함.

협률랑, 麾를 들고

　枳을 치면 太和之樂을 연주[樂은 協律郞이 麾를 들고 工人이 枳을 두드린 이후에 시작하고, 麾를 눕히고 敔를 두드린 이후에 그침].

皇帝, 西房에서 나와 御座로 나아가 서향하여 앉음.

符寶郞, 寶를 받들어 御座에 놓음.

侍衛, 평상시대로 함.

樂을 그침.

典儀 1인, 동쪽 계단 위에 올라섬.

贊者 2인, 계단 아래에 섬. 모두 西面함.

典儀, 使者 이하를 인도하여 들어와 懸南의 位로 감.

使者가 門을 들어오면, 舒和之樂을 연주하다가 位에 이르면 그침.

典儀, "再拜."

贊者, 承傳함.

使者 이하, 再拜함.

舍人, 앞으로 나와 旨를 받아 내려가 "使者升座(使者는 올라와 좌석에 앉으라)"라고 勅함.

使者 이하, 모두 再拜함.

通事舍人, 應升殿者를 인도하여 서쪽 계단으로 나아감.

使者 이하가 처음 움직일 때 음악을 연주하였다가 계단에 이르면 멈춤.

通事舍人, 인도하여 올라가 座의 뒤에 섬.

不升殿者, 通史舍人이 나누어 인도하여 廊下席 뒤에 세움.

上下가 자리를 잡으면

殿上典儀, "就座."

階下贊者, 전달함(承傳).

上下의 客, 모두 位에 나아가 俛伏하고 앉음.

술이 계단에 이르면

殿上典儀, "酒至興"(술이 왔으니 일어나시오).

階下贊者, 전달함(承傳).

上下의 客, 모두 俛伏했다가 일어나 座 뒤에 섬.

太官令, 술을 돌림(行酒).

殿上典儀, "再拜."

階下贊者, 전달함(承傳).

上下의 客, 모두 再拜하고 搢笏하고 觶(술잔)를 받음.

殿上典儀, "就座"(좌석에 나아가시오).

階下贊者, 전달함(承傳).

蕃使 이하, 모두 좌석에 나아가 俛伏하고 앉아 觶를 마심.

술을 세 번 돌리면(行三周) 食이 계단을 올라옴.

殿上典儀, "食至興"(음식이 왔으니 일어나시오).

階下贊者, 전달함(承傳).

上下의 客, 모두 執笏하고 俛伏했다가 일어나 座席 뒤에 섬.

太官令, 客들의 案에 食을 설치하기를 마침.

殿上典儀, "就座"(좌석에 나아가시오).

階下贊者, 전달함(承傳).

上下의 客, 모두 좌석에 나아가 俛伏하고 앉음. 모두 먹음.

먹기를 마치면

太官令, 모두 상을 물리고 다시 술을 돌림.

드디어 庶遂二舞를 설치함. 차례로 들어와 연주함.

(술을 내리면)

舍人, 앞으로 나와 旨를 받아 受賜者 앞으로 나아감.

蒙賜者, 執笏하고 俛伏하고 일어나 座 뒤에 섬.

舍人, 술을 내리면(賜酒)

蒙賜者, 再拜하고 搢笏하고 觶를 받아 좌석에 나아가 俛伏하고 마심.
　　먹기를 마치면 俛伏하고 일어나 서서 빈 觶를 주고 다시 再拜하고
　　좌석에 나아가 俛伏하고 앉음.　　．

모임이 끝나면

通事舍人, 使者가 일어나도록 贊함.

上下의 客, 모두 俛伏하고 일어나 좌석 뒤에 섬.

通事舍人, 使者를 인도하여 내려감/음악을 연주하다가 懸南의 位에 돌아가면 멈춤.

廊下에 있던 사람, 通事舍人이 나누어 인도하여 懸南의 位에 돌아가서 섬.

典儀, "再拜."

贊者, 전달함.

使者 이하, 모두 재배함.

(筐篚가 있으면)

舍人 앞으로 나와 旨를 내려가 宣勅함.

使者 이하, 모두 再拜함.

太府, 그 소속을 거느리고 衣物을 차례로 주기를 마침.

使者 이하, 다시 再拜함.

通事舍人, 인도하여 나옴/음악을 연주하고 문을 나오면 그침.

侍中, 앞에서 무릎을 꿇고 "侍中臣某 言禮畢"이라 奏稱함. 俛伏하고 일어나 侍位로 돌아감.

皇帝, 일어남.

太樂令, 蕤賓의 鐘을 치게 하면 左五鐘이 모두 응하고, 太和之樂을 연주함.

황제, 어좌에서 내려와 輿를 타고 東房으로 들어감.

　　侍衛 警蹕 올 때의 儀와 같음.

侍臣, 황제를 따라 閤에 이름. 음악 그침.

7.「遣使 詣蕃 宣勞」

前 1일

執事者, 使者의 次를 大門 밖의 길 동쪽에 南向으로 설치함.

그날

使者가 이르면,

執事者, 인도하여 次로 나아감.

使者 이하, 모두 公服.

蕃主, 朝服을 입고 동쪽 계단의 동남쪽에 서서 西面함.

使者, 次를 나옴.

執事者, 使者를 인도하여 大門 밖의 서쪽에서 東向하여 섬.

　　使副는 使者의 서남쪽에 서고,

　　持節者는 使者의 북쪽에 조금 물러나 섬.

令史 2인, 詔書案을 마주 들고 使副의 서남쪽에 서서 모두 東面함.

執事者, 蕃主를 인도하여 使者를 문밖의 남쪽에서 맞이함.

蕃主, 北面하여 再拜함.

使者, 答拜하지 않음.

執事者, 使者를 인도하여 들어감.

持節者, 앞에서 인도하고

持案者, 이를 따라 문을 들어가 왼쪽으로 감.

使者, 계단에 나아가 南面하여 섬.

持節者, 使者의 동쪽에 조금 남쪽에서 西面하여 섬.

使副, 使者의 서남쪽에 섬.

持案者, 使者의 남쪽에 서서 北面함.

持節者, 節衣를 벗음.

持案者, 使副 앞으로 나아감.

使副, 詔書를 듦.

持案者, 물러나 位로 돌아감.

使副, 나아가 使者에게 주고 물러나 位로 돌아감.

使者, "有詔."

蕃主, 再拜함.

使者, 宣詔를 마치면

蕃主, 다시 再拜함.

執事者, 蕃主를 인도하여 使者 앞으로 나아감.

蕃主, 北面하여 詔書를 받고 물러나 동쪽 계단의 동남쪽에 西面하여 섬.

持節者, 節衣를 더함.

執事者, 使者를 인도함.

持節者, 앞에서 인도함.

持案者, 그 뒤를 따름.

나와서 門外의 位로 돌아감.

執事者, 蕃主를 인도하여 大門 밖에서 拜送함.

使者, 次로 돌아감.

執事者, 蕃主를 인도하여 들어감.

부록 2

『고려사(高麗史)』의 빈례(賓禮)

1. 「迎北朝詔使儀」(북조; 遼・金)

王, 나와서 乾德殿 閣門에 앉음.

副使 이상, 먼저 殿庭으로 들어와 肅拜함.

宰臣 侍臣 南班, 다음으로 들어와 肅拜하고 차례로 섬.

屈使館伴 執事, 다음으로 모두 殿庭에 들어와 肅拜함.

閣門舍人, 聞辭하는 位로 가서 "北朝使臣 已到閣門 伏候聖旨(北朝 사신이 이미 閣
　　門에 도착하였으니 삼가 聖旨를 기다립니다)"라고 奏함.

閣門使, 傳宣하여 "들이랍니다(屈)."

閣門員, 詔函을 든 사람이 앞서서 使臣을 인도하여 中門으로 들어감.

使臣, 殿門의 서쪽으로 감.

王, 殿門의 동쪽으로 나와서 서로 揖하고 殿庭으로 들어감.

使臣, 傳命位로 나아가 남쪽을 향하여 섬.

王, 서향하여 재배하고 "皇帝의 體"를 물음.

使臣, 답하여 傳함.

王, 拜 舞 拜.

舍人, "宰臣以下侍臣 拜舞拜(大臣 이하 侍臣은 拜 舞 拜)"라고 喝(외침).

使臣, "有命."

王, 再拜함.

使臣, 王에게 詔를 전달함.

王은 宰臣에게 주고, 宰臣은 무릎을 꿇고 持函員에게 줌.

王, 拜 舞 拜.

舍人, "宰臣以下侍臣 拜舞拜."

國信과 物色이 뜰을 지나갈 때

王, 再拜함.

閣門員, 使臣을 인도하여 殿門을 나감.

王, 전문을 나가 읍하고 보냄.

閣門, 使臣을 인도하여 翰林廳 幕次로 감.

王, 잠시 殿門 안으로 들어와 詔書를 봄.

閣門使, 使臣의 精儀物狀(예물 목록)을 드림.

王, 答을 전한다.

物色(예물)이 庭을 지나감.

閣門使, 使臣의 參狀을 드림.

王, 復狀(답장을 보냄).

閣門員, 사신을 인도하여 殿門 밖에 이름.

王, 殿門을 나와 서로 읍하고 들어가 殿上으로 감.

使臣, 再拜하고 聖體를 奏함.

  다시 再拜하고 앞으로 나와 致辭(축하의 말)를 하고, 다시 再拜함.

  座席에 나아감.

舍人, 上中節(상급 중급 수행원) 參狀을 드림.

  인도하여 拜位로 나아감.

王, 일어나 섬.

舍人, "再拜 奏聖體"라고 喝(외침).

  "再拜 進步致辭"라고 喝(외침).

  "再拜"라고 喝(외침).

閣使, "有敎賜客省茶酒食(有敎 客省에서 茶 酒 食을 주라)"는 명이 있었음을 전함.

舍人, "再拜."

  인도하여 殿門을 나감.

王, 座席에 나아감.

閣門員, 下節(하급 수행원)을 인도하여 殿庭에 들어옴.

下節, 再拜 奏聖體 再拜.

閣使, "有敎賜所司酒食(有敎 所司에서 酒食을 주라)"는 명이 있었음을 전함.

"再拜" 문을 나옴.

進茶

첫 잔은 王이 친히 使臣에게 권하고, 使臣도 왕에게 차를 권하고 再拜하고 座席에
　　나아가 마심.

마시기를 마치면 서로 揖하고 다시 좌석으로 돌아감.

中節 下節에게 酒食 주기를 마치면

使臣, 재배하고 나아가 致辭하고 再拜함.

閣門員, 인도하여 계단을 내려와 殿門을 나감.

王, 殿門을 나와 揖하고 숙소로 돌아가는 것을 전송함.

2.「迎北朝起復告勅使儀」

王, 나와서 乾德殿 閣門에 앉음.

副使 이상, 먼저 殿庭으로 들어와 肅拜함.

宰臣 侍臣 南班, 殿庭의 拜位에 가서 섬.

舍人, "大臣 이하 肅拜."

절을 하고 位에 나아가 섬.

屈使監館事, 殿庭에 들어와 肅拜하고 나감.

閣門舍人, 聞辭하는 位로 가서 "北朝使臣 已到閣門 伏候宣旨(北朝 사신이 이미 閣
　　門에 도착하였으니 삼가 宣旨를 기다립니다)"라고 奏함.

閣門使, 傳宣하여 "들이랍니다(屈)."

閣門使, 나가서 使臣을 인도함.

王, 殿門 밖으로 나옴.

使臣, 문밖으로 가서 서로 揖하고 殿庭에 들어감.

詔書官, 先行을 告함.

각자 殿庭의 本位에 나아감.

王, 재배하고 사신을 향하여 "皇帝의 體"를 물음.

사신, "황제가 편안하다" 傳함.

王, 拜 舞 拜.

起居舍人, "宰臣以下侍臣 拜舞拜(大臣 이하 侍臣은 拜 舞 拜)"라고 喝(외침).

使臣, "有勅."

王, 再拜함.

使臣, 宣傳함.

王, 拜 舞 拜.

使臣, 王에게 詔를 전달함.

王, 받아서 宰臣에게 줌.

使臣, 官告를 취해 왕에게 전달함.

王, 받아서 宰臣에게 줌.

王, 拜 舞 拜.

使臣, 읍하고 나감.

王, 서로 읍하고 문밖까지 나와서 전송함.

閣門使, 使臣을 인도하여 翰林廳으로 감.

王, 殿에 올라 詔書를 봄.

官, 의식이 끝났음을 알림.

使臣, 閣門使를 통해 參狀을 올림.

王, 起居狀을 回送함.

王, 殿門을 나와 영접하기를 이전과 같이 함.

　읍하고 들어가 殿에 올라가 私禮를 거행함.

使臣, 먼저 致辭(축하의 말)를 함.

王, 答拜함.

왕은 東邊, 사신은 西邊에 坐定함.

閣使, 使下人參狀을 드림.

舍人, 使下人을 인도하여 배위에 나아감.

舍人, "再拜 時暄"이라고 喝(외침).

　"再拜 進步致辭"라고 喝(외침).

　"再拜"라고 喝(외침).

閣使, "有敎 使臣茶酒(有敎 사신에게 茶 酒를 주라)"는 명이 있었음을 전함.

舍人, "再拜."

　　인도하여 殿門을 나감.

使臣, 茶酒禮를 마치고 致謝를 함.

王, 答拜를 함.

閣使, 사신을 인도하여 殿을 내려감.

王, 서로 읍하고 殿門 밖으로 나가 읍하고 보냄.

服色은 玄冠 素服, 彩棚 樂部 揷花는 제외함.

3. 「迎大明詔使儀」

使臣이 국경에 들어오면 먼저 關人을 보내 알림.

왕, 관리를 멀리 보내 詔書를 맞음.

기일 전에

有司, 國門(수도의 성문) 밖 公館에 장막을 치고 彩棚을 맴.

　　館의 正中에 龍亭을 설치, 용정 남쪽에 香案을 설치.

　　金鼓 儀仗 鼓樂을 갖추고 기다렸다가 맞이하고 인도함.

　　國城안 거리에 채붕을 맴.

　　王宮 殿 위 중앙에 闕廷을 설치, 香案은 궐정의 남쪽, 司香 2인의 位는 향안의 좌우.

　　詔使 서 있는 位는 향안의 동쪽, 開讀案은 殿陛의 동북쪽.

　　王 拜位는 殿庭의 중앙에서 북향, 衆官 배위는 왕 배위의 남쪽에 異位重行 북향.

　　捧詔官 位는 개독안의 북쪽, 宣詔官 位는 봉조관의 남쪽, 展詔官 2인 선조관의 남쪽.

　　모두 서향.

　　司禮 2인의 位는 왕 배위의 북쪽.

　　引禮 2인의 위는 사례의 남쪽, 동서에서 서로 바라봄.

　　引班 4인의 위는 衆官 배위의 남쪽, 북향.

遠接官, 詔書를 接見하고 맞이하여 館中에 이르러 龍亭에 봉안함.

　　사신을 파견하여 왕에게 알림.

그날

王, 國中의 衆官 耆老들을 이끌고 國門 밖에 나가 영접함.

迎接官, 詔書를 맞아 館을 나와 國門에 이름.

　　金鼓, 耆老, 朝服 갖춘 衆官, 冕服 입은 국왕, 儀仗鼓樂, 詔書龍亭, 常服 입은 使臣.

궁중에 이르면

　　金鼓는 外門의 좌우에 分列.

　　耆老 衆官, 殿中의 동서에 分立.

　　龍亭을 殿上의 正中에 놓음.

사신, 龍亭의 동쪽에 섬.

引禮, 왕을 인도하여 배위로 나아감.

引班, 중관 기로를 인도하여 각자의 배위에 나아감.

사신, 앞으로 나아가 남쪽을 향해 서서 "有制."

司贊, "四拜." 음악 연주 시작.

王 衆官 이하, 모두 四拜. 음악이 그침.

引禮, 왕을 인도하여 서쪽 계단을 경유하여 올라가 香案 앞으로 나아가 섬.

引禮, "跪."

왕, 무릎을 꿇음.

司禮, "衆官 跪."

衆官 이하, 무릎을 꿇음.

引禮, "上香."

司香, 향을 받들고 무릎을 꿇고 왕의 왼쪽으로 드림.

왕, 세 번 上香함.

司贊, "俯伏 興 平身."

왕 衆官 이하, 모두 "부복 흥 평신."

引禮, 왕을 인도하여 位로 돌아감.

司贊, "開讀."

宣詔官 展詔官, 案을 올림.

使臣, 龍亭으로 나아가 詔書를 받들어 捧詔官에게 줌.

捧詔官, 詔를 받아 받들고 開讀案으로 나아가 宣詔官에게 줌.

宣詔官 詔를 받고 展詔官은 對展함(펼침).

司贊, "跪."

왕 衆官 이하, 무릎을 꿇음.

宣詔官, 詔를 선포하기를 마침.

捧詔官, 宣詔官 앞에서 조서를 받들고 용정에 둠.

司贊, "부복 흥 평신."

왕 衆官 이하, "부복 흥 평신."

司贊, "四拜." 음악 연주 시작.

왕 중관 이하, "四拜." 음악 그침.

司贊, "搢笏 鞠躬 三舞蹈 左膝을 꿇고 三叩頭, 萬歲 萬歲 萬萬歲 出笏 俯伏 興" 음
악 연주.

"四拜." 음악 그침.

引禮, 왕을 인도하여 퇴장.

引班, 衆官을 인도하여 차례로 퇴장.

王 衆官, 옷을 벗음.

使臣, 조서를 所司에 보내 반포하게 함.

王, 詔使와 賓主를 나누어 예를 거행함.

4. 「迎大明賜勞使儀」

使臣이 국경에 들어오면 먼저 關人을 보내 알림.

왕, 관리를 멀리 보내 맞음.

기일 전에

有司, 國門(수도의 성문) 밖 公館에 장막을 치고 彩棚을 맴.

　館의 正中에 龍亭을 설치. 館所에 金鼓 儀仗 鼓樂을 갖추고 기다렸다가 맞이하

고 인도함.

國城 안 거리에 채붕을 맴.

王宮 殿 위 중앙에 闕廷을 설치. 香案은 궐정의 앞.

왕의 受賜予位를 香案의 앞에 설치.

王 拜位를 殿庭의 중앙에서 북향. 衆官 배위는 왕 배위의 남쪽에 異位重行 북향.

樂位를 衆官 배위의 남쪽에 북향.

司贊 2인의 位는 왕 배위의 북쪽, 동서에서 서로 바라봄.

引禮 2인의 위는 사찬의 남쪽, 동서에서 서로 바라봄.

引班 4인의 위는 衆官 배위의 북쪽, 동서에서 서로 바라봄.

儀仗, 殿庭의 동서에 진열.

遠接官, 使臣을 接見하고 맞이하여 上賜를 龍亭에 安奉함.

사신을 파견하여 왕에게 알림.

그날

王, 國中의 衆官을 이끌고 國門 밖에 나가 영접함.

迎接官, 上賜를 맞아 館을 나와 國門에 이름.

金鼓, 常服을 갖춘 衆官(말을 타고 따라감), 儀仗鼓樂, 上賜龍亭,

常服 입은 使臣(말을 타고 용정의 뒤를 따름)의 순서.

궁중에 이르면

金鼓는 殿 外門의 좌우에 分列.

衆官, 殿中의 동서에 分立.

龍亭을 殿上의 正中에 놓음.

사신, 龍亭의 동쪽에 섬.

引禮, 왕을 인도하여 배위로 나아감.

引班, 중관을 인도하여 각자의 배위에 나아감.

司贊, "四拜." 음악 연주 시작.

王 衆官, 모두 四拜, 음악이 그침.

引禮, 왕을 인도하여 龍亭 앞으로 나아감.

使臣, "有制."

引禮, "跪."

왕, 무릎을 꿇음.

司贊, "跪."

衆官, 무릎을 꿇음.

使臣, "宣制" 선포하기를 마침.

　賜物을 받들어 서향하여 王에게 줌.

王, 무릎을 꿇고 받아 左右에 줌.

引禮, "부복 흥 평신"을 贊.

司贊, "부복 흥 평신."

왕 衆官, "부복 흥 평신."

引禮, 왕을 인도하여 나와 位로 돌아감.

司贊, "四拜." 음악 연주.

왕 중관, 四拜. 음악 그침.

司贊, "禮畢."

王, 殿에 들어가 서쪽에 서서 동향.

使臣, 동쪽에 서서 서향.

引儀, "再拜."

王 使臣, 모두 재배.

나올 때 使臣은 동쪽 계단 왕은 서쪽 계단으로 내려와서 전송.

使臣, 館으로 돌아감.

5. 「迎大明無詔勅使儀」

使臣이 국경에 들어오면 守關官이 알림.

왕, 관리를 멀리 보내 맞음.

使臣, 王京에 접근함.

기일 전에

有司, 迎賓館에 幄帳을 설치함.

城門 거리에 채붕을 맴.

그날

王, 儀衛를 갖추고 성 밖 악차에 나아가 맞이함.

세자 이하 백관, 모두 따라가며 常服을 입음.

사신이 도착하면

백관 이하, 영빈관 길 남쪽에 북향하여 차례로 섬(位를 달리하고 겹줄로 섬).

王, 악차 밖으로 나와 섬.

使者, 말에서 내려 왕과 對揖, 서로 양보하며 말에 올라 함께 감.

使臣은 길 왼쪽, 왕은 길 오른쪽으로 王宮에 이르면 모두 말에서 내려 함께 감.

문에 들어갈 때 王은 서쪽, 사신은 동쪽으로 들어가 正殿 중앙에 이르러 마주하고
    섬.

사신은 동쪽에 서고, 왕은 서쪽에 섬.

(입으로 聖旨를 선포할 것이 있으면)

사신은 서서 선포하고, 왕은 북향하여 무릎을 꿇고 들음.

王, 賫來公牒을 받고 (머리를 숙였다가 일어나 몸을 바로 함.)

王, 사신 앞으로 나아가 조금 躬身하여 聖躬萬福을 물음.

使臣, 답함.

王, 북향하여 무릎 꿇고 叩頭 興 平身.

王 使者, 동서에서 서로 향하여 재배하고 寒暄을 대략 말함.

    동서에 對坐한 상황에서 茶를 진설함.

王, 안으로 들어가 조금 휴식함.

世子 使臣, 서로 만나 재배함.

諸君 宰樞 百官이 모두 재배함.

王, 나와서 좌석으로 감.

    使臣을 饗(대접)함.

(뒤에 입으로 사신에게 선포할 것이 있으면) 왕이 직접 館에 가서 주거나 세자를 보냄.

(입으로 사신에게 선포할 것이 없으면) 宰樞를 관으로 보냄.

(手詔勅符가 있으면) 이 禮를 쓰지 않고 朝廷頒降儀에 의거함.

6. 「進大明表箋儀」

기일 전에

所司, 왕의 궁전 내외, 國城 안의 거리에 彩棚을 맴.

  殿 위 중앙에 闕廷을 설치.

  表箋案은 궐정의 앞, 香案은 표전안의 앞, 司香 2인의 位는 향안의 좌우.

  王 拜位는 殿庭의 중앙에서 북향, 衆官 배위는 왕 배위의 남쪽에 異位重行 북향.

  司禮 2인의 位는 왕 배위의 북쪽, 동서에서 서로 바라봄.

  引禮 2인의 위는 왕 배위의 좌우.

  引班 4인의 위는 衆官 배위의 좌우.

  使者 立位는 향안의 동쪽.

  捧表箋執事 2인의 위는 향안의 서쪽.

  樂은 衆官 배위의 뒤에.

  龍亭은 殿庭의 남쪽 正中.

儀仗 鼓樂은 迎送을 기다림.

그날

새벽에

司印者, 印案을 殿中에 진설, 印을 세척함.

  表 箋 印을 모두 案 위에 놓음.

王은 冕服을 갖추고, 衆官은 각자 朝服을 입고, 印案 앞으로 나아감.

司印者, 印을 찍음. 黃褓로 表를 싸고, 紅褓로 箋을 싸서 각각 匣에 넣고, 黃紅褓
  로 겹으로 쌈.

捧表箋官, 받들어 案에 놓음.

使者 捧表箋官, 각자 位로 나아감.

引禮, 왕을 인도하여 배위로 나아감.

引班, 衆官을 인도하여 각자 拜位로 나아감.

司贊, "再拜." 음악 연주.

王 衆官, "再拜." 음악 멈춤.

引禮, 왕을 인도하여 香案 앞으로 나아감.

引禮, "跪."

司贊, "中官 皆跪."

引禮, "三上香."

司香, 향을 받들고 무릎을 꿇고 왕의 왼쪽으로 드림.

王, 三上香.

引禮, "進表."

捧表官, 案에 나아가 表를 들고 동쪽을 향해 무릎을 꿇고 왕에게 나아감.

王, 表를 받아 使者에게 줌.

使者, 서쪽을 향해 무릎을 꿇고 표를 받음, 일어나 다시 案에 놓음.

引禮, "俯伏 興 平身."

司贊, "부복 흥 평신."

王 衆官, 모두 "부복 흥 평신."

引禮, 왕을 인도하여 位로 돌아감.

司贊, "再拜." 음악 연주.

王 衆官, 모두 "재배." 음악 그침.

司贊, "禮畢."

引禮, 왕을 인도하여 물러나 서쪽에 섬.

引班, 衆官을 인도하여 좌우에 섬.

使者, 表箋을 취하여 각자 받들고 앞으로 감.

王 衆官, 뒤에서 전송하며 龍亭 앞에 이름.

使者, 表箋을 龍亭 중앙에 놓고, 金鼓 儀仗 鼓樂이 앞에서 인도함.

使者 王 衆官, 전송하여 宮門 밖에 이름.

王, 還宮하여 옷을 벗음.

衆官, 朝服을 그대로 갖추고 國門 밖에까지 전송함.

使者, 表箋을 받들고 감.

부록 3

대한제국 예식원(禮式院)과 예식과(禮式課) 소속의 관리 명단

1. 宮內府 禮式院(1900.12.20.~1905.3.8.)

관직	인명	기 간	인명	기 간
禮式院長	閔泳煥	1900.12.20.~1902.3.13.	閔泳煥	1903.7.24.~1904.2.20.
	閔種黙	1902.3.14.~1903.7.23.	閔種黙	1904.3.2.~
禮式院副長	閔商鎬	1900.12.20.~1903.12.18.	崔榮夏	1904.9.22.~1904.10.11.
	李根湘	1903.12.18.~1904.3.5.	閔泳璇	1904.10.11.~1905.3.11.
	閔泳璿	1904.3.5.~1904.9.22.	金奎熙	1905.3.11.~
禮式課長	玄尙健	1900.12.20.~1902.7.17.	高義敬	1902.7.17.~
繙譯課長	高義敬	1900.12.20.~1902.7.17.	金祚鉉	1904.2.13.~
	玄尙健	1902.7.17.~1904.2.13.		
文書課長	金圭鎭	1902.9.23.~1903.3.21.	金圭鎭	1903.3.29.~
	李弼均	1903.3.21.~1903.3.29.		
會計課長	白時鏞	1902.5.13.~		
參理官	金道一	1900.12.20.~1904.3.15.	玄百運	1903.8.20.~1904.10.30.
	金祚鉉	1900.12.20.~1904.2.13.	朴容圭	1904.2.13.~1904.2.26.
	朴台榮	1900.12.20.~1902.2.4.	南弼祐	1904.2.26.~
	玄普運	1900.12.20.~1903.8.29.	嚴達煥	1904.3.16.~1904.9.25.
	李克烈	1900.12.20.~1904.3.30.	李起鉉	1904.3.30.~1904.8.10.
	吳仁鐸	1900.12.20.~1902.10.29.	吳翰泳	1904.8.10.~1904.8.12.
	高義誠	1901.9.23.~	李起鉉	1904.8.12.~
	李弼均	1902.2.16.~1903.3.21.	申海永	1904.9.25.~1904.11.30.
	南廷奎	1902.10.29.~	高義駿	1904.10.30.~
	金圭鎭	1903.3.21.~1903.3.29.	玄百運	1904.11.30.~
	李弼均	1903.3.29.~	秦學新	1904.~

관직	인명	기 간	인명	기 간
飜譯官	玄暎運	1900.12.20.~1901.2.17.	朴容圭	1904.2.26.~
	金升國	1900.12.20.~1904.3.15.	金道一	1904.3.16.~1904.9.2.
	南廷圭	1900.12.20.~1902.10.29.	李懋榮	1904.9.2.~1904.9.23.
	南弼祐	1901.2.18.~1904.2.7.	嚴達煥	1904.9.25.~
	朴基駿	1901.9.23.~	秦學新	1904.10.20.~
	申泰建	1902.11.10.~	趙在升	1904.~
	南弼祐	1904.2.11.~1904.2.26.		
主事	全光默	1900.12.20.~1904.10.17.	李漢喆	1902.7.10.~
	李熙圭	1900.12.20.~1902.3.12.	張榮遠	1902.9.25.~1903.1.7.
	朴基駿	1900.12.20.~1901.9.23.	張仁準	1902.12.26.~1905.3.25.
	金春植	1900.12.20.~1901.5.17.	崔台鉉	1902.12.26.~1905.3.25.
	閔晉鎬	1900.12.20.~1902.7.7.	金昌壽	1903.1.7.~1904.10.25.
	韓基準	1901.1.15.~1903.7.14.	韓聲東	1903.7.14.~
	白時鏞	1901.1.15.~1902.5.13.	玄昜運	1903.8.30.~
	閔肯鎬	1901.1.15.~	李鍾益	1904.10.18.~
	崔浩善	1901.5.16.~	高義駿	1904.10.25.~1904.10.30.
	金思浩	1901.7.22.~1902.9.25.	韓秉九	1904.11.1.~1905.3.25.
	玄百運	1901.9.24.~1903.8.30.	高羲天	1905.6.6.~
	金圭鎭	1902.3.12.~1902.9.23.	李元模	1904.1.18.~
	張錫駿	1902.5.13.~1903.1.7.		
飜譯官補	金洛鉉	1900.12.20.~1903.8.31.	申海赫	1902.11.11.~1905.3.25.
	洪秉一	1900.12.20.~1902.1.21.	秦學新	1902.12.17.~1904.10.20.
	洪賢植	1900.12.20.~1901.3.13.	張錫駿	1903.1.7.~1904.8.9.
	申泰建	1900.12.20.~1902.12.11.	洪宅燮	1903.8.9.~1904.2.24.
	洪弼鉉	1900.12.29.~1902.9.25.	高義明	1904.2.4.~1905.3.25.
	張錫駿	1901.3.14.~1902.1.20.	趙在升	1904.2.24.~
	金洛勳	1902.1.21.~1904.3.10.	梁起鐸	1904.3.10.~1905.3.25.
	秦 秀	1902.1.30.~1902.2.2.	趙範九	1904.10.25.~1905.3.25.
	張錫駿	1902.2.2.~1902.5.13.	李元模	1905.1.18.~
	洪秉一	1902.5.13.~1902.11.12.	高羲天	1905.6.6.~
	金思浩	1902.9.25.~1903.1.7.		

2. 宮内府 禮式院(1905.3.5.~1906.8.23.)

관직	인명	기 간	인명	기 간
禮式卿	閔種黙	1905.3.5.~1905.5.7.	李根湘	1905.9.30~1906.6.29.
	沈相薰	1905.5.8.~1905.5.12.	李容泰	1906.6.29~1906.8.20.
禮式副卿	金奎熙	1905.3.10.~1906.4.10.	高義敬	1906.4.10.~1906.8.22.
禮式課長	高義敬	1905.3.12.~1906.4.10.	金祚鉉	1906.4.10.~
文書課長	金祚鉉	1905.3.11.~	白時鏞	1905.9.9.~
禮式官	金祚鉉	1905.3.11.~繙譯課長	白時鏞	1905.3.11.~會計課長
	高義誠	1905.3.11.~參理官	朴基駿	1905.3.11.~1906.7.30.
	南弼祐	1905.3.11.~참리관	申泰建	1905.3.11.~繙譯官
	李弼均	1905.3.11.~참리관	趙在升	1905.3.11.~번역관
	玄百運	1905.3.11.~참리관	洪昇淵	1905.3.11.~1905.3.25.
	嚴達煥	1905.3.11.~참리관	趙在榮	1905.3.25.~6품
	李起鉉	1905.3.11.~1905.10.17.	李胤榮	1905.9.16.~6품
	秦學新	1905.3.11.~참리관	劉燦	1905.10.17.~侍從
	高義駿	1905.3.11.~참리관	尹基益	1906.4.10.~정3품
主事	閔肯鎬	1905.3.23.~	李鍾益	1905.3.23.~1906.6.22.
	李瑛奎	1905.3.23.~	李元模	1905.3.23.~1906.8.16.
	韓聲東	1905.3.23.~1906.8.16.	高義天	1905.6.6.~6품
	玄暘運	1905.3.23.~1906.8.16.	方敬喜	1905.12.28.~掌樂課主事
	梁起鐸	1905.3.23.~1905.12.28.	李容憲	1906.6.22.~1906.8.16.
	趙範九			

3. 宮内府 禮式課(1906.8.23.~)

관직	인명	기 간	인명	기 간
禮式課長	高義敬	1906.8.23.~종2품		
禮式官	金祚鉉	1906.8.23.~종2품	秦學新	1906.8.23.~정3품
	高義誠	1906.8.23.~정3품	趙在升	1906.8.23.~정3품
	李弼均	1906.8.23.~정3품	尹基益	1906.8.23.~정3품
	玄百運	1906.8.23.~정3품	禹麒源	
	嚴達煥	1906.8.23.~정3품	李仁用	
主事	閔肯鎬	1906.8.23.~6품	高義天	1906.8.23.~6품
	李瑛奎	1906.8.23.~6품	方敬喜	1906.8.23.~6품

참고문헌

1. 사료

1) 한국

『經國大典』

『高麗史』

『高麗史節要』

『高宗實錄』

『國朝五禮儀』

『大東野乘』

『大典會通』

『大韓禮典』

『同文彙考』

『分類紀事大綱』

『備邊司謄錄』

『事大考例』

『三國史記』

『三國遺事』

『世宗實錄五禮』

『承政院日記』

『燃藜室記述』

『禮式院去來案』

『禮式章程』

『外賓階見及迎送式』

『六典條例』

『日省錄』

『朝鮮王朝實錄』

『增補文獻備考』

『增正交隣志』

『春官志』

『春官通考』

『通文館志』

『海東諸國記』

姜弘重, 『東槎錄』

金誠一, 『海槎錄』

金昌業, 『燕行日記』

徐浩修, 『燕行紀』

任絖, 『丙子日本日記』

任守幹, 『東槎日記』

丁若鏞, 『事大考例』

趙曦, 『海槎日記』

洪禹載, 『東槎錄』

「癸未東槎日記」, 『국역 해행총재 Ⅴ』, 민족문화추진회, 1982.

『譯註孝宗東宮日記』, 민속원, 2008.

2) 외국

『舊唐書』

『新唐書』

『遼史』

『大唐開元禮』

『宣和奉使高麗圖經』

『洪武禮制』

『大明集禮』

『大淸會典』

『大淸會典事例』

『淸一統志』

『續日本記』

倪謙,『朝鮮紀事』

龔用卿,『使朝鮮錄』

2. 단행본

강상규,『19세기 동아시아의 패러다임 변환과 한반도』, 논형, 2008.

김문식,『조선후기 지식인의 대외인식』, 새문사, 2009.

金源模,『開化期 韓美交涉關係史』, 단국대학교 출판부, 2005.

金翰奎,『古代中國的世界秩序研究』, 一潮閣, 1982.

노명호,『고려국가와 집단의식』, 서울대학교출판문화원, 2009.

서영희,『대한제국 정치사 연구』, 서울대학교 출판부, 2003.

孫承喆,『近世朝鮮의 韓日關係研究』, 國學資料院, 1999.

宋炳基 등 編著,『韓末近代法令資料集』Ⅲ, 大韓民國國會圖書館, 1971.

이 훈,『외교문서로 본 조선과 일본의 의사소통』, 景仁文化社, 2011.

任桂淳,『淸史 — 만주족이 통치한 중국』, 신서원, 2000.

全海宗,『韓中關係史研究』, 一潮閣, 1970.

정은주,『조선시대사행기록화 — 옛 그림으로 읽는 한중관계사』, 사회평론, 2012.

한국학중앙연구원,『영조대왕』, 한국학중앙연구원 장서각, 2011.

玄光浩,『大韓帝國의 對外政策』, 신서원, 2002.

吉野誠 著, 한철호 역,『동아시아 속의 2005, 한일 2천년사』, 책과함께, 2005.

三宅英利 저, 조학윤 역,『近世日本과 朝鮮通信使』, 경인문화사, 1994.

李成市, 『東アジア王權と交易』, 靑木書店, 1997.

仲尾宏, 『조선통신사 이야기』, 한울, 2005.

泉澄一, 『大馬藩 藩儒 雨森芳洲の研究』, 關西大學出版部, 1997.

김규록, 『高麗中期의 宋 使節 迎送과 接伴使와 館伴使에 대한 一考察』, 고려대학교
　　　석사학위논문, 2013.

박한남, 『高麗의 對金外交政策 연구』, 성균관대학교 박사학위논문, 1994.

이경미, 『대한제국의 서구식 대례복 패러다임』, 서울대학교 박사학위논문, 2008.

이정희, 『개항기 근대식 궁정연회의 성립과 공연문화사적 의의』, 서울대학교 박사학위
　　　논문, 2010.

李志善, 『朝鮮前期 日本國王使 研究』, 강원대학교 석사학위논문, 2001.

장혜진, 『에도시대 조선통신사 닛코(日光)행에 관한 일고찰: 17세기중반 류큐 사절의
　　　닛코행 비교를 통하여』, 한양대학교 석사학위논문, 2007.

최종일, 『조선통신사의 닛코산 치제 연구』, 강원대학교 석사학위논문, 1998.

최희준, 『新羅 中·下代의 外國 使臣 迎接과 對外認識』, 고려대학교 석사학위논문,
　　　2008.

3. 논문

高柄翊, 「元과의 關係의 變遷」, 『한국사』 7, 국사편찬위원회, 1974.

구범진, 「조선의 건륭 칠순 진하특사와 『열하일기』」, 『인문논총』 70, 서울대학교 인문
　　　학연구원, 2013.

권덕영, 「나당교섭사에서의 조공과 책봉」, 『한국 고대국가와 중국왕조의 조공·책봉관
　　　계』, 고구려연구재단, 2006.

김경록, 「朝鮮初期 對明外交와 外交節次」, 『韓國史論』 44, 서울대학교 국사학과,
　　　2000.

＿＿＿, 「朝鮮後期 事大文書의 종류와 성격」, 『한국문화』 35, 2005.

＿＿＿, 「조선시대 事大文書의 생산과 전달체계」, 『韓國史研究』 134, 2006.

＿＿＿, 「明代 公文制度와 行移體系」, 『明淸史研究』 26, 2006.

김문식, 「장지연이 편찬한 『대한예전』」, 『문헌과해석』 35, 2006.

_____, 「高宗 皇帝의 외교관 접견 의례」, 『日本學研究』 32, 2011.

_____, 「英祖의 國王冊封에 나타나는 韓中 관계」, 『韓國實學研究』 23, 2012.

_____, 「明使 龔用卿이 경험한 外交儀禮」, 『朝鮮時代史學報』 73, 2015.

_____, 「조선시대 外交儀禮의 특징」, 『東洋學』 62, 2016.

김상조, 「新井白石의 의례개정과 조선 정부의 대응」, 『영주어문』 27, 2014.

김성규, 「송대 동아시아에서 賓禮의 성립과 그 성격」, 『동양사학연구』 72, 2000.

金成俊, 「고려 말의 정국과 원·명 관계」, 『한국사』 20, 국사편찬위원회, 1994.

김종수, 「조선시대 使臣宴 의례의 변천 ― 중국 사신에게 베푼 연향을 중심으로」, 『溫知論叢』 38, 2014.

김한규, 「전통시대 중국 중심의 동아시아 세계질서」, 『역사비평』 2000년 봄호, 2000.

박남수, 「8세기 新羅의 동아시아 外交와 迎賓 체계」, 『신라사학보』 21, 2011.

박종기, 「고려 중기 대외정책의 변화에 대하여」, 『한국학논총』 16, 국민대학교 한국학연구소, 1993.

방향숙, 「古代 동아시아 冊封朝貢體制의 원형과 변용 ― 韓中관계를 중심으로」, 『한중 외교관계와 조공책봉』, 고구려연구재단, 2005.

徐榮姬, 「1894~1904년의 政治體制 變動과 宮內府」, 『韓國史論』 23, 서울대학교 국사학과, 1990.

成元慶, 「明, 倪謙著 『朝鮮紀事』의 評譯」, 『人文科學論叢』 24, 건국대 인문학연구원, 1992.

송기호, 「대외관계에서 본 발해 정권의 속성」, 『한국 고대국가와 중국왕조의 조공·책봉관계』, 고구려연구재단, 2006.

송지원, 「조선통신사의 의례」, 『朝鮮通信使研究』 2, 2006.

신채식, 「高麗와 宋의 外交關係 ― 朝貢과 冊封關係를 중심으로」, 『한중 외교관계와 조공책봉』, 고구려연구재단, 2005.

申瀅植, 「三國의 對中外交」, 『韓國古代史의 新研究』, 일조각, 1984.

여호규, 「5세기 초 고구려 천하의 범위와 주변 인식」, 『타자 인식과 상호 소통의 역사』, 신서원, 2011.

延敏洙, 「통일기 신라와 일본관계」, 『강좌 한국고대사』 4, 한국고대사회연구소, 2003.

_____, 「渤海·日本의 교류와 相互認識: 國書의 형식과 年期問題를 중심으로」, 『한일관계사연구』 41, 2012.

李範稷, 「高麗史 禮志 五禮의 분석」, 『한국중세예사상연구』, 일조각, 1991.

이석현, 「고려와 요금의 외교관계」, 『한중 외교관계와 조공책봉』, 고구려연구재단, 2005.

이성규, 「中國의 분열체제모식과 동아시아 제국」, 『한국고대사논총』 8, 1996.

李潤相, 「고종 즉위 40년 및 망육순 기념행사와 기념물 ― 대한제국기 국왕 위상제고 사업의 한 사례」, 『韓國學報』 111, 2003.

이현진, 「대한제국의 선포와 종묘 제도의 변화 ― 七廟의 구성과 황제 추존, 신주 改題를 중심으로」, 『韓國思想史學』 40, 2012.

임기환, 「낙랑 인장」, 『역주 한국고대금석문』 I, 한국고대사회연구소, 1992.

_____, 「南北朝期 韓中 册封·朝貢 관계의 성격 ― 고구려·백제의 册封·朝貢에 대한 인식을 중심으로」, 『한국고대사연구』 32, 2002.

임민혁, 「대한제국기 『대한예전』의 편찬과 황제국 의례」, 『역사와 실학』 34, 2007.

장동익, 「여·원관계의 전개」, 『한국사』 20, 국사편찬위원회, 1994.

전덕재, 「신라 중대 대일외교의 추이와 진골귀족의 동향」, 『한국사론』 37, 서울대학교 국사학과, 1997.

_____, 「신라의 대외인식과 천하관」, 『역사문화연구』 20, 2004.

田美蘭, 「統理交涉通商事務衙門에 관한 연구」, 『梨大史苑』 24·25, 1989.

최희준, 「신라 中代의 唐 사신 영접 절차와 운용」, 『韓國史研究』 153, 2011.

하우봉, 「조선시대의 통신사외교와 의례문제」, 『朝鮮時代史學報』 58, 2011.

한규철, 「후삼국시대 고려와 契丹관계」, 『부산사총』 1, 부산산업대학교 사학회, 1985.

大滝晴子, 「明曆の朝鮮通信使」, 『朝鮮史叢』, 1980.

牛林杰·王寶霞, 「明나라 使臣들의 조선 使行과 조선 문인들과의 교류 ― 龔用卿, 朱之蕃을 중심으로」, 『東方漢文學』 52, 2012.

田中健夫, 「對馬島以酊庵の研究」, 『東洋大學院紀要』 24, 1988.

泉澄一, 「對馬島宗家文書의 分析 연구」, 『국사관논총』 7, 1989.

찾아보기